Christian Pfeiffer
Gegen die Gewalt

Für Antonia und Robert
mit Dank für Liebe, Verständnis und Widerstand.

Christian Pfeiffer

Gegen die Gewalt

*Warum Liebe und Gerechtigkeit
unsere besten Waffen sind*

Kösel

Sollte diese Publikation Links auf Webseiten Dritter enthalten, so übernehmen wir für deren Inhalte keine Haftung, da wir uns diese nicht zu eigen machen, sondern lediglich auf deren Stand zum Zeitpunkt der Erstveröffentlichung verweisen.

Verlagsgruppe Random House FSC® N001967

Copyright © 2019 Kösel-Verlag, München,
in der Verlagsgruppe Random House GmbH,
Neumarkter Str. 28, 81673 München
Umschlag: Weiss Werkstatt, München
Satz: Vornehm Mediengestaltung GmbH, München
Druck und Bindung: GGP Media GmbH, Pößneck
Printed in Germany
ISBN 978-3-466-37237-9
www.koesel.de

Dieses Buch ist auch als E-Book erhältlich.

Inhalt

Warum dieses Buch? 9

Wie wurde ich Kriminologe? 11

Der Rückgang der Sexualmorde – eine beispielhafte
Geschichte 19
    Wie wird man Sexualmörder? 19
    Mögliche Ursachen für den Rückgang der
    Sexualmorde 27

Weniger Hiebe – mehr Liebe 39
    Joachimfritz Staeter und Astrid Lindgren
      als Pioniere des Wandels
    Die Abschaffung des Züchtigungsrechts
      der Lehrer 39
    Das Verbot des Schlagens von Kindern 41
    Wer hat vom Wandel der Erziehung stärker
      profitiert – Mädchen oder Jungen? 48

Wie hat sich der Wandel der elterlichen Erziehung
ausgewirkt? 59
    Die Auswirkungen auf Kinder und Jugendliche 59
    Die gesellschaftspolitischen Auswirkungen 77

Je schwerer die Gewalt – umso stärker ihr Rückgang 83

Vergewaltigung 91
  1992 und 2011: Zwei Repräsentativbefragungen
    dokumentieren den Rückgang 92
  Die Strafverfolgung der Vergewaltigung –
    für viele Opfer das große Leiden 100

Wenn das Zuhause zum Tatort wird:
Kindestötungen und schwere Gewalt
gegen Frauen 109
  Kindestötungen 109
  Schwere Gewalt gegen Frauen 115

Ungerechtigkeit erzeugt Kriminalität.
Gerechtigkeit und Fairness zahlen sich aus. 123
  Haben »harte« Jugendrichter mehr Erfolg als
    »milde«? 125
  Prozedurale Gerechtigkeit bei der Polizei und
    im Strafvollzug 144

Gewalt, Medien und die AfD
Gefühlte Kriminalitätstemperatur und Realität. 155
  Gewalt und ihre mediale Darstellung 155
  Die AfD und ihre Pressearbeit zur inneren
    Sicherheit 164

Migration, Flüchtlinge und Gewalt 173

Gefährdet die Dominanz der Männer das
Überleben der Menschheit? 187

Religion und Gewalt 207
   Religion und Gewalt bei einheimischen deutschen
     Jugendlichen 208
   Religion und elterliche Gewalt bei freikirchlichen
     Familien 212
   Religion, Gewalt und islamischer Extremismus
     bei jugendlichen Migranten 219
   Sexuelle Gewalt gegen Kinder durch katholische
     Priester 234

Bürgerstiftungen als Motor für soziale Gerechtigkeit
und Gewaltprävention 247

Gerechtigkeit und Zuwendung für Opfer der Gewalt 261

Danksagung 277

Anmerkungen 281

Literaturverzeichnis 293

Warum dieses Buch?

17. September 2017 – ein Studio des Bayerischen Rundfunks. Mir gegenüber sitzt Norbert Joa, Redakteur der Sendung »Eins zu Eins. Der Talk«. 60 Minuten lang diskutiert er mit mir über meine Arbeit als Kriminologe und insbesondere über Gewalt. »Wovor haben die Menschen am meisten Angst?«, lautet eine Frage. »Die Frauen jedenfalls vor dem Sexualmord«, antworte ich und ergänze: »Aber der hat seit Mitte der Achtzigerjahre um 90 Prozent abgenommen.« Und schon sind wir mitten in den Themen gelandet, die mich in den letzten 40 Jahren beschäftigt haben. Wie wird man Täter (zur besseren Lesbarkeit verwende ich im Allgemeinen von Personen die männliche Form)? Was verringert unser Risiko, Opfer von Gewalt zu werden? Brauchen wir härtere Strafen? Wie kann verhindert werden, dass die Zuwanderung der Flüchtlinge zu einem Gewaltproblem wird? Ist die Zivilgesellschaft gefordert, die Prävention von Gewalt stärker voranzubringen?

In den 60 Minuten haben wir ein breites Spektrum von Themen erörtert. Zu vielen Punkten hätte ich allerdings gerne etwas gründlicher argumentiert. Doch dann geschieht etwas, womit ich nicht rechnen konnte: Während der gesamten Sendung hat uns der ehemalige Verlagsleiter des Kösel-Verlages, Tobias Winstel, zugehört. Er schreibt mir danach sofort eine

Mail und fragt an, ob ich die Botschaften dieses Gesprächs in einem Buch darstellen möchte. Ich bin begeistert. So eine Chance kann ich mir nicht entgehen lassen. Wegen anderer Verpflichtungen dauert es dann zwar noch ein gutes Jahr, bis ich mit dem Schreiben beginnen kann. Nun jedoch ist es eine Freude, in die verschiedenen Themen weit gründlicher einzusteigen, als dies in einer Rundfunksendung möglich ist.

Wie wurde ich Kriminologe?

Ausgangspunkt sind für mich meine Kindheit und Jugend in einer Bauernfamilie. Ich bin das jüngste von vier Kindern (zwei Brüder, eine Schwester). Bis Oktober 1952 leben wir auf einem mittelgroßen Hof in Biegen in der Nähe von Frankfurt/ Oder. Zu Hause erleben wir eine große Geborgenheit in der Familie. Sie ist von starken, sehr liebevollen Eltern geprägt und von einer wunderbaren Tante Dora, Schwester unserer Mutter, die immer bei uns lebte. Doch plötzlich ist Schluss mit dieser Idylle.

Unsere Eltern und Tante Dora entscheiden sich zur Flucht aus der DDR. Sie leiden unter den ständigen Übergriffen der Politikfunktionäre auf das bäuerliche Leben und auf die Schulbildung von uns Kindern. Sie sehen für sich und uns vier keine Zukunft in einem Land, das zu einer engstirnigen, kommunistischen Diktatur geworden ist. Im Oktober 1952 reisen wir ohne großes Gepäck in drei verschiedenen Zügen nach Berlin. Wir verlassen den Hof, der seit 1648 im Besitz der Familie war. Ich bin acht Jahre alt. Auf einmal sind wir arm, besitzen nur das, was wir am Leibe tragen und was in ein paar Päckchen im Westen angekommen war.

Diese Armut ist durchaus belastend. Aber als viel schlimmer habe ich etwas anderes empfunden – die Ausgrenzung als Flüchtling. In der dritten Grundschulklasse bin ich das einzige evangelische Kind. Ich spreche noch kein Bayrisch. Und so werde ich gehänselt, als Außenseiter behandelt, nicht zu Geburtstagen eingeladen. Ich gehöre einfach nicht dazu. Dazu eine kleine Geschichte:

Die Jungen meiner Klasse laden mich plötzlich dazu ein, beim Fangen auf dem Schulhof und dem angrenzenden Hofgelände eines Bauern mitzuspielen. Ich bin glücklich. In der Rolle des Jägers will ich einen schnellen Jungen erwischen. Der macht auf dem Weg zur Einfahrt des Hofes einen erstaunlichen Umweg. Das ist meine Chance. Ich nehme den kurzen, direkten Weg – und lande im Feuereifer des Jagens in der Jauchegrube. Sie ist nur von einer Strohschicht bedeckt. Alle anderen wissen das. Am Rande steht der Knecht, den die Jungen vorher informiert haben. Er zieht mich raus. Die anderen lachen und feixen. Vor mir liegt der Fußweg quer durch die Kleinstadt, weinend und von Kopf bis Fuß stinkend. Meine Außenseiterrolle verliere ich erst am Gymnasium im oberbayerischen Mühldorf am Inn. Alle Flüchtlingskinder meines Jahrgangs besuchen dieselbe Klasse. Das erleichtert es mir sehr, mich schrittweise auf meine neue Heimat einzulassen.

Nach Abitur und Bundeswehr entscheide ich mich dafür, an der Universität München Jura zu studieren. Streitfragen zur Gerechtigkeit haben mich schon in der Schulzeit stark interessiert. Mein Schwerpunkt liegt klar im Öffentlichen Recht. Vor allem das Verfassungsrecht fasziniert mich. Nach dem Examen will ich gestützt auf ein Stipendium der Studienstiftung des Deutschen Volkes an der London School of Economics and Political Science über zwei englische Staatsphilosophen recherchieren. Die Untersuchung soll meine verfassungsrechtliche Doktorarbeit vorbereiten. Doch auf einmal wird mir in der Einsamkeit der ersten Wochen in der fremden Welt Londons etwas richtig bewusst: Ich habe mich im Studium zu stark an den Erwartungshaltungen meiner Familie und Freunde, meiner Professoren und meines Doktorvaters orientiert. Meine Ziele haben sich dadurch von außen nach innen entwickelt. So will ich nicht weitermachen. Das Jahr in London nutze ich nun zur Befreiung von freundschaftlich-liebevoller Bevormundung. Ich begebe mich auf die Suche und lande plötzlich in der Vorlesung des Psychologieprofessors H. J. Eysenck.

Eysenck ist damals ziemlich berühmt. Er hat ein umstrittenes Buch über Kriminalität und Persönlichkeit geschrieben. Eine zentrale Aussage lautet, besonders die Gewaltkriminalität sei primär das Resultat von ererbten Einflussfaktoren. Was er zur Persönlichkeit von Straftätern schreibt, erscheint mir zu ideologisch und nicht hinreichend belegt. Ich entdecke in seiner Argumentation Lücken, Fehler und eine ausgeprägte Ignoranz gegenüber sozialen Einflussfaktoren. Das ärgert mich. Ich schreibe eine 35-seitige Kritik und schicke sie Eysenck zu. Er antwortet nicht. Doch die mich beratenden Hochschullehrer, der Kriminologe Hall-Williams und der Sozialpsychologe Sealey, sind begeistert. Und so lande ich einerseits in einem Master-Kurs Kriminologie und andererseits in der Sozialpsychologie. Das Jahr in England wird so zu einer intellektuellen Entdeckungsreise.

Nach der Rückkehr lerne ich während der juristischen Referendarzeit über einen Strafrichter die Bewährungshelferin Margot Wingruber kennen – eine sehr engagierte, warmherzige und kluge Frau. Bei ihr absolviere ich eine Art Lehrzeit in der Betreuung von Strafentlassenen und werde ehrenamtlicher Bewährungshelfer. Es gelingt mir, meine siebenköpfige Wohngemeinschaft davon zu überzeugen, dass wir unser Gästezimmer ab und zu jungen Männern anbieten, die Urlaub aus der Haft bekommen haben oder nach der Entlassung zunächst eine Bleibe benötigen.

Einmal wohnt ein 20-Jähriger vier Monate bei uns, weil er nach der Entlassung aus dem Jugendgefängnis eine Heroin-Entziehungskur machen will. Für den Fall, dass das gelingt, versprechen wir ihm eine gemeinsame Reise nach Paris. Auch dank der Unterstützung durch eine bei uns wohnende Medizinerin schafft er es. Und so fahren wir dann in meinem kleinen Auto zu viert für ein paar Tage in die französische Hauptstadt.

Daneben darf ich bei einer Anwaltskanzlei erste Erfahrungen als Strafverteidiger sammeln. Das Spektrum reicht vom Alkoholiker, der ständig Schnapsflaschen klaut, bis hin zu einem Jugendlichen, der einen versuchten Totschlag begangen hat. Erst anhand der Biografien dieser Strafentlassenen und Angeklagten begreife ich schrittweise, wie Menschen zu Straftätern werden und was dazu beitragen kann, das Hineinwachsen in eine kriminelle Karriere zu fördern oder zu vermeiden. Rückblickend haben mich diese drei Jahre der praktischen Erfahrungen im Hinblick auf meine spätere berufliche Laufbahn sehr geprägt.

Aber noch bin ich kein Kriminologe und lebe weit entfernt von der universitären Wissenschaft. Doch dann ereignet sich im Oktober 1973 ein Zufall – der ja angeblich das Fällige ist, was einem zufällt. Ich bin an einer jungen Bajuwarin sehr interessiert. Sie hat mich zum Abendessen eingeladen. Mir gegenüber sitzt ihr Freund Jochen Kölsch. Wir bemühen uns nach Kräften, uns gegenseitig rhetorisch zu übertrumpfen und schlagen intellektuelle Pfauenräder. Doch ich merke bald: Mein Rivale ist richtig gut, arbeitet als Redakteur beim Bayerischen Fernsehen, hat eine eigene Büchersendung und konnte gerade Heinrich Böll und Günter Grass zu Interviews einladen. Da kann ich nicht mithalten. Doch dann verschwindet die schöne Christiane wegen Kopfweh vorzeitig in ihr Schlafzimmer. Jochen und ich bleiben in der Küche übrig und entdecken, dass wir uns eigentlich anfreunden könnten.

So entsteht in dieser Nacht bei gutem Wein die Idee, eine soziale Initiative in Gang zu bringen. Ausgangspunkt hierfür ist mein Bericht über das isolierte Leben der Strafgefangenen. Damals sind Häftlinge von Informationen über das, was außerhalb der Gefängnismauern passiert, weitgehend ausgeschlossen. Für sie gibt es weder Fernsehen noch Zeitungen. Der Radiolautsprecher in der Zelle spielt primär Musik. Einem meiner Schützlinge hatte ich deshalb gerade zum Geburtstag für ein Jahr ein Abonnement der Süddeutschen Zeitung geschenkt. Also spinnen Jochen und ich den Plan, mithilfe von Prominenten eine Bürgerinitiative »Zeitungsabonnements für Gefangene« ins Leben zu rufen. Beflügelt vom Spirit des Abends sage ich zu bei Bundespräsident Heinemann anzufragen. Jochen will Heinrich Böll und Günter Grass ansprechen.

Und so rufe ich am nächsten Morgen im Bundespräsidialamt an. Ich gerate an einen jungen Beamten, Herrn Spath, der mir mitteilt, dass ich mein Anliegen schon schriftlich vortragen müsse. Trotzdem dränge ich ihm meine Telefonnummer auf, was sich später als sehr hilfreich erweist.

Der Bundespräsident möchte an diesem Vormittag nämlich plötzlich Herrn Spath sprechen. Und so steht der sichtlich aufgeregt vor dem Bundespräsidenten. Heinemann will ihn etwas auflockern und fragt, ob es irgendetwas Neues zu berichten gäbe. So erfährt Herr Heinemann von unserer Idee, findet sie großartig, lässt sich mit mir verbinden und sagt seine Mitwirkung zu. Parallel dazu gelingt es meinem neuen Freund Jochen Kölsch tatsächlich, seine beiden Top-Schriftsteller für die Initiative zu gewinnen. Schließlich folgt auf eine Zusage die nächste. Der Bundestagsabgeordnete Richard von Weizsäcker macht ebenso mit wie Außenminister Scheel und weitere Prominente. Über 120 Zeitungen erklären sich bereit, die große Anzeige mehrfach kostenlos zu veröffentlichen. Bis Weihnachten werden ca. 4000 Abos für Gefangene gespendet. Die Mehrheit der Spender ist zusätzlich bereit, dem Empfänger zu schreiben. Die ZEIT bringt über den Erfolg unserer Initiative einen freundlichen Artikel.

Einer der Zeitungsspender ist Prof. Dr. Schüler-Springorum, ein hochangesehener Strafrechtler und Kriminologe der Universität München. Wir lernen uns durch Zufall kennen. Als ich mich vorstelle, fragt er, ob ich etwa einer der beiden Initiatoren der Bürgerinitiative sei, über die die ZEIT gerade berichtet. Wenig später bietet er mir eine Assistentenstelle an. Das wird der berufliche Glückstreffer meines Lebens. Acht Jahre lang arbeite ich bei ihm, profitiere von seinen vielfältigen Anregungen, seinen breiten Erfahrungen, seiner Offenheit und Wärme und der großen Freiheit, die er mir in der wissenschaftlichen Arbeit ermöglicht. Danach verhilft er mir zu einem Heisenberg-Stipendium. Ich kann die Flügel ausbreiten und nach dem besten Landeplatz suchen. Den entdecke ich 1985 in Hannover am Kriminologischen Forschungsinstitut Niedersachsen, das ich dann bis 2015 leiten darf.

Der Rückgang der Sexualmorde – eine beispielhafte Geschichte

Wie wird man Sexualmörder?

Meine Vorträge zum Thema der Gewaltkriminalität beginne ich oft mit einer Frage an das Publikum: Welche ist für Sie die schlimmste aller Gewalttaten? Die meisten Frauen und ein großer Teil der Männer nennen dann den Sexualmord. Sie begründen dies meist damit, dass die Opfer vor ihrem Tod Schreckliches zu erleiden haben. Anschließend erbitte ich eine Einschätzung dazu, wie sich wohl die Zahl solcher Opfer im Laufe der letzten 40 bis 50 Jahre verändert hat. Als Anhaltspunkt informiere ich zunächst über den Fünfjahreszeitraum 1976 bis einschließlich 1980: Damals zählte man 223 vollendete Morde, bei denen das Opfer entweder zur Befriedigung des Geschlechtstriebes oder zur Verdeckung einer vorangegangenen Sexualstraftat getötet wurden. Meine anschließende Frage lautet, wie viele Sexualmorde es wohl in den letzten fünf Jahren – von 2014 bis einschließlich 2018 – gegeben hat.

Die große Mehrheit des Publikums unterstellt stets, die Zahl der Sexualmorde sei seit den Siebzigerjahren leicht oder stark angestiegen. Nur etwa ein Fünftel geht von konstanten bis leicht sinkenden Zahlen aus. Ähnliche Einschätzungen hatten wir am KFN zwischen 2004 und 2014 im Rahmen von vier bundesweiten Repräsentativbefragungen erhalten[1].

Die Daten der Polizeilichen Kriminalstatistik (PKS) lösen deshalb jedes Mal großes Erstaunen aus. Im Verlauf der letzten fünf Jahre registrierte die Polizei 34 vollendete Sexualmorde. Im Vergleich zu den 223 Fällen, die von 1976 bis einschließlich 1980 registriert wurden, ist das ein Rückgang um 85 Prozent. Pro 100 000 der Bevölkerung gerechnet, ist das Risiko, Opfer eines Sexualmordes zu werden, daher insgesamt seit Mitte der Siebzigerjahre um 89 Prozent gesunken.

Damit stehen zwei Fragen im Raum. Erstens: Wie ist es zu erklären, dass offenbar die große Mehrheit der Menschen gerade bei diesem schweren Delikt zu einer derart falschen Einschätzung gelangt? Zweitens: Wo liegen die Ursachen des überraschend starken Rückgangs der Sexualmorde? Zur ersten Frage werde ich im zehnten Kapitel über die vier erwähnten Repräsentativbefragungen zur »gefühlten Kriminalitätstemperatur« der Menschen berichten. Zur Abnahme der Sexualmorde möchte ich als Einstieg die persönliche Geschichte eines einzelnen Täters darstellen.

Am 21. Juni 1966 wird über die Medien die Festnahme des 19-jährigen Jürgen Bartsch bekannt. Die Polizei beschuldigt ihn, vier 8- bis 13-jährige Jungen aus sexuellen Motiven getötet zu haben. Hinzu kommt die versuchte Tötung an einem 14-Jährigen.

- 31. März 1962: Opfer Klaus Jung, acht Jahre; Jürgen Bartsch ist 15 Jahre alt.

- 6. August 1965: Opfer Peter Fuchs, 13; Jürgen Bartsch ist 18 Jahre alt.
- 14. August 1965: Opfer Ulrich Kahlweiß, 12; Jürgen Bartsch ist 18 Jahre alt.
- 6. Mai 1966: Opfer Manfred Graßmann, 11; Jürgen Bartsch ist 18 Jahre alt.
- 18. Juni 1966: Opfer Peter F., (überlebt); Jürgen Bartsch ist 19 Jahre alt.

Die Taten von Jürgen Bartsch folgen einem Grundmuster: Bartsch spricht einen Jungen an und lockt ihn in einen ehemaligen Luftschutzbunker unweit seines Elternhauses. Dort macht er sein Opfer durch Schläge und Fesselungen wehrlos. Die Tötung selbst erfolgt durch Erwürgen oder Erschlagen. Anschließend öffnet und zerschneidet Bartsch den Körper des Jungen, entnimmt die Organe. Die menschlichen Überreste seiner Opfer vergräbt er innerhalb des Bunkers. Nachdem er im Juni 1966 den 14-jährigen Peter F. in sein Versteck gelockt hat, gelingt es diesem, bei zeitweiliger Abwesenheit Bartschs zu fliehen. Dadurch kommt es zur Verhaftung von Jürgen Bartsch[2].

Am 15. Dezember 1967 wird Bartsch von der Jugendkammer des Landgerichts Wuppertal als »gefährlicher Gewohnheitsverbrecher« zu viermal lebenslangem Zuchthaus verurteilt. Bei den Taten, die er im Alter zwischen 15 und 19 begangen habe, sei er stets frei entscheidungsfähig und voll verantwortlich gewesen. Die Verteidigung von Jürgen Bartsch geht in Revision.

Am 21. November 1969 hebt der Bundesgerichtshof das Wuppertaler Urteil gegen Bartsch mit der Begründung auf, ein Sachverständiger mit besonderer Expertise aus dem Bereich der Forschung zu Sexualität und Triebabnormitäten hätte hinzugezogen werden müssen. Eine Jugendkammer des Landgerichts Düsseldorf verurteilt Bartsch am 6. April 1971 nach erneutem Prozess zu zehn Jahren Jugendhaft und anschließender Einweisung in eine Heil- und Pflegeanstalt. 1974 beantragt Bartsch seine Kastration. Nach jahrelangen Bemühungen um Heilung von seinen sexuell-sadistischen Trieben sieht er keine andere Möglichkeit mehr, um einem dauerhaften Leben in der Psychiatrie zu entgehen. Die Kastration wird am 28. April 1976 durchgeführt. Bartsch stirbt dabei aufgrund eines Narkosefehlers.

Das sind die Fakten der Geschichte von Jürgen Bartsch. Doch das Entscheidende fehlt. Richard Kaufmann hat es 1967 in »Christ und Welt« angesprochen: »Es ist ein bemerkenswertes Faktum, dass weder Richter noch medizinische Gutachter der Frage, wie es zu diesem Drang gekommen ist, besondere Beachtung schenken – fast, als wollten sie die Gesellschaft, die sie vertreten, vor der Erkenntnis schützen, dass irgendwas bei uns faul ist. Denn dieser Bartsch ist ja nicht als ein fertiger Unhold in die idyllische Landschaft von Langenberg getreten.« Wie konnte Jürgen Bartsch also zum Sexualmörder werden?

Alice Miller hat zu seiner Biografie eine sehr sorgfältige Recherche durchgeführt.[3] Danach beginnt sein Leben damit, dass er seine Mutter wenige Tage nach seiner Geburt verliert. Sie stirbt an Tuberkulose. Sein Vater bemüht sich anschließend vergeblich darum, ihn aufziehen zu dürfen. Das ist damals weder beim Jugendamt noch beim Familiengericht eine ernsthaft geprüfte Option. Und so wächst er zunächst mit ständig wechselnden Bezugspersonen im Krankenhaus auf, bis ihn nach etwa einem Jahr das Ehepaar Bartsch adoptiert[4]. Seine Stiefmutter wird später von den Gutachtern Manfred Rasch und Elisabeth Müller-Luckmann als eine extrem auf Sauberkeit und Ordnung fixierte Frau beschrieben. Den Jungen hat sie danach sehr häufig geschlagen und nicht selten auch massiv mit Gegenständen misshandelt[5]. Ihr Mann wird von Freunden wie folgt zitiert: »Ich muss nach Hause, sonst schlägt sie mir das Kind tot«.[6]

Ergänzend hierzu ein Zitat von Jürgen Bartsch aus einem Brief an Paul Moor[7]: »Im Hause in Langenberg, als ich mal irgendetwas gegen ihre Ordnung tat, warf sie mit einer Bierflasche plötzlich nach mir. Als ich noch etwas älter und mit ihr im Geschäft war, passierte auch mal so etwas, was gegen ihre Ordnung ging. Da warf sie auf einmal mit einem spitzen Fleischermesser nach mir. Es verfehlte mich nur knapp. Ich konnte nur stammeln ›Ach, so ist das …‹. ›Ja‹, schrie sie, ›so ist das‹ und spuckte mir ins Gesicht. Ich sagte nichts mehr. Sie lief aus dem Laden, suchte das Telefon und rief, sodass die Angestellten es hören konnten: ›Jetzt rufe ich Herrn Bitter (Leiter des Essener Jugendamtes) an, der soll heute noch dafür sorgen, dass du Schwein dahin kommst, wo du herkamst, denn da gehörst du hin‹. Ich ging auf die Toilette und weinte.«

Jürgen Bartsch soll möglichst nicht mit anderen Kindern spielen, um nichts von seiner Adoption zu erfahren. Zudem hätte er sich ja draußen schmutzig machen können. Die Mutter sperrt ihn deshalb oft im Keller ein, fernab von Spielkameraden und natürlichem Tageslicht. Als er dann in die Grundschule kommt, wird er nach eigenen Angaben als der Kleinste der Klasse zum Prügelknaben. Aufgrund seiner Rolle als isolierter Außenseiter hat Bartsch keine Freunde. Im Alter von zehn Jahren schicken die Eltern ihn in ein Heim. Als sie die dortigen Erziehungsmaßnahmen nicht für streng genug erachten, sorgen sie für seine Verlegung in das Don-

Bosco-Internat, welches für seine harten Disziplinierungs-
maßnahmen bekannt ist. Dort wird er erneut massiv geschlagen. Nach seinen Berichten geschieht dies oft willkürlich. In
der späteren Gerichtsverhandlung gegen Jürgen Bartsch stellt
Gerhard Bartsch – angesprochen auf die Brutalität innerhalb
des Don-Bosco-Internats – nüchtern fest: »Na, schließlich ist
er nicht totgeschlagen worden«.

Jürgen Bartsch läuft zweimal aus dem Don-Bosco-Heim
davon, um dem Elend zu entgehen. Er wird stets ins Heim
zurückgebracht. Als er als 13-Jähriger in einem Zeltlager
erkrankt, nimmt der mitgereiste Pater den fiebergeplagten
Jungen mit in sein Bett und vergeht sich an ihm. Zwei Jahre
später begeht Jürgen Bartsch als 15-Jähriger seinen ersten
Sexualmord. Bartschs prägende Erfahrungen sind zum einen
ein eklatanter Mangel an Geborgenheit und elterlicher Liebe,
zum anderen eine täglich erfahrene, ihn demütigende Ohnmacht gegenüber der Gewalt von Eltern und Erziehern. Hinzu
kommt, dass er die sexuelle Gewalt einer kirchlichen Autoritätsperson ertragen muss, ohne sich zur Wehr setzen zu
können. So wächst er als ein isolierter Außenseiter auf, ohne
Freunde und ohne positive soziale Erfahrungen.

Aus der Sicht der beiden oben genannten Gutachter resul-
tiert aus dieser sich ständig wiederholenden und ihn zutiefst
demütigenden Leidenserfahrung, gepaart mit seinem extrem
niedrigen Selbstwertgefühl, der Wunsch nach der totalen
Machtausübung gegenüber kleinen Jungen, zu denen er sich
sexuell hingezogen fühlt[8]. Tobias Brocher kommentiert die
Taten wie folgt: »Der Täter sucht eigentlich in seinem Opfer
gleichsam ein Abbild seiner selbst als Kind, das er dann so
verderben und zerstören will, wie er selbst auch als Kind zer-

stört wurde. Dies ist der unbewusste Racheinhalt, den Bartsch in seinem ersten Prozess als ›unheimlichen Trieb‹ bezeichnete, ohne ihn tatsächlich zu kennen«[9].

In der deutschen Kriminalgeschichte gibt es keinen ähnlich gelagerten Fall eines derart jungen Sexualmörders. Und trotzdem zeigen die systematischen Analysen zur Biografie anderer Sexualmörder vielfältige Parallelen. Ich hatte häufig die Gelegenheit, hierzu die Gutachterin Elisabeth Müller-Luckmann, Psychologieprofessorin der TU Braunschweig, zu befragen. Aufgrund einer über Jahrzehnte gewachsenen, sehr engen Freundschaft war es ihr ein persönliches Anliegen, mit mir intensiv über die Erfahrungen zu sprechen, die sie in mehr als 30 Verfahren gegen Sexualmörder gesammelt hatte. Ihre Einschätzungen deckten sich dabei mit den Erkenntnissen anderer Sexualwissenschaftler und Psychiater.

Als einen zentralen Ansatzpunkt ihrer Gutachten über die Täter nannte Müller-Luckmann deren Grundgefühl erniedrigender Ohnmacht, die sie in ihrer Kindheit als Opfer von körperlicher und meist auch sexueller Gewalt immer wieder erlebt hatten, sowie eine tiefgreifende emotionale Vernachlässigung. Aus einem sehr niedrigen Selbstwertgefühl würden sich dann machtvolle Omnipotenzwünsche entwickeln. Beides zusammen entfalte eine gefährliche Eigendynamik. Wer darunter zu leiden hatte, strebe später häufig selbst nach brutaler Machtausübung – und die ultimative Macht sei nun einmal die, Herr über Leben und Tod zu sein und die Panik in den Augen des Opfers zu erleben. Hinzu kämen als weitere Belastungsfaktoren der Täter oft ihre soziale Isolation und eine ausgeprägte Persönlichkeitsstörung. Müller-Luckmanns Folgerung lautete: »Zum Sexualmörder wird man nicht geboren, dazu wird man gemacht.«

Mich haben diese Argumente von Elisabeth Müller-Luckmann sehr überzeugt. Wären solche Taten primär genetisch bedingt, könnte nicht erklärt werden, weshalb die Zahl der Sexualmorde seit den Siebzigerjahren so drastisch zurückgegangen ist. Erbanlagen werden nun einmal von Generation zu Generation relativ konstant weitergegeben. Eines muss allerdings angemerkt werden: Sowohl Elisabeth Müller-Luckmann als auch ihre Kollegen haben in ihren Fallanalysen keineswegs die These aufgestellt, die von ihnen festgestellten Leidensgeschichten hätten die Betroffenen gleichsam zwangsläufig zu Sexualmördern werden lassen. Sie haben damit lediglich spezifische Merkmale der Täterbiografien hervorgehoben, die in Verbindung miteinander offenbar das Tatrisiko deutlich erhöhen. Wenn aber die Belastungsfaktoren der Täter in derart vielen Punkten weitgehend übereinstimmen, liegt eine Frage sehr nahe: Hat sich möglicherweise der Anteil der Kinder, die in Deutschland unter solchen Leidensbedingungen aufwachsen, im Laufe der letzten Jahrzehnte drastisch verringert? Könnte dies den oben dargestellten Rückgang der Sexualmorde zumindest teilweise erklären?

Mögliche Ursachen für den Rückgang der Sexualmorde

Bei der Untersuchung dieser Frage ist zunächst zu beachten, dass sich der Rückgang der Sexualmorde nicht gleichmäßig entwickelt hat. Allein in den letzten zehn Jahren schwankten die Zahlen zwischen den zwei vollendeten Sexualmorden des Jahres 2013 bis zu 21 im Jahr 2011. Deshalb wurden für die nachfolgende Längsschnittbetrachtung erneut jeweils die Zahlen von fünf aufeinanderfolgenden Jahren addiert. Den oben bereits erwähnten 223 Fällen der Jahre 1976 bis einschließlich 1980 standen in den vorausgegangenen und nachfolgenden Fünfjahreszeiträumen 211 und 220 Sexualmorde gegenüber. Erst für die beiden nächsten Zeiträume 1986 bis 1990 und 1991 bis einschließlich 1995 zeichnet sich erstmals mit Fallzahlen von 163 und 138 ein deutlicher Rückgang ab, der sich dann bis zu den 34 Fällen der letzten fünf Jahre schrittweise fortsetzt. Angesichts dieser Längsschnittentwicklung der Zahlen stellt sich die Frage, ob sich auch zu den oben skizzierten Einflussfaktoren entsprechende Trends abzeichnen.

Hierzu sollen drei Fragen erörtert werden:

- Wie hat sich seit den Dreißigerjahren die Erziehung von Kindern verändert?
- Wie hat sich die Häufigkeit des sexuellen Missbrauchs von Kindern entwickelt?
- Haben sich Qualität und Häufigkeit der therapeutischen Angebote für junge Menschen mit erheblichen Persönlichkeitsstörungen in den letzten Jahrzehnten verbessert?

Der Wandel der elterlichen Erziehung

Zu der Frage, wie sich die Kindererziehung in den letzten sieben Jahrzehnten verändert hat, konnten wir am KFN seit 1992 größere Untersuchungen durchführen. Ein Forschungsansatz hat sich dabei als besonders ergiebig erwiesen. Zwischen 2004 und 2014 hatten wir in vier Repräsentativbefragungen insgesamt 9445 ab 16-Jährige erreicht. Hauptzweck der Untersuchung war, sie um konkrete Einschätzung zur aktuellen Kriminalitätsentwicklung zu bitten[10]. Die Gelegenheit nutzten wir jedoch auch dazu, den Menschen Fragen über Ausmaß und Intensität elterlicher Gewalt sowie elterlicher Zuwendung zu stellen. Dadurch waren wir in der Lage, die Antworten von sieben Geburtskohorten zu vergleichen – angefangen bei jenen, die in den Dreißigerjahren geboren wurden, bis hin zu den Befragten, deren Geburtsjahr frühestens das Jahr 1990 war. Der Vergleich der sieben Geburtskohorten lässt zwei klare Trends erkennen, die in der nachfolgenden Abbildung dargestellt werden.

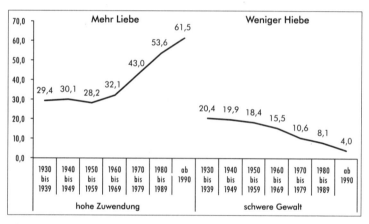

Abb. 1: Elterliche Erziehung im Vergleich von sieben Geburtskohorten (Dreißigerjahre bis Neunzigerjahre)[11]

In der linken Hälfte sind Befragungsergebnisse zur elterlichen Zuwendung erfasst. Ein Beispiel ist die Aussage: »Meine Eltern haben mich gelobt, wenn ich etwas besonders gut gemacht habe.« In der rechten Hälfte folgen die Daten zum Einsatz schwerer elterlicher Gewalt. Diese wurde wie folgt beschrieben: »Meine Eltern haben mich stark verprügelt.« Die Abbildung zeigt, wie häufig die Befragten der Geburtskohorten von den verschiedenen Erziehungserfahrungen berichteten. In der linken Hälfte wird deutlich, dass der Anteil der Personen, die von ihren Eltern hohe Zuwendung erfahren haben, über drei Jahrzehnte auf einem relativ niedrigen Niveau von 29,4 Prozent bis 28,2 Prozent weitgehend stagnierte. Erst ab den Sechzigerjahren zeigt sich eine schrittweise Wende der Erziehungskultur. Innerhalb von vier Jahrzehnten steigt der Anteil derjenigen, die von ihren Eltern viel Zuwendung erhalten haben, von 28,2 Prozent auf 61,5 Prozent. Eine im Jahr 2011 entsprechend durchgeführte Befragung von 2583 16- bis 20-Jährigen belegt darüber hinaus einen weiteren Anstieg auf 74,8 Prozent.[12]

Bei den Befragten, die in der Kindheit von ihren Eltern schwere Gewalt erfuhren, zeigt sich ein ähnliches Bild. Die Quote liegt bei den in den Dreißigerjahren Geborenen mit 20,4 Prozent am höchsten und reduziert sich dann bis zur Geburtskohorte der Fünfzigerjahre lediglich auf 18,4 Prozent. Erst für die letzten vier Jahrzehnte zeichnet sich dann auch hier ein deutlicher Wandel der Erziehungskultur ab. Die ab 1990 Geborenen erlebten schwere Gewalt nur noch zu vier Prozent. Seit den Dreißigerjahren hat sich damit der Anteil der massiv geschlagenen Kinder um etwa vier Fünftel verringert.

Der Vergleich der Daten aus den sieben Geburtskohorten bietet damit eine erstaunlich klare Parallele zu den Daten der Sexualmordentwicklung. Der seit den Neunzigerjahren besonders drastische Rückgang dieser Tötungsdelikte ist daher mit großer Wahrscheinlichkeit auch auf den beschriebenen Wandel der elterlichen Erziehungskultur zurückzuführen, der etwa 30 Jahre zuvor seinen Ursprung hatte.

Der Rückgang des sexuellen Kindesmissbrauchs

Bereits die Geschichte von Jürgen Bartsch und die ergänzend herangezogenen Untersuchungen haben allerdings eines deutlich gezeigt: Zum Sexualmörder sind viele auch dadurch geworden, dass sie als Kind selbst sexuelle Gewalt erfuhren. Auch insoweit gilt: Erst ist man Opfer, dann wird man Täter. Deshalb ist hier eines zu beachten: Der sexuelle Kindesmissbrauch hat im Laufe der letzten Jahrzehnte deutlich abgenommen. Dies zeigt zunächst eine vom KFN im Jahre 2011 im Auftrag des Bundesforschungsministeriums durchgeführte Repräsentativbefragung von ca. 10 000 Personen der Altersgruppe 16 – 40 Jahre.

Die große Zahl der Befragten ermöglichte uns die getrennte Auswertung dreier Altersgruppen: die damals 31- bis 40-Jährigen, deren Kindheit primär in den Siebziger bis Achtzigerjahren lag und spätestens 1995 endete; die 21- bis 30-Jährigen, die ihre Missbrauchserfahrungen vor allem in den 80er bis 90er Jahren hatten, und schließlich die 16- bis 20-Jährigen, deren Kindheit bei der im Jahr 2011 durchgeführten Befragung erst fünf bis zehn Jahre zurücklag. Vergleicht man die Opferdaten, die sich zu diesen drei Kindheitsphasen ergaben, so zeigt sich ein klarer Befund: Die im Jahr 2011 31- bis 40-jährigen Frauen hatten bis zu ihrem 16. Lebensjahr zu 9,5 Prozent Missbrauch mit Körperkontakt erlitten, die 21- bis

30-Jährigen zu 7,2 Prozent und die 16- bis 20-Jährigen nur
zu 3,0 Prozent. Zu den männlichen Befragten lauten die Ver-
gleichszahlen: 1,8 Prozent, 1,4 Prozent und 0,9 Prozent[13].

Doch womit ist der starke Rückgang des Kindesmissbrauchs zu erklären? Ein Faktor ist möglicherweise die Tatsache, dass sich für die Täter derartiger Delikte seit Mitte der
Siebzigerjahre das Risiko beträchtlich erhöht hat, für ihre
Missbrauchstaten zur Verantwortung gezogen zu werden.
Die Anzeigebereitschaft der Opfer ist nämlich beträchtlich
angestiegen. Während ab Mitte der Achtzigerjahre im Durchschnitt nur etwa jeder zwölfte Täter mit einem Strafverfahren
rechnen musste, galt dies 2011 bereits für jeden dritten.[14] Das
dürfte zumindest bei einem Teil der potenziellen Missbrauchstäter den Tatendrang gebremst haben. Doch was hat wiederum dazu beigetragen, dass die Opfer bereits 2011 wesentlich
anzeigefreudiger waren als früher?

Ein Erklärungsansatz liegt auf der Hand: Die Schamgren-
zen haben sich im Verlauf der betrachteten Jahrzehnte ver-
schoben. Es fiel und fällt den Menschen zunehmend leichter,
über Sexualität zu sprechen. Zweitens kommt hier die engagierte Arbeit von zahlreichen Organisationen der Opferhilfe
sehr zum Tragen. Seit mehreren Jahrzehnten bieten sie mit
ihren Anlaufstellen den von sexualisierter Gewalt Betroffenen kompetente Beratung und Hilfe an. Das hat die Folge,
dass mehr angezeigt wird und sich damit das Risiko der Täter
erhöht hat, sich vor Gericht verantworten zu müssen. Und
schließlich haben sich die öffentliche Aufmerksamkeit und die
Anteilnahme für die Leiden der Betroffenen im Laufe der letzten vier Jahrzehnte deutlich erhöht. Die Massenmedien haben
redebereiten Missbrauchsopfern die Möglichkeit eröffnet,
über das zu sprechen, was ihnen widerfahren ist. Dies wie-

derum kann anderen Betroffenen Mut machen und Anstoß geben, ihr eigenes Schweigen zu brechen und sich Hilfe zu suchen.

Zum Rückgang des Missbrauchs dürften noch andere Faktoren erheblich beigetragen haben. So sind die Anstellungsträger potenzieller Täter (z.B. Internate, Schulen, Sportvereine, kirchliche Einrichtungen) durch die öffentliche Diskussion dafür sensibilisiert worden, dass Kinder durch präventive Maßnahmen besser geschützt werden sollten, und haben dies zu einem beachtlichen Teil tatsächlich umgesetzt. Hierdurch verringern sich die Tatgelegenheiten.

Besonders verdient ein Aspekt Beachtung, dessen große Bedeutung Peter Wetzels am KFN bereits in den Neunzigerjahren im Zuge der ersten bundesweiten Repräsentativbefragung zum Missbrauchsthema ermittelt hatte. Er konnte in seiner exzellenten Dissertation aufzeigen, dass häufig geschlagene und emotional vernachlässigte Kinder, die in einem konfliktbeladenen Milieu aufwachsen, ein um das Vierfache erhöhtes Missbrauchsrisiko haben[15]. Wer nicht satt an elterlicher Liebe wird, ist in Gefahr, dass er auf der Suche nach Zuwendung an die falsche Person gerät. Wie oben gezeigt, hat jedoch der Anteil der Kinder, die mit wenig Liebe und vielen Schlägen aufwachsen, im Laufe der letzten drei Jahrzehnte deutlich abgenommen. Auch dadurch ist der sexuelle Missbrauch von Kindern erheblich seltener geworden.

Der Rückgang des sexuellen Kindesmissbrauchs wird auch in der Polizeilichen Kriminalstatistik (PKS) und der Strafverfolgungsstatistik dokumentiert. Die höchste Zahl von insgesamt 16 888 Fällen des Missbrauchs von Kindern registrierte die Polizei im Jahr 1997. Seitdem ist bis 2018 eine weitgehend kontinuierliche Abnahme um 27 Prozent festzustellen – und dies, obgleich sich die Anzeigebereitschaft der Missbrauchsopfer wie oben gezeigt – zwischen 1992 und 2011 um zwei Drittel erhöht hat. In der Realität dürfte der Rückgang folglich noch um einiges stärker ausgefallen sein, als dies die polizeilichen Daten zeigen. Beachtung verdienen ferner die entsprechenden Daten der Strafverfolgungsstatistik: Zwischen 2007 – seitdem stehen gesamtdeutsche Zahlen zur Verfügung – und 2017 hat sich die Zahl der Verurteilten von 2484 auf 1866 um ein Viertel reduziert.

Schließlich bleibt die Frage zu klären, ob es seit den Achtzigerjahren einen Anstieg von Therapieangeboten für hoch belastete junge Menschen gegeben hat, der zum Rückgang der Sexualmorde beigetragen haben kann.

Gab es eine Zunahme wirksamer Therapien?

2014: In einer Rundfunksendung des NDR darf ich darüber sprechen, ob jemand, der Frauen vergewaltigt hat, durch eine Therapie hinter Gittern davon abgebracht werden kann. Ich bejahe das und berichte von positiven Forschungsergebnissen. Am selben Tag werde ich von einem Herrn X angerufen, der die Sendung gehört hat. Er spricht aus Erfahrung. Wegen sechs Vergewaltigungen hat er knapp zehn Jahre im Gefängnis gesessen. Vor zehn Jahren war er entlassen worden. Er berichtet mir, er sei inzwischen beruflich erfolgreich, habe geheiratet, freue sich über zwei höchst lebendige Söhne. Und das alles habe er einem großartigen Therapeuten, Herrn T, zu verdanken, der ihm im Gefängnis zu einem Neuanfang in seinem Leben verholfen habe. Daraufhin frage ich Herrn X, ob er bereit wäre, gemeinsam mit

Herrn T vor allen Mitarbeitern des KFN darüber zu berichten, wie er zum Vergewaltiger wurde und was ihn dazu gebracht hat, nach der Entlassung ein völlig neues, straffreies Leben zu beginnen. Er stimmt zu und auch Herr T macht mit.

Bei dem Termin im KFN steht zunächst eine Rückblende von Herrn X in die Neunzigerjahre im Vordergrund. Von außen betrachtet, lebt er damals als angepasster Mensch – Handwerker, verheiratet, ein Sohn. Aber von Zeit zu Zeit wächst in ihm die Spannung. Er giert dann richtig nach exzessiver Gewalt gegen irgendeine Frau. Es handelt sich dabei nicht um einen überbordenden Sexualwunsch, der ihn zur Tat animiert. Vielmehr ist es nach seinem Bekunden immer wieder die Lust daran, totale Macht über eine Frau auszuüben, sie zu demütigen, ihre Panik und Verzweiflung zu erleben. Doch woher kommt das? Herr X wusste es nach seiner Verurteilung zunächst selber nicht. Fünf Jahre lang saß er im Gefängnis, ohne dass er aus seiner Sackgasse von angestauter Aggressivität herauskam. Erst die sensiblen Fragen des Therapeuten bringen ihn dazu, sich schrittweise auf seine Kindheit und Jugend einzulassen und damit auf die Quelle seiner Aggressivität gegen Frauen. Zum ersten Mal redete er über das, was ihm damals Angst gemacht hatte – über brutale Leidenserfahrungen, über die tiefsitzende Ohnmachtserfahrung, sich gegen die ihm zugefügten Verletzungen nicht wehren zu können, und über seine Enttäuschung darüber, dass ihm niemand hilft.

Die Basis dafür, dass Herr X sich auf Herrn T einließ, war dessen respektvoller Umgang mit ihm, seine Empathie, seine Geduld. Herr T bedrängte ihn nicht. Aber er vermittelte ihm immer wieder die Hoffnung darauf, dass er ein anderer werden könne. Herr T ergänzt, dass er ständig die Grenzen davon auslotete, was er seinem Gegenüber an schmerzhafter Konfrontation *mit seinen Problemen zumuten kann. Und Herr X berichtet, wie wichtig es für ihn war, dass er in der parallel laufenden Gruppentherapie mit anderen Gewalttätern auf einmal die Rolle des Fragenden übernehmen und damit Herrn T unterstützen konnte. Herr T erinnert ihn daran, wie wichtig diese Mitwirkung an der Therapie anderer war, weil sie ihm positive Selbstwirksamkeit vermitteln konnten. Herr X zieht abschließend Bilanz dieser Therapie: Sie habe ihn dazu befähigt, nach der Entlassung ohne die destruktive Lust auf sexuelle Gewalt zu leben und er bedauert, dass niemand in seinem Umfeld ihm als jungem Menschen eine derartige Therapie vermittelt habe. Seine immer wieder ausbrechende Aggressivität hätte hierzu allen Anlass gegeben. Aus seiner Sicht wäre dann vielen Menschen schreckliches Leid erspart geblieben.*

Wenn man versucht, anhand der Fachliteratur nachzuvollziehen, welches die entscheidenden Wirkfaktoren sind, gelangt man schnell in den Meinungsstreit der verschiedenen Therapierichtungen.[16] Für Außenstehende ist deshalb hilfreich, dass es hierzu eine vermittelnde Position gibt: Von vielen wird nämlich die These vertreten, dass spezifische methodische Vorgehensweisen der einzelnen psychotherapeutischen Ansätze nicht der eigentliche Schlüssel zur therapeutischen Veränderung seien. Die heilende Wirkung schreiben sie vielmehr dem psychotherapeutischen Setting an sich zu – und hier insbesondere der Heilkraft der Beziehung des Therapeuten zum Patienten.[17] Im Mittelpunkt stehen also seine glaubhafte Zuwendung und seine Menschenliebe. Unstreitig ist zudem angesichts der überzeugenden Forschungsbefunde von vielen Meta-Analysen der Umstand, dass Psychotherapie bei den meisten psychischen Störungen schneller, stärker und nachhaltiger wirkt als der natürliche Heilungsprozess oder ein stützendes Umfeld.[18]

Zwar werden die Wirkfaktoren einer gelungenen Therapie durchaus unterschiedlich formuliert, bei genauer Betrachtung gewinnt man aber den Eindruck, dass es hier doch vielfältige Überschneidungen gibt. Mich hat insbesondere das 1995 von Weinberger postulierte Konzept von fünf Wirkfaktoren überzeugt, da es nachvollziehbar werden lässt, was zwischen Herrn X und Herrn T abgelaufen ist und uns gegenüber so anschaulich beschrieben wurde:

- eine vertrauensvolle Therapiebeziehung
- positive Therapieerwartungen aufseiten des Patienten
- Konfrontation des Patienten mit seinen Problemen
- Vermittlung von Bewältigungserfahrungen und die kognitive Kontrolle über die problematischen Aspekte des Verhaltens
- die Zuschreibung des Therapieerfolges durch Patienten auf sich selber.

Offen ist allerdings, seit wann Therapieangebote mit der erforderlichen Qualität für die belasteten Menschen zur Verfügung stehen. Anfragen bei den in Betracht kommenden Organisationen vermitteln hierzu ein übereinstimmendes Bild: In den Achtzigerjahren hat sich in Deutschland eine schnell wachsende und breit aufgefächerte Therapieszene entwickelt.

Dies belegt beispielsweise eine für den Zeitraum von 1985 bis 2018 geführte Tabelle der kassenärztlichen Bundesvereinigung. Danach hat die Gesamtzahl der Ärztinnen und Ärzte, die sich entweder auf Kinder- und Jugendpsychiatrie spezialisiert haben oder als Ärzte eine Zusatzausbildung in Kinder- und Jugendpsychotherapie vorweisen können, im Verlauf der 33 Jahre von 750 um etwa das Neunfache auf 6782 erhöht. Eine noch stärkere Zunahme vermitteln die Daten, die mir vom Bundesverband der Psychologischen Psychotherapie (DPPV) zur Verfügung gestellt wurden – danach hat sich die Zahl dieser Therapeuten zwischen 1982 und 2018 von 2750 auf 34 071 erhöht. Sie ist damit um das 12,3-Fache gestiegen.[19]

Als Beispiel dafür, wie sich die starke Erweiterung der therapeutischen Angebote ausgewirkt hat, gelten die Zahlen zum Selbstmord.[20] Die Zahl der Suizide ist zwischen 1975 und 2017 von 18 998 auf 9241 zurückgegangen. Pro 100 000 der Bevölkerung ist das eine Abnahme um 64 Prozent. Generell ist davon auszugehen, dass gerade junge Menschen, die aufgrund schwerster Erziehungsmängel und defizitärer elterlicher Zuwendung in gravierende Probleme geraten sind, in einem hohen Maß von der Ausweitung der therapeutischen Angebote profitiert haben.[20] Deshalb dürfte auch der Rückgang der Sexualmorde damit zusammenhängen, dass die ihm zugrunde liegenden Persönlichkeitsstörungen seit den 80er Jahren zunehmend therapeutisch behandelt werden konnten.

Weniger Hiebe – mehr Liebe

Joachimfritz Staeter und Astrid Lindgren
als Pioniere des Wandels

Die Abschaffung des Züchtigungsrechts
der Lehrer

Neben den Eltern hatten früher auch die Lehrer das Recht,
Kinder zu schlagen. Der Bundesgerichtshof begründete dies in
seinen Entscheidungen BGHSt 6, 263 und BGHSt 11, 218 mit
einem den Lehrern zustehenden Gewohnheitsrecht. In den
Fünfzigerjahren blieb das weitgehend unbestritten. Doch in
den Sechzigerjahren entwickelte sich zunächst bei einzelnen
Amtsrichtern hiergegen Widerstand. 1981 traf ich dann zufällig bei einem Besuch der Staatsanwaltschaft Braunschweig auf
einen Juristen, der zu diesem Thema als Pionier der Veränderung aufgetreten war: Joachimfritz Staeter.

Er berichtete mir von einem Strafprozess, in dem er Anfang
1962 als junger Strafrichter einen Lehrer wegen Körperverletzung zu einer Geldstrafe verurteilt hatte. Dieser habe damals
einen 13-jährigen Schüler aus disziplinarischen Gründen massiv geschlagen und sich dabei wie üblich auf Gewohnheitsrecht

berufen. Doch Joachimfritz Staeter beeindruckte das offenkundig nicht. Sein erstes Gegenargument lautete, in die grundrechtlich geschützte körperliche Unversehrtheit dürfe nur durch ein vom Bundestag verabschiedetes, förmliches Gesetz eingegriffen werden – Gewohnheitsrecht reiche da nicht aus. Vor allem aber störte ihn an der üblichen Praxis der erniedrigende Zwang, sich vor den Augen der Klasse der Prügelstrafe des Lehrers zu stellen. Das bewertete er als Verletzung der in Artikel 1 des Grundgesetzes geschützten Menschenwürde.

Doch damit war Herr Staeter seiner Zeit weit vorausgeeilt. Der Lehrer legte Berufung ein und wurde in der nächsten Instanz freigesprochen. Als mir Herr Staeter hiervon berichtete, bestätigten Kollegen die Geschichte und ergänzten, er sei damals vermutlich der erste deutsche Strafrichter gewesen, der so ein Urteil gesprochen habe. Bei einer Bundeskonferenz von Juristen habe Herr Staeter damals für seine, in einer kurzen Ansprache engagiert vorgetragene Position großen Beifall erhalten. Vermutlich habe er dadurch einen wichtigen Beitrag dafür geleistet, dass es später auch an anderen Gerichten zur Verurteilung von schlagenden Lehrern kam.

Letzteres wird wiederum durch eine grundlegende Arbeit des Saarbrücker Strafrechtsprofessors Heike Jung bestätigt. Er hatte in seiner 1977 erschienenen Habilitationsschrift »Das Züchtigungsrecht des Lehrers«[1] zur rechtlichen Bewertung des Schlagens von Schülern beträchtliche regionale Unterschiede aufgezeigt und kritisiert, dass die Kultusministerien sich nicht auf ein verbindliches Verbot des Schlagens geeinigt hatten. Erst in den Achtzigerjahren hat sich dann schrittweise über die Kultusministerien und landesrechtliche Regelungen durchgesetzt, dass Lehrer sich nicht mehr auf ein Gewohnheitsrecht zum Schlagen von Kindern berufen konnten.

Das Verbot des Schlagens von Kindern

Haben mich die 68er-Proteste geprägt? Als ich 1965 mit dem Jura-Studium beginne, bin ich nicht nur äußerlich angepasst und brav – Krawatte, gebügelte Hose, anständige Frisur. Auch innerlich orientiere ich mich daran, ja nichts falsch zu machen, lerne eifrig und träume vom privaten Glück. Aber da gibt es auf einmal Brüche. Eigentlich bin ich großer USA-Fan, seitdem diese die Luftbrücke nach Berlin organisiert haben. Doch plötzlich mehren sich die Nachrichten über das grauenhafte Vorgehen der US-Armee im Vietnamkrieg. Meine Professoren wollen darüber jedoch nicht mit uns diskutieren. Dann bekomme ich Flugblätter über die Nazi-Vergangenheit zweier angesehener Professoren unserer Fakultät in die Hand, zweifle zunächst an dem Wahrheitsgehalt der Gerüchte, recherchiere selber. Und die Vorwürfe stimmen. Wieder will sich keiner den kritischen Fragen stellen.

Am 2. Juni 1967 erschießt der Berliner Polizist Karl-Heinz Kurras bei einer Anti-Schah-Demonstration in Berlin den Studenten Benno Ohnesorg. Mein Eindruck ist, dass der Staat bewusst nur oberflächlich ermittelt. Mir reicht es nun endgültig – zum ersten Mal mache ich bei einer Spontandemonstration mit. Was für ein Power-Gefühl. Die Leopold-Straße gehört uns Demonstranten, als wir mithilfe von Sprechchören unsere Wut rausbrüllen. Bei anderen Geschichten dieser 68er-Zeit mache ich allerdings nicht mit. Gegen Thesen und Terminologie der studentischen Edelmarxisten bin ich durch meine vielen DDR-Verwandtschaftsbesuche immunisiert. Trotzdem bin ich dankbar für diese Zeit, weil sie mich wachgerüttelt hat gegen das autoritäre Gehabe vieler Staatsrepräsentanten und Professoren.

Bei unseren studentischen Protesten gegen den Missbrauch von Macht nahmen wir 1968 eine Gruppe weitgehend aus: die Eltern, die Familie. Natürlich gab es als Folge der Protestaktionen eine Fülle von internen Konflikten, wenn zu Hause das zur Sprache kam, was damals gerade an den Universitäten und auf der Straße ablief. Aber das mündete noch nicht in eine politische Forderung nach einer grundlegenden Beschränkung elterlicher Machtausübung gegenüber Kindern und Jugendlichen. Dazu mussten offenbar mindestens weitere zehn Jahre vergehen bis die 68er-Generation schrittweise selber in die Elternrolle hinein wuchs und für sich persönlich entscheiden musste, ob sie mit der Tradition des Schlagens brechen möchte. Und auch dann kam es noch nicht zu einem radikalen Umschwung.

Dies belegt ein Vorgang, der sich 1978 ereignete. Damals hatte der Vorstand der Stiftung, die für die Vergabe des Friedenspreises des Deutschen Buchhandels zuständig ist, öffentlich verkündet, die weltberühmte Kinderbuchautorin Astrid Lindgren werde die große Auszeichnung am 28. Oktober erhalten. Anfang Oktober reichte sie auf Wunsch des Gremiums ihre Dankesrede ein. Doch dann geschah etwas, was in der Geschichte des Friedenspreises wohl einmalig sein dürfte: Der Vorsitzende des Stiftungsrates bat Lindgren brieflich darum, den Preis ohne die Rede entgegenzunehmen. Ihr Inhalt sei eine zu große Provokation für das deutsche Volk und das bei der Verleihung anwesende Publikum. Die Antwort Astrid Lindgrens an den Stiftungsvorstand war kompromisslos: Sie würde den Preis nur annehmen, wenn man ihr auch gestatte, die eingereichte Rede unverändert zu halten. Daraufhin besuchte sie der Vorsitzende in Stockholm. In einem langen Gespräch gelang es ihr, ihn zu überzeugen.[2]

Doch was war an dieser Rede so provokativ, dass der Stiftungsrat zunächst derart ablehnend reagierte? Astrid Lindgren stellte damals eine zentrale Forderung in den Mittelpunkt: Niemals Gewalt gegen Kinder. Einerseits betonte sie, dass Gewalt nun einmal auch auf der Gegenseite Gewalt erzeugt. Sie stellte dazu die These auf, die Diktatoren, Tyrannen, Unterdrücker und Menschenschinder dieser Welt seien in ihrer Kindheit durch harte Gewalterfahrungen negativ geprägt worden. Andererseits betonte sie die zentrale Bedeutung elterlicher Liebe für die Entwicklung junger Menschen: »In keinem neugeborenen Kind schlummert ein Samenkorn, aus dem zwangsläufig Gutes oder Böses sprießt. Ob ein Kind zu einem warmherzigen, offenen und vertrauensvollen Menschen mit Sinn für das Gemeinwohl heranwächst oder aber zu einem gefühlskalten, destruktiven, egoistischen Menschen, das entscheiden die, denen das Kind in dieser Welt anvertraut ist, je nachdem, ob sie ihm zeigen, was Liebe ist, oder aber dies nicht tun.«[3]

Welche Wirkung hatte diese vor gut 40 Jahren gehaltene Rede damals und welche übergreifende Bedeutung kommt ihr rückblickend zu? Der vom Stiftungsrat prognostizierte oder zumindest befürchtete Proteststurm gegen die Rede Astrid Lindgrens blieb jedenfalls aus. Meines Erachtens hat dies auch damit zu tun, dass zehn Jahre vorher im Rahmen der 68er-Proteste Zweifel an der autoritären Erziehung durch Eltern und Lehrer aufgekommen waren. Alexander Neills Buch »Summerhill«, das seinen antiautoritären Erziehungsstil darstellte, hatte viele Menschen erreicht. Die Abbildung 1 aus dem vorigen Kapitel zeigt es: Die neue Generation von Eltern schwenkte auf den Kurs ein, der die nächsten 30 Jahre prägte: Mehr Liebe – weniger Hiebe. Ein »wind of change« wurde auf einmal spürbar.

Zum Zeitpunkt der Veranstaltung war ich mit dem Auto von München nach Augsburg unterwegs, um dort einen Vortrag zu halten. Im Autoradio gab es die Live-Übertragung aus der Paulskirche. Astrid Lindgren hielt ihre Rede in deutscher Sprache. Ich war von ihren Worten derart berührt, dass ich den nächsten Parkplatz nutzte, um ihr bis zum Ende der Ansprache konzentriert zuhören zu können. Am nächsten Tag zeigte sich, dass auch mein Chef Schüler-Springorum die Rede gehört hatte und ihre Botschaft als eine Art Startsignal auffasste. Er nutzte seine guten Kontakte nach Schweden dazu, sich bei Kollegen über den Stand der dortigen rechtspolitischen Diskussion zu informieren und einen von ihnen zu Vorträgen nach Deutschland einzuladen.

In Schweden war zum 1. Oktober 1979 ein Gesetz in Kraft getreten, mit dem die von Astrid Lindgren erhobene Forderung umgesetzt wurde. Schweden war damit das erste Land der Welt, in dem jegliches Schlagen von Kindern gesetzlich verboten wurde. Als ein schwedischer Kollege uns 1980 in seinem Vortrag die Vorgeschichte dieser Reform erläuterte, wurde etwas deutlich: Jahrzehnte zuvor hatte sich noch die große Mehrheit der Eltern in Schweden gegen eine entsprechende Initiative ausgesprochen. Die schwedischen Eltern wollten die Erziehung ihrer Kinder selber gestalten und den Einfluss des Staates hierbei möglichst klein halten.

Eines machte der schwedische Kollege uns deshalb eindringlich klar: Gegen die tief verankerten Überzeugungen sollte man nicht mit einem den Menschen übergestülpten Gesetz vorgehen. Zunächst einmal sei geduldige Überzeugungsarbeit nötig. Für diese brauche man zum einen das Engagement Tausender Menschen in regionalen Basisorganisationen, die sich landesweit für den Kinderschutz einsetzen. Zum anderen sei die empirische Wissenschaft gefordert, Untersuchungen darüber anzustellen, wie sich unterschiedliche Erziehungsstile auf die Entwicklung von Kindern auswirken. Das gesetzliche Verbot jeglichen Schlagens von Kindern sei in Schweden erst möglich geworden, nachdem man vorher in einem geduldigen und über Jahrzehnte laufenden Diskussionsprozess schließlich gut zwei Drittel der Bevölkerung von der Notwendigkeit eines solchen Verbots überzeugt hatte.

Dieser kluge Vortrag des schwedischen Kollegen hat uns damals außerordentlich beeindruckt. Er machte uns bewusst, warum die Politik gerade bei diesem das »heilige« Familienleben betreffenden Thema besonders vorsichtig sein würde. Was wir nun brauchten, war mehr Öffentlichkeitsarbeit über die Medien und eine intensive Zusammenarbeit mit dem Kinderschutzbund. Dieser Verband erwies sich in den folgenden 20 Jahren als überaus wichtiger Partner, um die aus Schweden zu uns getragene Botschaft buchstäblich unters Volk zu bringen. Der Kinderschutzbund war 1954 gegründet worden, konnte in den ersten zehn Jahren allerdings nur in 19 regionalen Gliederungen seine Aktivitäten entfalten. Anfang der Sechzigerjahre setzte jedoch ein rasantes Wachstum ein – zwischen 1964 und 1984 kamen 175 Ortsverbände, Kreisverbände und Landesverbände hinzu.

1978, das Jahr, in welchem Astrid Lindgren in der Paulskirche ihre fulminante Rede hielt, brachte dann mit 25 weiteren Verbänden den größten Zuwachs eines Jahres. Auf einmal wurde ihre über die Medien bekannt gewordene Forderung »Niemals Gewalt gegen Kinder« bundesweit zu einem wichtigen Diskussionsthema. Und die Menschen, die über den Kinderschutzbund mit dieser Botschaft auftraten, waren nun nicht mehr primär Wissenschaftler, Kinderärzte und Journalisten, sondern die Bäckerin aus der Nachbarschaft, der Gärtner, bei dem man Blumen kaufte, und der Handwerker, der einem das Fahrrad reparierte. Nach außen wurde diese Entwicklung dadurch erkennbar, dass die Mitgliederversammlung des Kinderschutzbundes noch im selben Jahr die Bundesregierung aufforderte, umgehend alles Erforderliche zu tun, um die elterliche Prügelstrafe gesetzlich zu verbieten.[4] Schrittweise hat der Kinderschutzbund so über Jahrzehnte hinweg die Grundlage dafür geschaffen, dass das von ihm seit den Achtzigerjahren geforderte Verbot jeglichen Schlagens von Kindern zunehmend akzeptiert wurde.

Parallel dazu gab es in den Achtzigerjahren für diese Position aus Wissenschaft und Praxis zunehmend Unterstützung. Dies manifestierte sich besonders deutlich in der vom früheren CDU-Justizminister Niedersachsens, Hans-Dieter Schwind, geleiteten Gewaltkommission der Bundesregierung. Sie forderte in ihrem Abschlussbericht das Verbot jeglichen Schlagens von Kindern.[5] Bei der Bundesregierung konnte die Kommission sich mit ihrer Empfehlung allerdings zunächst nicht durchsetzen. Die Koalition aus CDU/CSU und FDP sprach sich gegen die von Bündnis 90/Die Grünen und der SPD gestellte Forderung nach einem Verbot jeglicher Gewalt gegen Kinder aus.

Auch im Bundesrat gab es hierfür keine Mehrheit. Der bayerische Staatssekretär Johann Böhm signalisierte klaren Widerstand: »Soll es wirklich kriminelles Unrecht sein, wenn eine Mutter ihrem Kind in einer zugespitzten Konfliktsituation eine Ohrfeige gibt? Darf der Staat solche Maßnahmen mit dem Verdikt der Strafbarkeit versehen? Ich meine entschieden: Nein!.«[6] Und der Abgeordnete Dr. Wolfgang Götzer von der CDU/CSU-Bundestagsfraktion folgte ihm in seiner Kritik und ergänzte das damals wohl entscheidende Argument: »Außerdem fehlt wohl bei der großen Mehrheit der Bevölkerung jedes Verständnis dafür.«[7]

Angesichts der bestehenden Sorge der Regierungskoalition, ihre Wählerschaft könnte mit massivem Protest auf eine Abschaffung des elterlichen Züchtigungsrechts reagieren, brauchte es für diese Reform doch noch einen Regierungswechsel. Und so dauerte es bis zum Juli 2000, bis der Deutsche Bundestag zu dem entsprechenden Gesetzentwurf eine Sachverständigenanhörung durchführte. Ich durfte damals zufällig als letzter Redner sprechen. Von einem befreundeten CSU-Bundestagsabgeordneten hatte ich vorher den Hinweis bekommen, dass es jedenfalls in seiner Fraktion noch erhebliche Widerstände gegen den Gesetzentwurf gebe. Wenn ich also mit meiner Stellungnahme Erfolg haben wolle, müsse ich schon eine richtig emotionale Botschaft anbieten.

Daraufhin habe ich über die Ergebnisse einer Opferbefragung des KFN unter älteren Menschen gesprochen. Eine beachtliche Gruppe derjenigen Senioren, die in hohem Alter mit ihren Kindern zusammenlebten, berichtete von schweren Gewalterfahrungen – die Schikanen reichten von Prügel, Diebstahl und Erpressung bis zu massiven Beschimpfungen. Doch wir hatten auch gefragt, wie diese Senioren früher selber als Eltern mit ihren Kindern umgegangen waren. Eine Schlussfolgerung wurde anhand der Ergebnisse offensichtlich: Wer seine Kinder mit vielen Schlägen und wenig Liebe erzogen hatte, muss im Alter mit einem deutlich erhöhten Risiko leben, dass ihn die Kinder entsprechend behandeln.[8] Offenbar bekommt man im Alter das zurück, was man vorher ausgeteilt hat. Oder von anderer Seite betrachtet: Liebe zahlt sich aus. Wer seine Kinder gewaltfrei und liebevoll erzieht, hat eine hohe Chance, später das zu ernten, was er gesät hat.

Bald darauf verabschiedete der Deutsche Bundestag am 2. November 2000 das Gesetz zur Ächtung der Gewalt in der Erziehung. Durch die Reform wurde damit in Paragraf 1631 Abs. 2 S. 1 BGB ein absolutes Gewaltverbot zu geltendem Recht. Deutschland war damals der 13. Staat, der diesen Schritt wagte. Inzwischen sind weltweit 58 Länder dem schwedischen Beispiel gefolgt.[9]

Wer hat vom Wandel der Erziehung stärker profitiert – Mädchen oder Jungen?

Dirk Baier führte 2014 eine Untersuchung durch, die sich mit der Frage beschäftigte, ob der Wandel der elterlichen Erziehungskultur Jungen und Mädchen in gleicher Weise betrifft[10]. Auch er konnte dabei auf die Daten der drei Geburtskohorten zurückgreifen, die bereits oben im Abschnitt zum sexuellen Kindesmissbrauch herangezogen wurden. Der große Vorteil dieses Forschungskonzepts liegt auf der Hand: Die drei Gruppen wurden im Jahr 2011 auf identische Weise zu ihren familiären Erziehungserfahrungen befragt.

- Elterliche Zuwendung (Umarmen / Schmusen, Loben, Trösten)
- Elterliche Gewalt (Häufige leichte Gewalt und / oder schwere Züchtigung / Misshandlung)

- Emotionale Vernachlässigung (z.B. »Fühle mich nicht geliebt«)
- Emotionaler Missbrauch (z.B. »Familienmitglieder haben verletzende oder beleidigende Dinge zu mir gesagt«)
- Körperliche Vernachlässigung (z.B. »Ich hatte oft nicht genug zu essen«)

Bei der Interpretation der nachfolgend dargestellten Befunde der Untersuchung muss zunächst noch einmal ins Bewusstsein gerufen werden, auf welchen Zeitraum sich die berichteten Kindheitserfahrungen beziehen. Die Gruppe C wurde in der Zeit von 1971 bis einschließlich 1980 geboren – also in einer Zeit, in der etwa 70 Prozent der Kinder in Deutschland noch geschlagen wurden. Die zehn Jahre jüngere Gruppe B erlebte eine Kindheit, die bereits vom Wandel der Erziehungskultur geprägt war. Die ab 1990 geborene Gruppe A profitierte mehrheitlich von einer völlig gewaltfreien Erziehung und deutlich höheren Zuwendung als die beiden anderen Geburtskohorten.

• Zuwendung

Die Männer der ältesten Gruppe waren in ihrer Kindheit noch etwas häufiger geliebt worden als die Frauen. Doch schon bei den zehn Jahre jüngeren Befragten drehte sich dies um: Die Frauen hatten nun häufiger elterliche Zuwendung erfahren als die Männer. Bei den jüngsten Befragten wuchs der Abstand noch einmal deutlich an; männliche Befragte erlebten zu 63,6 Prozent liebevolle Zuwendung ihrer Eltern, weibliche Befragte zu 72,1 Prozent. Dieser Unterschied beruhte primär darauf, dass die Mütter ihre Liebe zu Töchtern weit stärker erhöht hatten als gegenüber den Söhnen.[11]

- **Elterliche Gewalt**
  Die in den Siebzigerjahren geborenen Töchter wurden in ihrer Kindheit noch häufiger geschlagen als die Söhne (18,3 zu 15,5 Prozent). Doch dann sinkt diese Quote im Vergleich der beiden Geburtskohorten bei ihnen um fast zwei Drittel auf 7,0 Prozent, während sie bei den Söhnen nur auf 9,2 Prozent abnimmt. Erneut fällt die Veränderung elterlicher Erziehung bei den Müttern stärker aus als bei den Vätern.

- **Emotionale Vernachlässigung**
  Im Vergleich der drei Gruppen zeigt sich bei den befragten Frauen ein klarer Trend: Je jünger sie sind, desto seltener berichten sie von emotionaler Vernachlässigung. Bei den männlichen Teilnehmern hat sich hier weniger verändert. Vor allem aber liegt bei den jüngsten männlichen Befragten der Anteil mit 24,5 Prozent Vernachlässigung plötzlich signifikant über der Quote der Frauen (19,9 Prozent).

- **Emotionaler Missbrauch**
  Hier zeigt sich erneut eine deutliche Benachteiligung von Mädchen der Gruppe C. Sie wurden zwischen 1975 und 1985 fast doppelt so oft verletzend beschimpft wie die Jungen (13 zu 7 Prozent). Doch bis zur Kindheit der Gruppe A hat sich diese Ungleichbehandlung fast völlig gegeben.[12]

- **Körperliche Vernachlässigung**
  Der Trend bestätigt sich erneut. Der Rückgang der Quote körperlich vernachlässigter Kinder fällt auch hier bei den weiblichen Befragten mit 6,5 Prozent (Gruppe C) zu

2,6 Prozent (Gruppe A) stärker aus als bei den männlichen Teilnehmern (5,8 zu 3,0 Prozent).

Doch womit ist es zu erklären, dass vor allem die Mädchen der jüngsten Gruppe A innerhalb ihrer Familie durchweg mehr Zuwendung und weniger Hiebe erhielten als die Jungen? Breit fundierte Forschungsergebnisse liegen hierzu nicht vor. Wir sind somit auf Erklärungsangebote angewiesen, die noch der differenzierten Analyse bedürfen. Sie regen jedoch immerhin dazu an, dieser wichtigen Frage mehr Aufmerksamkeit zu schenken.

Ein Blick zurück auf die Fünfziger- und Sechzigerjahren bietet einen Ansatzpunkt. Damals wurden Jungen noch als Stammhalter geboren. Die Familien gingen davon aus, dass die Söhne in die Fußstapfen der Väter treten – also später etwa den Bauernhof, den Handwerksbetrieb, das Geschäft oder die Anwaltskanzlei übernehmen würden. Die Dominanz der Männer war auch im Recht verankert. Ehefrauen konnten ein Bankkonto beispielsweise nur dann wirksam eröffnen, wenn der Ehemann dies genehmigte. Erst im Jahr 1962 wurde hier dem Grundgesetz Rechnung getragen und die Gleichheit von Männern und Frauen hergestellt[13]. Im Hinblick auf den eigenständigen Arbeitsvertrag durch die Ehefrau dauerte es sogar bis zum Jahr 1967[14]. In dieser Zeit wurden den Jungen im Vergleich zu den Mädchen immer noch in vielfacher Hinsicht Vorrechte eingeräumt. Sie waren die »Prinzen« in den Familien, deren Geburt gebührend gefeiert wurde und in deren Schulbildung und berufliche Ausbildung weit mehr investiert wurde als in die ihrer Schwestern. Dies zeigt sich auch anhand der in den Siebzigerjahren Geborenen; die Jungen hatten ihren privilegierten

Status noch nicht vollständig eingebüßt und erhielten in den Familien noch mehr Zuwendung und Unterstützung als die Mädchen.

Doch gegen dieses althergebrachte Rollenmuster für Söhne und Töchter regte sich entschiedener Widerstand in der immer stärker werdenden Emanzipationsbewegung. Sie forderte in allen Lebensbereichen echte Gleichberechtigung für Männer und Frauen.[15] Außerdem entsprach das traditionelle Konzept nicht mehr den modernen Anforderungen der Arbeitswelt. Das bis dahin nur teilweise ausgeschöpfte Begabungspotenzial der Mädchen durfte nicht länger brachliegen. Allein mit »Gastarbeitern« ließ sich der Bedarf an qualifizierten Arbeitskräften nicht mehr decken. All diese Veränderungen fanden offenbar auch in der Erziehung von Jungen und Mädchen ihren Niederschlag. Vor allem die Mütter wandten sich den Mädchen weit stärker zu als jemals zuvor und trugen durch mehr Liebe und weniger Hiebe erheblich dazu bei, dass ihre Töchter mehr Selbstvertrauen, mehr Kreativität, mehr Leistungsbereitschaft entfalten konnten.

Diese Veränderungen in der Erziehung der Mädchen blieben nicht ohne Auswirkungen auf die Jungen. Ihnen blieb nicht verborgen, dass sie ihre Erstrangigkeit zunehmend einbüßten. Sie wurden von den Mädchen in vielfacher Hinsicht überholt. Schon im Kindergarten und in der Grundschule wurde dies spürbar. Und zu Hause musste die Mehrheit von ihnen erleben, dass der Väter sich zu wenig um sie kümmerte und den Mädchen deutlich mehr Zuwendung entgegenbrachte. Selbst die Männer, die in den Neunzigerjahren geboren wurden, berichteten nur zu 37,3 Prozent von einem sehr liebevollen Vater. Dem stehen bei den Frauen derselben Geburtskohorte

gut zwei Drittel gegenüber (68,1 Prozent), die eine sehr liebevolle Mutter erlebt haben.[16]

Da ist es nicht überraschend, dass dieses Defizit an väter-
licher Zuwendung bei den Söhnen Verunsicherung auslöst
und sich auch in der schulischen Leistungskrise niederschlägt.
So gab es 1990 in Deutschland noch gleich viele männliche
und weibliche Abiturienten. Schon 2012 lagen hier die jungen
Frauen mit 56 zu 44 Prozent vorn[17]. Die Jungen dominierten
dafür zunehmend bei den Sitzenbleibern und Schulabbre-
chern. Das aber hat wiederum Rückwirkungen auf die elterliche Zuwendung. Auf gute Noten reagieren Eltern nun einmal
mit Lob und Belohnungen, auf schlechte Noten dagegen mit
Schimpfen und teilweise immer noch mit körperlichen Strafen. Letzteres kann eine Erklärung dafür sein, dass die in den
Neunzigerjahren geborenen Jungen – anders als noch diejenigen aus den Siebzigerjahren – deutlich mehr geschlagen werden als ihre weiblichen Altersgenossen.

Hinzu kommt seit den Neunzigerjahren ein Einflussfaktor,
der speziell die Jungen zunehmend belastet hat: das Computerspielen als ihre neue Fluchtburg. In diesen Fantasiewelten
können sie in alte Rollenmuster von Männlichkeit einstei-
gen, die in der Realität ihres Alltags nicht mehr angeboten
werden. Unsere Daten belegen hierzu einen klaren Zusammenhang: Wer arm im Leben ist, möchte reich sein in der
virtuellen Welt. Schon die zehnjährigen Jungen aus sozialen
Randgruppen (niedriger Bildungsstatus der Eltern und/oder
Migrationshintergrund) verfügten bei unseren Schülerbefragungen des Jahres 2005 zu etwa der Hälfte über eine eigene
Spielkonsole und einen eigenen Fernseher.[18] Die privilegierte
Gegengruppe waren die einheimischen deutschen Mädchen
aus Familien, in denen wenigstens einer der Elternteile Abitur

oder ein Studium absolviert hatte. Sie besaßen nur zu 10 bis 16 Prozent eine entsprechende Geräteausstattung und hatten dadurch weit größere Chancen, sich auf die Schule und auf attraktive Freizeitaktivitäten einzulassen.

Die Schullaufbahnempfehlungen fallen entsprechend aus: Die Mädchen erhielten zu 41 Prozent die Perspektive des Gymnasiums, die Jungen nur zu 34 Prozent. Letztere bekamen dafür erheblich häufiger eine Hauptschulempfehlung (Jungen 32 Prozent, Mädchen 26 Prozent)[19].

Angesichts dieser Befunde wird häufig von Elternverbänden, Journalisten und auch Politikern gefordert, der Anteil männlicher Lehrer an Grundschulen solle erhöht werden. Dies würde die offenkundigen Verhaltens- und Leistungsprobleme der Jungen lösen. Doch eine von uns in den Jahren 2007/ 2008 durchgeführte Repräsentativbefragung von 8000 Viertklässlern erbrachte einen ernüchternden Befund: Die Erwartung, Jungen würden bei männlichen Klassenlehrern richtig aufblühen und sich von ihnen wesentlich gerechter und netter behandelt fühlen, bestätigte sich nicht. Im Gegenteil – die Mädchen bewerteten ihre männlichen Klassenlehrer positiver als die Jungen. Letztere kamen innerhalb der Schule mit den Frauen besser klar als mit den Männern.[20]

In den vergangenen zwölf Jahren konnte die Gruppe der Medienforscher am KFN unter Leitung von Thomas Mößle und Florian Rehbein klar belegen, dass sich vor allem das Computerspielen zu einer starken Leistungsbremse entwickelt hat[21]. Primär männliche Jugendliche sind dadurch zunehmend in eine inzwischen als Krankheit anerkannte Computerspielsucht geraten, die sie in ihrer persönlichen Entwicklung massiv beeinträchtigt.[22] 2013 erbrachte eine in Niedersachsen durchgeführte Repräsentativbefragung von 11 000 Jugendlichen für die männlichen Teilnehmer eine Quote von 2,0 Prozent, die alle fünf strengen Kriterien dieser Suchterkrankung erfüllten. Von den weiblichen Jugendlichen waren das nur 0,26 Prozent[23].

Unabhängig davon belastet allein schon die tägliche Dauer des Spielens die Jungen weit stärker als die Mädchen. Nach einer 2017 mit ca. 9000 Jugendlichen in Niedersachsen durchgeführten Repräsentativbefragung spielen die männlichen 14- bis 17-Jährigen im Durchschnitt pro Tag 3 Stunden und 6 Minuten am Computer, die Mädchen dagegen nur 25 Minuten. Dirk Baier hat kürzlich ergänzend berechnet, wie hoch der Anteil der »Vielspieler« ausfällt, die es pro Tag auf mindestens 4,5 Stunden bringen. Er beträgt bei den männlichen Jugendlichen inzwischen 24,0 Prozent, bei den weiblichen 2,0 Prozent[24]. Bei der bundesweiten Repräsentativbefragung von knapp 45 000 Jugendlichen der Jahre 2007/2008 lagen die Vergleichsquoten noch bei 15 zu 4 Prozent.

Jeder vierte männliche 14- bis 17-Jährige Niedersachsens hat damit im Jahr 2017 erheblich mehr Zeit in das Computerspielen investiert als in den Schulbesuch, weil das ihn ja auch an Wochenenden und in den Ferien an den Bildschirm fesselt. Was für eine traurige Botschaft – und was für eine absurde Welt, in der so etwas ohne großen Protest hingenommen wird! Angesichts dieser Daten aus Niedersachsen sollte die Politik nicht zögern, zu dem alarmierenden Befund eine bundesweite Untersuchung zu ermöglichen. Falls sich dann hierzu beachtliche regionale Unterschiede zeigen, könnte man so Ansätze zur Prävention entdecken. Aber schon jetzt besteht ausreichender Anlass dazu, das kollektive Wegschauen zu beenden.

Eltern und Schulen, Politik und Vereine sind aufgefordert, gemeinsam eine Gegenstrategie zu entwickeln, deren denkbare Überschrift ich hier mit vier Worten skizzieren möchte: »Lust auf Leben wecken«. Mein Vorbild hierfür sind Schulen in Neuseeland. Dort werden Lehrer pro Woche für sechs Stunden von ihrer Lehrverpflichtung entlastet, wenn es ihnen gelingt, Kinder und Jugendliche für ein eigenes Hobby zu begeistern. Die von ihnen im Nachmittagsprogramm der Schule angebotenen Kurse reichen vom Schachspielen über Rock'n-Roll-Tanzen, dem Kochkurs in Vollwertküche bis hin zu Gitarrenspielen, Volleyball oder das Drehen von Videofilmen. Ziel ist es, bei der Schülerschaft Leidenschaften für lustvoll erlebte Aktivitäten zu wecken. Die sechs Stunden Entlastung vom Unterricht gibt es nur, wenn das Angebot auf starke Resonanz stößt.

Insgesamt ist den hier dargestellten Befunden zu den beachtlichen Unterschieden in der Erziehung von Söhnen und Töchtern große Bedeutung beizumessen. Sie bilden eine Hauptursache dafür, dass die Mädchen sich seit den Achtzigerjahren schrittweise aus den alten Rollenmustern befreien konnten, dass sie mehr Selbstbewusstsein entfalteten und die Jungen an den Schulen und in den weiteren Ausbildungsbereichen leistungsmäßig mittlerweile klar überholt haben. Die nachfolgende Abbildung verdeutlicht, dass die beschriebene Entwicklung inzwischen auch an den Hochschulen angekommen ist. Anhand von Daten des Statistischen Bundesamtes hat Thomas Mößle für den Zeitraum der Jahre 1999 bis einschließlich 2017 ermittelt, wie sich die Anteile der beiden Geschlechter an den Personen verändert haben, die mit nicht bestandenen Prüfungen aufgefallen sind. Die Quote der Frauen sank danach zwischen 2005 und 2017 von 43 Prozent auf 32 Prozent. 2017 stellten die Männer 68 Prozent der Studienverlierer. Die dargestellte Entwicklung bietet damit nur einen kleinen Ausschnitt aus dem großen Thema der Leistungskrise von männlichen Jugendlichen und jungen Männern. Vielleicht kann sie dazu beitragen, dass sich eines der hierfür in Betracht kommenden Bundesministerien dazu veranlasst sieht, eine umfassende Untersuchung zu dieser Thematik in Auftrag zu geben.[25]

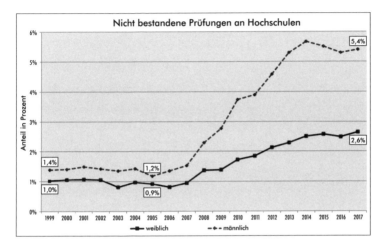

Abb. 2: Die Quoten von Studentinnen und Studenten mit nicht bestandenen Prüfungen an deutschen Hochschulen, 1999 bis 2017

Wie hat sich der Wandel der elterlichen Erziehung ausgewirkt?

Die Auswirkungen auf Kinder und Jugendliche

Die per Gesetz erfolgte Abschaffung des elterlichen Züchtigungsrechts ist in jedem Land sowohl von Ängsten als auch von Hoffnungen geprägt. Die einen haben die Sorge, völlig gewaltfrei erzogene Kinder würden ihren Eltern »auf der Nase herumtanzen« und es an Respekt und Leistungsbereitschaft fehlen lassen. Die anderen prognostizieren stattdessen eine insgesamt positive Entwicklung, weil der Verzicht auf jegliches Schlagen die freie Entfaltung der kindlichen Persönlichkeit fördere.

Von den vielen zu dieser Frage am KFN durchgeführten Untersuchungen soll nachfolgend eine besonders ertragreiche Studie herausgegriffen werden. 2013 befragten wir eine repräsentative Stichprobe von knapp 10 000 niedersächsischen Jugendlichen sowohl zur elterlichen Erziehung während ihrer Kindheit als auch zu verschiedenen Verhaltensweisen und Einstellungen. Anschließend bildeten wir drei Gruppen. Gruppe A setzt sich aus den 14- bis 16-Jährigen zusammen, die in ihrer Kindheit von beiden Eltern sehr liebevoll und völlig gewaltfrei erzogen wurden. Zur C-Gruppe gehören solche, die schwere Gewalt und geringe Zuwendung erfuhren. Dazwischen liegt die Gruppe B, die höchstens leichte Gewalt erleben musste (z. B. Ohrfeigen) und über mittlere Zuwendung der Eltern berichtete. Die Tabelle 1 und die nachfolgenden Erläuterungen vermitteln einen Überblick zu den Befunden der Untersuchung.

- »Wer sich nach oben bücken muss, wird nach unten treten« – weiß schon der Volksmund. Die beiden ersten Zeilen der Tabelle bestätigen das im Hinblick auf die Quote der Gewalttäter. Wer zu Hause von den Eltern schwere Gewalt und wenig Liebe erfährt (Gruppe C), begeht um das 4,4-Fache häufiger **Gewalttaten** als Jugendliche der Gruppe A und etwa doppelt so oft wie die der Gruppe B. Im Hinblick auf **Mehrfachtäter der Gewalt** (in zwölf Monaten fünf und mehr Taten) übersteigt die Quote der Gruppe C die der Gruppe A sogar um das 4,7-Fache.
- Eltern schaden sich selber am meisten, wenn sie ihre Kinder verprügeln. Der Anteil der Jugendlichen, die ihre **eigenen Eltern schlagen,** liegt bei der Gruppe A lediglich bei 2 Prozent. Er steigt bereits um fast das Fünffache auf 9,5 Prozent bei denen, die in ihrer Kindheit zu Hause leichte Gewalt und mittlere Zuwendung erfahren haben und erhöht sich auf 30 Prozent – und damit im Vergleich zur Gruppe A um das 15-Fache –, wenn die Eltern ihre Kinder massiv geschlagen haben. Ergänzend ermittelten wir, welche Quote sich gegenüber Eltern ergibt, die auch noch ihre 14- bis 16-jährigen Söhne und Töchter verprügeln: Sie müssen zu 37,5 Prozent damit rechnen, selber geschlagen zu werden. Diese im

	Gruppe A	Gruppe B	Gruppe C	
	Keine Gewalt und hohe Zuwendung der Eltern	Leichte Gewalt und mittlere Zuwendung der Eltern	Schwere Gewalt und geringe Zuwendung der Eltern	Signifikanz
Gewalttat in letzten 12 Monaten	4,2	8,8	18,3	***
Mehrfachtäter Gewalt	1,0	2,1	5,8	***
Körperliche Gewalt gegen Eltern (letzte 12 Monate)	2,0	9,5	30,5	***
Täter Cybermobbing (mind. mehrmals pro Monat)	1,2	2,9	8,7	***
Ladendiebstahl in letzten 12 Monaten	2,8	6,4	13,4	***
Schule schwänzen (>5 Tage)	2,5	5,5	14,0	***
Sitzenbleiben	10,2	16,7	29,9	***
Cannabiskonsum (mehrfach pro Monat)	1,8	4,8	10,0	***
Alkoholkonsum (mind. einmal pro Woche)	8,8	12,0	17,5	***
Geringes zwischenmenschliches Vertrauen	13,6	19,5	41,2	***
Rechtsextremismus (deutsche Jugendliche)	1,7	2,7	5,0	***
Sehr hohe Lebenszufriedenheit	61,5	30,1	9,9	***
Selbstmordgedanken (mind. manchmal)	6,0	14,8	38,6	***

*** $p < .01$; * p

Tabelle 1: Wie haben sich drei sehr unterschiedliche Erziehungsmuster auf Einstellungen und Verhaltensweisen niedersächsischer Jugendlicher ausgewirkt? Schülerbefragung 2013, $n = 9512$, Angaben in Prozent.

Vergleich zur Gruppe A um fast das 19-Fache höhere Quote demonstriert damit den mit Abstand größten Unterschied, der sich im Vergleich von gewaltfrei und liebevoll erzogenen Kindern zu solchen ergibt, die zu Hause unter massiven Schlägen leiden mussten.

- Massiv geschlagene und wenig geliebte Kinder werden als Jugendliche im Vergleich zu solchen der Gruppe A um das Siebenfache häufiger zu Mehrfachtätern des **Cybermobbings** (C: 8,7 Prozent zu A: 1,2 Prozent). Das verdient deshalb Beachtung, weil unsere Schülerbefragung folgenden Umstand belegt hat: Cybermobbing wird von den Opfern meist als viel schlimmere Verletzung erlebt als eine vergleichbare Tat, die im direkten Kontakt zu anderen Jugendlichen geschieht. Über das Internet erreichen Angriffe eine weit größere Gruppe von Menschen und können dort weder vom Täter noch vom Opfer endgültig wieder gelöscht werden.

- Jugendliche, die von ihren Eltern in der Kindheit viel Liebe erfahren haben und völlig gewaltfrei erzogen wurden, zeigen im Vergleich der drei Gruppen das mit Abstand stärkste **Interesse am Schulbesuch** und sind offenkundig eher motiviert, sich um gute Schulleistungen zu bemühen. Nur 2,5 Prozent von ihnen fielen als Mehrfachschwänzer auf. Zur Gruppe B ergibt sich ein doppelt so hoher Wert und zur Gruppe C mit 14,0 Prozent sogar eine um das 5,4-Fache höhere Quote. Beachtliche Unterschiede zeigen sich ferner zum Anteil der Sitzenbleiber.

- Das für das soziale Zusammenleben unverzichtbare **zwischenmenschliche Vertrauen** wird offenbar ebenfalls in hohem Maß von den familiären Erfahrungen beeinflusst. Dies zeigt sich an der Quote derjenigen, die gegenüber anderen Menschen von grundsätzlichem Misstrauen geprägt sind. Ihre Quote steigt von Gruppe A (13,6 Prozent) über B (19,5 Prozent) auf 41,2 Prozent derjenigen, deren Kindheit von schwerer Gewalt und wenig Zuwendung geprägt war.

- Das in der Gruppe C besonders niedrige zwischenmenschliche Vertrauen kann dazu beitragen, dass betroffene Jugendliche gegenüber Ausländern und jüdischen Mitbürgern feindlich eingestellt sind. Wenn dann noch entsprechende Straftaten hinzukommen (z.B. »Ich habe absichtlich jemand stark geschlagen und verletzt, weil er Ausländer war«) bewerten wir das Zusammentreffen der feindlichen Einstellung und der entsprechenden Straftat als **Rechtsextremismus**. Im Vergleich von Gruppe C zu Gruppe A wird deutlich, dass sich auch hier der von schwerer Gewalt und geringer Zuwendung geprägte Erziehungsstil sehr belastend auswirkt: Jugendliche der Gruppe C sind dreimal so häufig wie die der Gruppe A als rechtsextrem einzustufen.

- Wer in der Kindheit viel geschlagen und wenig geliebt wurde, hat offenkundig als Jugendlicher weit häufiger Anlass dazu, phasenweise vor der Realität davonzulaufen und sich auf **Alkohol oder Drogen** einzulassen. Die Gruppe C nimmt mehr als fünfmal so oft Cannabis wie die Gruppe A. Auch der problematische Alkoholkonsum ist bei ihnen doppelt so hoch.

- Die Pädagogik hat seit Langem erkannt, dass eine liebevolle und gewaltfreie Erziehung das Selbstbewusstsein von Kindern fördert und ihre Bereitschaft erhöht, sich im Leben auf Herausforderungen einzulassen. Dies wiederum ermöglicht ihnen Erfahrungen von Selbstwirksamkeit und Glück. Hierfür bieten die Befragungsdaten eine eindrucksvolle Bestätigung: Jugendliche der Gruppe A berichteten etwa doppelt so oft wie die der Gruppe B und 6,2-mal häufiger als die der Gruppe C von einer **hohen Lebenszufriedenheit.**

- Die Daten der Tabelle sprechen ferner dafür, dass eine von Gewalt und wenig Liebe geprägte Erziehung für die Betroffenen eine hohe psychische Belastung darstellt. Die Quote derjenigen, die schon einmal ernsthaft **über Selbstmord nachgedacht** haben, liegt in der Gruppe C mit 38,6 Prozent um mehr als das Sechsfache über der der Gruppe A (6 Prozent) und um das 2,6-Fache über den 14,8 Prozent der Gruppe B. Die Datenauswertung hat ferner ergeben, dass von den Jugendlichen, die nicht nur in der Kindheit, sondern auch noch als 13- bis 16-Jährige von ihren Eltern geschlagen wurden, 48,6 Prozent die Frage nach ernsthaften Selbstmordgedanken bejahten.

Natürlich spielen für das Verhalten und die Einstellungen der Jugendlichen auch andere Merkmale eine gewichtige Rolle. Das gilt etwa für ihr Geschlecht oder für die Frage, ob die Eltern bzw. der Jugendliche selber aus einem anderen Land nach Deutschland gekommen ist. Deshalb wurde ergänzend untersucht, welche Ergebnisse zu verzeichnen sind, wenn man gleichzeitig die Bedeutung solcher Einflussfaktoren im Zuge sogenannter Regressionsanalysen prüft. Doch auch dann bestätigten sich die obigen Erkenntnisse.[1] Die Befunde entsprechen dem, was bisher in einer Fülle von internationalen und nationalen Studien aufgezeigt werden konnte.[2]

Einen wichtigen Beitrag hierzu leistete der an der Harvard University lehrende Psychiater und Neurowissenschaftler Martin H. Teicher. Nach seinen Untersuchungen ist das elterliche Schlagen als schwerer Umweltstressor einzustufen, welcher eine Vielzahl von physiologischen und neurobiologischen Veränderungen hervorrufen kann. »Weil Kindesmisshandlungen in einer für die Hirnentwicklung entscheidenden Phase stattfinden, in welcher das Gehirn durch neue Erfahrungen und Erlebnisse physisch geprägt wird, können schwere Belastungen unauslöschliche Spuren in seiner Struktur und Funktion hinterlassen. Anscheinend löst die Misshandlung eine Flut molekularer und neurobiologischer Wirkungen aus, die die neuronale Entwicklung unwiderruflich verändern.«[3] Teicher konnte ferner in einer Vergleichsstudie von Erwachsenen mit und ohne Missbrauchserfahrung die Langzeitwirkung solcher frühen Hirnschädigungen nachweisen. Dabei zeigte sich, dass vor allem Funktionen in Gehirnregionen, die für emotionale Regulationen sowie Selbst- und Fremdwahrnehmungen zuständig sind, bei den als Kind misshandelten Erwachsenen deutlich verändert waren.

Darüber hinaus konnte in einer Meta-Analyse festgestellt werden, dass das Schlagen von Kindern auch strukturelle Anomalien des paralimbischen Systems und des ventralen Aufmerksamkeitssystems zur Folge haben kann.[4] Dem paralimbischen System wird hierbei vor allem bei der Verarbeitung motivationaler Prozesse sowie bei der Selbstregulation des sozial-emotionalen Verhaltens eine zentrale Bedeutung zugemessen.[5] Das ventrale Aufmerksamkeitssystem wiederum ist nach aktuellem Forschungsstand mitverantwortlich für Prozesse der kognitiven Kontrolle, der allgemeinen Informationsverarbeitung sowie der Aufmerksamkeitskontrolle.[6] Angesichts dieser Befunde ist davon auszugehen, dass das häufige Schlagen durch Eltern einerseits die emotionale Selbstkontrolle und die kommunikative Kompetenz der betroffenen Kinder in Konfliktsituationen beeinträchtigt und sich andererseits belastend auf ihre schulische Leistungsfähigkeit auswirkt.

Ferner erlauben die zitierten Studien und die Befunde der Tabelle 2 eine Schlussfolgerung: Eltern, die auf Schläge völlig verzichten, sind darauf angewiesen, ihren Kindern die Befolgung von Regeln durch geduldiges Erklären sowie die Übernahme einer Vorbildfunktion zu vermitteln. Im Vordergrund steht hierbei die beharrliche und liebevolle Kommunikation über richtiges und falsches Verhalten. Eine derartige Erziehung fördert zwischenmenschliches Vertrauen, Toleranz und Empathie.

Damit gibt es auf der einen Seite eine Fülle an wissenschaftlich gesicherten Erkenntnissen dazu, wie positiv sich der Erziehungsstil A auf Kinder und Jugendliche auswirkt. Auf der anderen Seite belegen die im dritten und vierten Kapitel dargestellten Befunde, dass sich die Sozialisation von Kindern in den letzten 40 Jahren zunehmend in Richtung der Gruppe A entwickelt hat. Damit liegt eine Hypothese auf der Hand: Je jünger die heute in Deutschland lebenden Menschen sind, desto stärker haben sie vom Wandel der Erziehungskultur profitiert. Sogleich stellt sich eine naheliegende Frage: Haben wir heute möglicherweise in vielfacher Hinsicht die beste Jugend, die es in Deutschland seit der Wiedervereinigung gegeben hat?

Zur konkreten Überprüfung dieser These bedarf es eines Blickes in die Polizeiliche Kriminalstatistik. Zu den Kindern liefert sie zwar nur mit Einschränkungen verlässliche Daten – da die unter 14-Jährigen noch nicht strafmündig sind, erscheint ihre polizeiliche Registrierung schon wegen der geringeren Anzeigebereitschaft der Opfer mit beachtlichen Unsicherheiten behaftet. Zu allen anderen Altersgruppen lässt sich aber anhand der Polizeilichen Kriminalstatistik eine Hypothese überprüfen: Die Kriminalitätsbelastung der Jugendlichen müsste sich am positivsten entwickelt haben, weil diese im Vergleich zu den älteren Gruppen am stärksten vom Wandel der Erziehung profitiert haben. Die schwächste Veränderung wäre bei den ab 25-Jährigen zu erwarten. Ihre in den Achtzigerjahren und vorher erlebte Kindheit war vom Wandel der Erziehungskultur am wenigsten betroffen.

	Jugendliche	Heranwachsende	21- bis 24-Jähr.	Ab 25-Jährige
Kriminalität insg. 2000 – 2018	– 29,4 %	– 20 %	– 12,1 %	– 1,3 %
Gewalt 2007 – 2018	– 42,7 %	– 29,4 %	– 7,5 %	+ 11,1 %
Sachbeschädigung 2007 – 2018	– 52,5 %	– 47,9 %	– 34,3 %	+ 2,5 %

Tabelle 2: Die Entwicklung der insgesamt registrierten Kriminalität (2000 bis 2018), der Gewaltkriminalität und der Sachbeschädigung (jeweils 2007 bis 2018) für vier Altersgruppen (pro 100 000 der jeweiligen Altersgruppe); PKS Deutschland.

Die oben dargestellte Hypothese bestätigt sich, wenn man für die Zeit ab dem Jahr 2000 betrachtet, wie sich die insgesamt in der PKS dokumentierte Kriminalitätsbelastung bei den verschiedenen Altersgruppen entwickelt hat: Am besten schneiden die Jugendlichen ab. Pro 100 000 der 14- bis unter 17-Jährigen hat sich die Zahl der Tatverdächtigen hier im Verlauf der 19 Jahre um fast 30 Prozent verringert. Es folgen die Heranwachsenden mit einer Abnahme um ein Fünftel. Auch zu den 21- bis 24-Jährigen ergibt sich noch ein deutlicher Rückgang. Die Kriminalitätsbelastung der ab 25-Jährigen ist dagegen in den 18 Jahren fast konstant geblieben. Beachtung verdient schließlich, was sich zu den nicht in die Tabelle aufgenommenen Daten der 8- bis unter 14-jährigen Kinder errechnet. Ihre Delinquenzbelastung ist seit 2000 um 42,4 Prozent gesunken und hat damit noch stärker abgenommen als die der Jugendlichen.

Die polizeilich registrierte Gewaltkriminalität in Deutschland stieg seit der Wiedervereinigung bis zum Jahr 2007 nahezu kontinuierlich an. Seitdem ergibt sich im Hinblick auf die letzten zwölf Jahre (2007 bis einschließlich 2018) ein ähnliches Bild wie zur Entwicklung der Gesamtkriminalität. Die Gewaltbelastung sinkt am stärksten bei den Jugendlichen (minus 42,7 Prozent). Es folgen die 18- bis 20-Jährigen mit einem Rückgang um 29,4 Prozent. Auch zu der Gruppe der 21- bis 24-Jährigen verzeichnet die Statistik noch ein Minus. Die Gewaltbelastung der ab 25-Jährigen ist dagegen im Verlauf der letzten zwölf Jahre um gut ein Zehntel gestiegen. Die Kinder schneiden im Vergleich der Altersgruppen mit einer Abnahme um ein Drittel erneut gut ab.

Ein kritischer Leser könnte nun anmerken, der Rückgang der Jugendgewalt hätte doch eigentlich schon früher einsetzen müssen. Schließlich habe es den starken Wandel der elterlichen Erziehungskultur bereits ab den Achtzigerjahren und in voller Stärke ab den Neunzigerjahren gegeben. Doch hierbei würde ein wichtiger Aspekt übersehen werden: Die Polizeiliche Kriminalstatistik bildet nun einmal nur das Hellfeld der angezeigten Straftaten ab. Veranschaulicht werden kann dieser Umstand durch das Sinnbild eines Eisberges, von dem nur der Teil sichtbar wird, der über der Wasseroberfläche liegt. Das KFN hat deshalb seit 1998 bundesweit in elf Städten und Landkreisen sowie in Niedersachsen wiederholt Dunkelfeldbefragungen mit Jugendlichen durchgeführt. Im Hinblick auf zwei Erhebungszeitpunkte liegen somit zumindest Angaben der Jugendlichen dazu vor, ob sie selber Gewalttaten verübten oder als Opfer eine Anzeige erstatteten. Nach den Ergebnissen dieser Befragungen sind sowohl von Jugendlichen verübte Raubtaten als auch Körperverletzungen in diesen Regionen seit 1998 deutlich zurückgegangen. Die Anzeigequoten der jungen Gewaltopfer haben sich um gut ein Drittel erhöht.[7]

Ein ähnliches Bild zeigt sich in Tabelle 2 zur Sachbeschädigung. Dies überrascht nicht, denn auch hier handelt es sich um ein Aggressionsdelikt. Wer beispielsweise mit einem Schlüssel die Autotür des Nachbarn absichtlich zerkratzt oder mit einem Baseballschläger die Fensterscheibe eines Lokals zerstört, demonstriert mit seiner Tat ein hohes Ausmaß destruktiver Zerstörungslust. Für Jugendliche, die solche Delikte begehen, gilt all das, was oben zur Entwicklung der Gewaltbereitschaft ausgeführt wurde: Sie geht umso stärker zurück, je mehr die Altersgruppe vom Wandel der elterlichen Erziehungskultur profitierte.

Die Annahme »Je jünger die Altersgruppe, desto positiver ihre Entwicklung« lässt sich nicht nur am Beispiel der Kriminalität überprüfen. Eine Reihe von Untersuchungen, die von der Bundeszentrale für gesundheitliche Aufklärung ermöglicht wurden, erlauben darüber hinaus entsprechende Analysen zum **riskanten Alkoholkonsum,** zum **Cannabis-Konsum** und zum **Rauchen.** Auch die jährlichen Zahlen zum **Suizid** sind hier beachtenswert.

Die zu überprüfende Annahme lautet, dass junge Menschen umso weniger zu diesen ihre Gesundheit gefährdenden Verhaltensweisen tendieren, je stärker sie in ihrer Kindheit vom

Wandel der elterlichen Erziehungskultur betroffen waren. Die herangezogenen Vergleichsdaten bestätigen erneut die dargestellte Hypothese. Je jünger die Altersgruppe ist, umso stärker haben die selbstschädigenden Verhaltensweisen im Vergleich der Daten der Jahre 2004 und 2016 abgenommen[8].

Bei den Kindern hat der **Alkoholkonsum** (mind. ein Rauschtrinken innerhalb der letzten 30 Tage) im Verlauf der zwölf Jahre um vier Fünftel abgenommen, bei den Jugendlichen um die Hälfte, bei Heranwachsenden um ein Drittel und bei den 21- bis 24-Jährigen nur geringfügig.[9] Zum **Cannabiskonsum** dokumentieren die Zahlen ein weitgehend den Daten zum Alkoholkonsum entsprechendes Bild.[10] Beim **Rauchen** zeichnet sich für die Kinder mit einem Rückgang um fast vier Fünftel erneut die stärkste Verhaltensänderung ab. Zu den anderen drei Altersgruppen ergeben die Zahlen jeweils eine Abnahme um etwa zwei Fünftel.[11]

Besonders eindrucksvoll erscheint ferner, dass sich auch die Daten zum **Suizid** entsprechend entwickelt haben. Für die Altersgruppe der 15- bis unter 20-Jährigen bestand 2002 noch ein hohes Selbstmordrisiko. Seither verzeichnet das Statistische Bundesamt bis zum Jahr 2017 einen Rückgang der Suizide von 314 auf 186. Pro 100 000 der Altersgruppe ist das eine Abnahme um 34,1 Prozent. Für die 20- bis unter 30-Jährigen ist ein Rückgang um 26,4 Prozent und für die ab 30-Jährigen ein Rückgang um 18,5 Prozent festzustellen. Die Daten bestätigen damit die beiden zentralen Erkenntnisse, die sich aus Tabelle 1 und Abbildung 1 ableiten lassen. Erstens: Viel geschlagene und wenig geliebte Jugendliche denken acht Mal häufiger ernsthaft über Selbstmord nach als solche, die gewaltfrei und liebevoll erzogen wurden. Zweitens: Der Anteil der Menschen, die in

Kindheit und Jugend unter derart belastenden Rahmenbedingungen aufgewachsen sind, hat sich im Vergleich der drei hier betrachteten Altersgruppen stark verringert. Deshalb war zu erwarten, dass die Suizidzahlen der 15- bis unter 20-Jährigen und der 20- bis unter 30-Jährigen deutlich stärker zurückgehen als die der ab 30-Jährigen, die vom Wandel der Erziehungskultur erheblich weniger profitieren konnten.

Damit bleiben in diesem Kapitel noch zwei wichtige Fragen zu klären. Erstens: Welche anderen Einflussfaktoren sind im Hinblick auf die erörterten Verhaltensänderungen von jungen Menschen zu beachten? Zweitens: Wie wirkt es sich gesellschaftspolitisch aus, wenn sich die Forderung von Astrid Lindgren – »Keine Gewalt gegen Kinder« – zunehmend durchsetzt?

Die Antworten auf die erste Frage möchte ich nachfolgend am Beispiel der Gewalt an Schulen entwickeln. Hierbei erscheint es sinnvoll, sich auf solche Vorfälle zu konzentrieren, die eine beachtliche Tatschwere erreicht haben. Dies soll durch die Beschränkung auf solche Körperverletzungen geschehen, die eine ärztliche Behandlung erforderlich gemacht haben. Das wird dadurch ermöglicht, dass in Deutschland alle Schülerinnen und Schüler im Hinblick auf die aus sogenannten »Raufunfällen« erwachsenden Kosten einer ärztlichen Behandlung versichert sind. Die Schulleitungen wiederum sind verpflichtet, die ihnen als Folge von »Raufunfällen« zugehenden Arztrechnungen bei dem Verband der Deutschen Gesetzlichen Unfallversicherung einzureichen. Sollten sie das versäumen, so würde sich die Schule schadenersatzpflichtig machen. Zwar mag es dennoch Einzelfälle geben, bei denen die Rechnungen entgegen der Vorschriften an die Krankenkassen weitergeleitet wurden. Da diesen jedoch bekannt ist, dass sie nicht zahlungspflichtig sind, ist davon auszugehen, dass die »Raufunfälle« mit konstanter Wahrscheinlichkeit nahezu vollständig an die zuständige Unfallversicherung gemeldet werden. Die nachfolgende Abbildung 3 dokumentiert für die Zeit von 1993 bis 2018, wie viele derartige »Raufunfälle« je 10 000 versicherte Schülerinnen und Schüler in der Bundesrepublik Deutschland erfasst wurden.

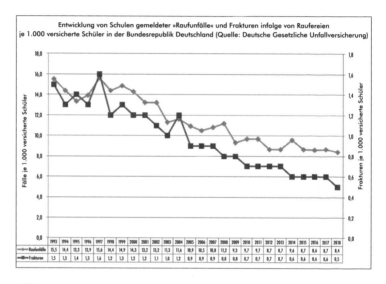

Abb. 3: Entwicklung der von 1993 bis 2018 von Schulen pro 10 000 Schüler gemeldeten »Raufunfälle«, die eine ambulante oder stationäre ärztl. Versorgung zur Folge hatten

Die Daten der Abbildung zeigen: Diese Art der Gewaltvorfälle an Schulen hatte im Jahr 1997 ihren vorläufigen Höhepunkt. Bis zum Jahr 2018 haben nunmehr solche Raufereien, deren Verletzungsfolgen in Arztpraxen behandelt wurden (graue Kurve), pro 10 000 Schülerinnen und Schüler um

48,2 Prozent abgenommen. Für Fälle, bei denen der Betroffene wegen der Verletzung ins Krankenhaus gebracht werden musste (schwarze Kurve), ist im Verlauf der 20 Jahre sogar ein Rückgang um 68,8 Prozent zu konstatieren. Damit sind beide Typen von schwerer Gewalt an Schulen auf den tiefsten Stand seit 21 Jahren gesunken.

Obwohl es aus den oben genannten Gründen bei solchen »Raufunfällen« an Schulen faktisch kein Dunkelfeld gibt, wird in den Medien immer wieder folgende These vertreten: Die Gewalt an Schulen nimmt zu.[12] Zuletzt geschah dies aus Anlass einer Studie der Bertelsmann-Stiftung. Sie hatte es trotz einer relativ kleinen Anzahl von ca. 3000 befragten Schülerinnen und Schülern, die noch dazu verschiedenen Altersgruppen angehörten, geschafft, ein beachtliches Medienecho zu erzielen. Dabei hatte das Wissenschaftlerteam sogar darauf verzichtet, die Befragung so zu gestalten, dass unter Heranziehung von Forschungsbefunden anderer Studien Längsschnittaussagen möglich geworden wären. Trotzdem wurde ich am Tag der Veröffentlichung dieser Studie von verschiedenen Journalisten daraufhin angesprochen, welche Erklärung ich für den Anstieg der Gewalt an Schulen anbieten könne.

Eine Quelle für diese wiederholt auftretende Fehleinschätzung sind detaillierte Berichte über unhaltbare Zustände an Schulen in sozialen Brennpunkten von Großstädten. Diese von engagierten Journalisten geschriebenen Reportagen erhalten zu Recht Beachtung und können dazu beitragen, dass die zuständigen Behörden geeignete Maßnahmen zur Lösung der Probleme ergreifen. Doch zuweilen sind sie auch Ausgangspunkt für einen in den Medien weitverbreiteten »Immer-Schlimmerismus«.

Im Jahr 2014 stand eines ferner besonders im Mittelpunkt

der Schuldiskussionen: der Vorschlag der Innenminister an die Kultusministerien, die Schulen per Erlass zur Meldung von Rohheitsdelikten und anderen Straftaten zu verpflichten. An vielen Schulen regte sich hiergegen allerdings Widerstand. Die meisten Länder bemühten sich deshalb in den letzten Jahren darum, die Schulen durch neu formulierte Regelungen zu einer aktiveren Partnerschaft mit der Polizei zu motivieren.

So ist beispielsweise in Niedersachsen zum 1. Juni 2016 ein neuer Erlass für alle Schulen in Kraft getreten. Zudem hat man aus diesem Anlass noch einmal erheblich die Anstrengungen verstärkt, alle Schulen für die Zusammenarbeit mit der Polizei zu gewinnen. Wie das Landeskriminalamt in seinem Bericht »Straftaten im Schulkontext in Niedersachsen 2017« einleitend feststellt, sind daraufhin nach jahrelangen Rückgängen die Fallzahlen um ein Drittel angestiegen. Abschließend wird hierzu ausdrücklich das veränderte Anzeigeverhalten als wichtiger Einflussfaktor benannt. Die Daten sind folglich kein Beleg für eine erhöhte Gewalt an Schulen, sondern vielmehr dafür, dass diese sichtbarer geworden ist.

Damit bleibt zu erörtern, ob sich neben dem Wandel der elterlichen Erziehungskultur andere Einflussfaktoren finden lassen, die zu den erfreulichen Befunden der Abbildung 2 beigetragen haben. In unserer Studie zur Entwicklung der Gewalt in Deutschland haben wir hierzu vier empirisch gut belegte Aspekte hervorgehoben:

- **Weniger »Schulverlierer«, steigende Leistungserfolge**
  »Schulverlierer« sind in Gefahr, ihre Frustration über den Ärger mit den Eltern und die schlechten Ausbildungsperspektiven durch Aggression zu kompensieren. Der Anteil

der Jugendlichen, die die Schule ohne Abschluss verlassen, hat allerdings zwischen den Schuljahren 2000/2001 und 2016/2017 von 9,2 Prozent auf 5,7 Prozent abgenommen. Ferner ist die Quote derjenigen, die lediglich einen Hauptschulabschluss vorweisen können, von 26,2 Prozent auf 16,3 Prozent gesunken. Die Fach-Hochschulreife erreichten dagegen 2017/2018 ein gutes Drittel, während dies zehn Jahre zuvor nur ein Viertel geschafft hatte.[13]

- **Deutliche Zunahme der Missbilligung von Gewalt**
  Seit 1998 wurde im Rahmen der repräsentativen Jugendbefragungen wiederholt die Akzeptanz bzw. Missbilligung von Gewalt auf dem Schulhof gemessen. Im Fragebogen wurde hierzu folgende Geschichte vorangestellt: »Stell Dir vor, Du wärst in der Pause mit einem anderen Schüler in Streit geraten. Du wirst wütend und schlägst ihm ins Gesicht. Er fällt hin, seine Jeans bekommt einen Riss und seine Nase blutet stark. Wenn Du so etwas tun würdest: Wie schlimm würden folgende Menschen das finden?« Gefragt wurde beispielsweise nach der vermuteten Reaktion der Eltern oder Mitschüler. Während 1998 lediglich 37,5 Prozent unterstellten, die Gleichaltrigen würden das beschriebene Verhalten missbilligen, hat sich diese Quote bis 2015 auf 64,1 Prozent erhöht.[14]

- **Rückgang des Kontakts zu delinquenten Freunden**
  Die Quote der Jugendlichen, die im Kontakt zu delinquenten Freunden stehen, hat sich bei vielen internationalen und nationalen Untersuchungen als besonders bedeutsamer Risikofaktor für kriminelle Karrieren erwiesen.[15] Nach den Daten der verschiedenen vom KFN durchgeführten Schü-

lerbefragungen hatten im Jahr 2000 noch durchschnittlich 30,7 Prozent der Jugendlichen Kontakt zu mindestens fünf delinquenten Freunden. Bis 2015 ist diese Quote auf 5,0 Prozent gesunken. Der oben berichtete soziale Aufstieg im Schulwesen und der starke Rückgang des Anteils derjenigen Schüler, die Hauptschulen und Sonderschulen besuchen, dürfte erheblich zu der beschriebenen Entwicklung beigetragen haben.

- **Erstarkung einer Kultur des Hinschauens**
  Die wiederholten Schülerbefragungen haben ferner belegt, dass es seit Ende der Neunzigerjahre bei den Lehrern einen positiven Wandel in Richtung einer Kultur des Hinschauens gibt, der bereits wesentlich zum Rückgang der Gewalt an Schulen beigetragen hat.[16]

Bei den genannten Einflussfaktoren ist zu beachten, dass deren positive Entwicklung – soweit die Faktoren die Jugendlichen selber betreffen – wiederum auch dadurch bedingt ist, dass die Jugendlichen vom Wandel der elterlichen Erziehung profitierten. Wer in der Kindheit gewaltfrei und liebevoll erzogen wurde, verfügt schließlich grundsätzlich über mehr Lebensoptimismus und eine erhöhte Bereitschaft, sich auf Leistungsanforderungen aller Art – von der Schule bis zum Sport – einzulassen. Zudem wird er Gewalt zur Durchsetzung seiner Ziele eher ablehnen. Damit stellt sich die Frage, ob diese Grundeinstellung auf den Umgang mit anderen Menschen und die Regulierung etwaiger Konflikte beschränkt ist oder ob sich daraus auch gesellschaftspolitische Auswirkungen ergeben. Oben wurde dies bereits kurz in Bezug auf Rechtsextremismus angesprochen.

Die gesellschaftspolitischen Auswirkungen

Schlagende Eltern vermitteln ihren Kindern eine klare Botschaft: Der Stärkere darf und soll sich mit Gewalt durchsetzen. Hierdurch fördern sie das Selbstkonzept einer autoritären Persönlichkeit, die später selber einmal dominieren und Schwächere beherrschen möchte. Begründet liegt dieses Streben nach eigener Machtausübung ferner in einer tiefsitzenden Verunsicherung. Wer mit vielen Schlägen und wenig Zuwendung aufwächst, entwickelt ein buchstäblich angeschlagenes Selbstbewusstsein. Solche Menschen sind deshalb häufig von Ängsten und Misstrauen geprägt – und dies nicht nur im persönlichen Nahbereich. Dieses Empfinden bedingt in gesellschaftspolitischer Hinsicht nachgewiesenermaßen den Wunsch nach harten Abschreckungsstrafen der Justiz sowie das Gefühl der Bedrohung durch fremde, andersartig aussehende Menschen. So entsteht ein gefährlicher Nährboden für die Entwicklung von Fremdenfeindlichkeit und Rassismus.[17]

Zu diesem Themenbereich sind 2019 zwei wichtige Bücher erschienen: Der Psychohistoriker Sven Fuchs (»Die Kindheit ist politisch«) und der Kinderarzt Herbert Renz-Polster (»Erziehung prägt Gesinnung«) machen beide eindringlich auf die beschriebenen Zusammenhänge aufmerksam. Am Beispiel des norwegischen Rechtsterroristen Anders Breivik zeigen sie auf, dass dessen autoritäre und extrem feindselige Weltsicht ihre Quelle in einer zerstörten Kindheit hat, die von Lieblosigkeit und verletzenden Ohnmachtserfahrungen geprägt war. Renz-Polster sieht hier Parallelen zur Sozialisation von Sektenmitgliedern, gewaltbereiten Salafisten und Hooligans. »Sie sehen die Welt als einen Kampfplatz an, weil sie sich in ihr nie sicher gefühlt haben.«[18] Sven Fuchs erweitert diese Sicht durch seine biografischen Studien zu einer Vielzahl von Diktatoren, Terroristen und Naziführern. Ihr späteres politisches Handeln erklärt er auch mit ihren extrem destruktiven Kindheitserfahrungen. Darüber hinaus bietet er Thesen dazu an, welche politischen Auswirkungen zu erhoffen wären, sollte sich der positive Erziehungstrend der letzten Jahrzehnte weiter stabilisieren. Obgleich derartige Zukunftsprognosen nicht zweifelsfrei empirisch belegbar sind, werden Fuchs' Thesen doch indirekt durch Befunde der letzten sogenannten Shell-Jugendstudien gestützt.

Nach Erkenntnissen dieser als Referenzwerk der empirischen Sozialforschung geltenden Studien haben sich die grundlegenden Wertorientierungen der Jugendlichen zwischen 2006 und 2015 positiv entwickelt. So ist die Quote derjenigen, die sich politisch engagieren möchten, in dieser Zeit von 20 auf 32 Prozent angestiegen. Der Anteil der Jugendlichen, die es für richtig halten, sozial Benachteiligten zu helfen, erhöhte sich von 53 auf 60 Prozent. Und die Befürwortung umweltbewussten Verhaltens stieg von 61 auf 66 Prozent.[19] Dazu passt die Entwicklung, die ausgehend von Schweden im Jahr 2019 mit der Bewegung »Fridays for future« angestoßen wurde. Diese neue Protestbewegung erscheint auch deshalb so ermutigend, weil sie darauf setzt, mit Argumenten zu überzeugen, weil sie bisher durchweg gewaltfrei auftritt und weil sie sich offen dafür zeigt, auch andere Altersgruppen bis hin zu den Senioren für ihre Ziele zu gewinnen und sie in den Protest zu integrieren. Man kann diese Bewegung auch als Ausdruck der zwei Faktoren sehen, die nun schon über Jahrzehnte hinweg an Bedeutung gewinnen konnten: Gewaltfreie Erziehung fördert den aufrechten Gang; liebevolle Erziehung fördert Empathie.

Die Frage, wie sich Erziehung auf das politische Verhalten von Menschen auswirkt, ließe sich am besten anhand eines großen Landes überprüfen, in dem es gravierende regionale Unterschiede im Umgang mit Kindern gibt. Die USA wären hierfür ein ideales Forschungsgebiet. Doch dort verhindern Elternverbände seit Jahrzehnten, dass im Wege repräsentativer Schülerbefragungen entsprechende Daten erhoben werden dürfen. Die einzige Orientierungshilfe besteht in einer Art »Notlösung«, die ich im Jahr 2015 nutzte, als ich am John-Jay-College, New York, eine Gastprofessur innehatte. Mein Ansatzpunkt war eine 2008 von Human Rights Watch durchgeführte Untersuchung.

Nach dieser Studie waren in den USA im Schuljahr 2006/ 2007 insgesamt ca. 200 000 überwiegend in den Südstaaten lebende Schüler von ihren Lehrern mit dem »Paddle« geschlagen worden. Dies war damals in 19 Staaten erlaubt. Die Untersuchung machte deutlich, dass im Vergleich dieser Staaten beträchtliche regionale Unterschiede in der Häufigkeit des Schlagens auftreten. Hierdurch war eine Einteilung in drei Gruppen möglich. Am härtesten wurde danach das Züchtigungsrecht der Lehrer in einer Gruppe von fünf Südstaaten praktiziert (Louisiana, Oklahoma, Mississippi, Alabama und Arkansas).

Die 31 US-Staaten ohne Züchtigungsrecht der Lehrer wurden ebenfalls in drei Gruppen unterteilt. Das entscheidende Kriterium bildete hier der Zeitpunkt, zu dem die Abschaffung der rechtlichen Züchtigungsgrundlage vom jeweiligen Parlament beschlossen worden war. Zur ersten und damit liberalsten Gruppe gehörten acht Staaten, die das Züchtigungsrecht der Lehrer bereits zwischen 1876 und 1985 abgeschafft hatten (New Jersey, Massachusetts, Hawaii, Maine, Rhode Island, Vermont, New Hampshire und New York).

Im Ergebnis konnte ich dadurch insgesamt sechs Gruppen von Bundesstaaten bilden – von liberal zu besonders hart im Umgang mit Schülern. Aus Platzgründen beschränke ich mich hier auf den Vergleich von Gruppe 1 (die liberalste Gruppe; oben genannte acht Staaten) und Gruppe 6 (die härteste Gruppe; oben genannte fünf Staaten).

Bei meinen Berechnungen unterstellte ich, dass sich im Laufe der Jahrzehnte eine weitgehende Übereinstimmung zwischen dem in einem Bundessaat praktizierten Erziehungsstil der Eltern und der Anwendung des »Paddle« in den Schulen ergeben haben wird. Eine sehr früh erfolgte Abschaffung des Züchtigungsrechts der Lehrer beruhte nämlich stets darauf, dass Elternverbände in dem entsprechenden Bundesstaat schon seit Jahrzehnten dem Schlagen von Kindern ablehnend gegenübergestanden hatten. Genauso spricht die Passivität der Elternverbände in Bundesstaaten, in denen die Lehrer die körperliche Züchtigung am häufigsten einsetzen, für die These, dass dort eine große Mehrheit der Bevölkerung das Schlagen von Kindern als zulässiges Erziehungsmittel empfindet.

Zu beachten ist ferner, dass das Schlagen durch den Lehrer einen öffentlichen Akt darstellt. Alle Kinder der Klasse sehen die Züchtigung und werden vermutlich danach mit weiteren Kindern über den Vorfall sprechen. Da in diesen Staaten die Mehrheit von ihnen in ihrer Familie entsprechende Erfahrungen sammelt, wird diesen Kindern im Zuge ihrer Sozialisation seit vielen Generationen eine klare Botschaft vermittelt: Zur Verhaltenssteuerung der Menschen benötigt man schmerzhafte, harte Strafen. Anders ausgedrückt: Repression wird dort systematisch gelehrt und gelernt. Hinzu kommen die psychischen Auswirkungen der Körperstrafen für die unmittelbar Betroffenen: persönliche Verunsicherung, Ohnmachtsgefühle und unterdrückte Wut. All das dürfte dazu beitragen, dass die darunter Leidenden selber ein erhöhtes Strafbedürfnis entwickeln.

Angesichts dieser Ausgangsüberlegung überprüfte ich folgende Hypothese: Je repressiver die Kindererziehung in den 50 US-Staaten im Verlauf der letzten Jahrzehnte gestaltet wurde, desto höher fällt dort das allgemeine Strafbedürfnis aus und desto restriktiver wird das Strafrecht praktiziert. Im Hinblick auf die Strafhärte der 50 Staaten wurden zwei Indikatoren herangezogen – zum einen die Zahl der Strafgefangenen pro 100 000 der Bevölkerung im Jahr 2012, zum anderen die Zahl der zwischen 1976 und 2013 vollstreckten Todesstrafen pro 10 Millionen der Bevölkerung. Es folgt ein knapper Überblick zu den Befunden der Untersuchung. Eine detaillierte Darstellung findet sich in dem im Jahr 2017 veröffentlichten Untersuchungsbericht.[20] Zu beachten ist, dass die nachfolgenden Datenanalysen keine monokausale Ursache-Wirkungs-These darstellen sollen. Sie können jedoch eine erste Annäherung an die hier zu klärenden Fragen bieten.

Insgesamt bestätigen die Datenanalysen die vorausgestellte Hypothese auf erstaunlich klare Weise. Je autoritärer und strenger die Kindererziehung in einem Bundesstaat im Verlauf der letzten Jahrzehnte gehandhabt wurde, umso höher fällt das staatliche Strafniveau aus. So übersteigt die Zahl der Strafgefangenen pro 100 000 Einwohner der Gruppe 6 die der Gruppe 1 um das 2,8-Fache[21]. Ferner errechnet sich für die fünf Staaten der Gruppe 6 pro 10 Millionen Einwohner eine im Vergleich zur Gruppe 1 um 122 Mal höhere Zahl von vollstreckten Todesstrafen[22]. Zudem führte die Analyse zu einer weiteren interessanten Erkenntnis: Je repressiver die Kindererziehung im Verlauf der letzten Jahrzehnte in den 50 US-Bundesstaaten gestaltet wurde, desto häufiger kommt es zu Schusswaffentötungen. In der Gruppe 6 wurden im Jahr 2012 fast vier Mal so viele Schusswaffentötungen registriert wie in Gruppe 1 (und 39 Mal so viele wie in Deutschland)[23].

Die zur Verfügung stehenden Daten zur Kindererziehung in den USA habe ich schließlich genutzt, um die Ergebnisse der letzten US-Präsidentschaftswahl im Jahr 2016 entsprechend zu analysieren. Das Ergebnis überrascht nicht: Je häufiger die Lehrer im Schuljahr 2006/2007 das »Paddle« einsetzten, desto besser fielen die Ergebnisse für Trump aus. In den fünf Staaten der Gruppe 6 erreichte Trump durchschnittlich 60,5 Prozent der Stimmen und Clinton nur 35,0 Prozent. Auf der anderen Seite konnte Clinton in den acht Staaten der Gruppe 1 56,5 Prozent der Wähler für sich gewinnen, während Trump hier nur 36,9 Prozent der Stimmen erhielt. Anders ausgedrückt: Eine stärker am Ideal der gewaltfreien Kindererziehung orientierte Praxis begünstigt eine eher liberale politische Grundhaltung. Kinder, die in Schule und Familie mit Schlägen rechnen müssen, tendieren hingegen später eher zu konservativ-reaktionären Überzeugungen.

Je schwerer die Gewalt –
umso stärker ihr Rückgang

»Die Kriminalität sinkt – die Verunsicherung wächst« – mit dieser Überschrift beschrieb die Süddeutsche Zeitung am 3. März 2019 auf ihrer Seite 1 ein seit Langem bestehendes Phänomen. Wir Kriminologen haben es in den letzten 15 Jahren immer wieder untersucht: die wachsende Diskrepanz zwischen der gefühlten Kriminalitätstemperatur der Menschen und der realen Kriminalitätsentwicklung. Zuletzt hat das Freiburger Max-Planck-Institut für ausländisches und internationales Strafrecht gemeinsam mit dem Bundeskriminalamt hierzu eine Studie erstellt. Danach haben heute in Deutschland deutlich mehr Menschen Angst vor Kriminalität als noch zu Beginn dieses Jahrzehnts[1] – und dies, obwohl Bundesinnenminister Seehofer nicht müde wird zu betonen, Deutschland sei eines der sichersten Länder der Welt. Wie ist es also zu erklären, dass viele Menschen solchen Aussagen der Politik nicht mehr trauen und die Verunsicherung wächst?

Die Frage lässt sich nur beantworten, wenn man zunächst klärt, wie groß der Rückgang der Kriminalität tatsächlich ausfällt und ob er insbesondere den Bereich der schweren Delikte betrifft, vor denen die Menschen besonders Angst haben. Die Tatsache, dass der Ladendiebstahl im Verlauf der letzten 25 Jahre um mehr als die Hälfte abgenommen hat[2], wird die Menschen kaum beruhigen. Nachfolgend soll deshalb zunächst geklärt werden, wie sich die Gewaltkriminalität entwickelt hat. Wenn man hierzu die verfügbaren Daten heranzieht, bieten sie eine überraschende Erkenntnis: Je schwerer die Tat ist, desto stärker fällt der Rückgang der Zahlen aus. Mit der nachfolgenden Übersicht möchte ich diese These für die Zeit seit Anfang der Neunzigerjahre im Einzelnen belegen. Ausgangspunkt der Betrachtung ist dabei für jedes einzelne Delikt dessen Höchststand.

Nur so wird nachvollziehbar, wann der positive Trend einer Abnahme der Zahlen begonnen hat. Der angegebene Prozentwert beschreibt den Rückgang pro 100 000 der Bevölkerung. Zwei Ausnahmen erscheinen allerdings sinnvoll. Die erste betrifft den Sexualmord. Trotz der durch die Wiedervereinigung anwachsenden Bevölkerung Deutschlands lag hier der Höchststand der polizeilich registrierten Fälle in den Jahren von 1976 bis 1980. Bei allen anderen Delikten betrachten wir den Zeitraum seit der Wiedervereinigung. Eine weitere Ausnahme ist im Hinblick auf die Vergewaltigung zu machen, denn wiederholt durchgeführte Opferbefragungen zeigen, dass hier die Anzeigebereitschaft nach wie vor extrem niedrig ist. Bei der letzten Repräsentativbefragung (2011) betrug sie 16 Prozent. Würde sie beispielsweise bei unverändertem Risiko der Vergewaltigung auf 20 Prozent steigen, so hätte dies zur Folge, dass die Polizei um ein Fünftel mehr Vergewaltigungen erfassen und in der Statistik vermelden würde. Ich greife deshalb hier primär auf zwei Dunkelfeldbefragungen aus den Jahren 1992 und 2011 zurück. Sie haben es ermöglicht, jeweils für Fünfjahreszeiträume die Quote der Frauen zu ermitteln, die innerhalb und außerhalb von Partnerschaftsbeziehungen vergewaltigt worden sind.

- **Sexualmord – minus 89 Prozent**
Der stärkste Rückgang ergibt sich im Vergleich aller Gewaltdelikte zum Sexualmord. Pro Fünfjahreszeitraum haben die absoluten Zahlen zwischen 1976 bis 1980 und 2014 bis 2018 von 223 auf 34 abgenommen. Pro 100 000 der Wohnbevölkerung ist das ein Rückgang um 88,6 Prozent.

- **Schusswaffentötungen – minus 83 Prozent**
Die absolute Zahl der Schusswaffentötungen hat sich seit dem Höchststand des Jahres 1996 bis zum Jahr 2018 von 626 auf 107 verringert. Pro 100 000 der Wohnbevölkerung ist das eine Abnahme um 83,1 Prozent.

- **Vollendete vorsätzliche Tötungsdelikte (Mord und Totschlag) – minus 63 Prozent**
Die Fälle von vollendetem Mord und vollendeten Totschlagsdelikten haben zwischen 1993 und 2018 von 1436 auf 544 abgenommen. Pro 100 000 der Wohnbevölkerung ist das ein Rückgang um 63,0 Prozent.

- **Schwere Gewalt an Schulen (mit Krankenhausbehandlung) – minus 69 Prozent**
Pro 10 000 Schüler hat zwischen 1997 und 2018 die Zahl der bei Raufunfällen verletzten Schüler, die anschließend im Krankenhaus behandelt werden mussten, von 1,6 auf 0,5 abgenommen. Dies ist ein Rückgang um 68,8 %. Damit haben die schweren Fälle von Gewalt an Schulen den tiefsten Stand seit 21 Jahren erreicht.

- **Vorsätzliche Kindestötungen (0- bis unter 14-Jährige) – minus 52 Prozent**
  Zwischen 1995 und 2018 ist die Zahl der vorsätzlich getöteten Kinder von 172 auf 70 gesunken. Pro 100 000 der Altersgruppe ist das ein Rückgang um 51,8 Prozent.

- **Vergewaltigung – minus 49 Prozent**
  Bezogen auf die letzten fünf Jahre vor der jeweiligen Befragung hat die sexuelle Gewalt gegen 21- bis 40-jährige Frauen ohne Migrationshintergrund im Vergleich der beiden Befragungen von 1992 und 2011 von 4,9 Prozent auf 2,5 Prozent abgenommen und ist damit um knapp die Hälfte zurückgegangen (minus 49,0 Prozent). Die Befunde dokumentieren, dass Vergewaltigungen/sexuelle Nötigungen durch Ehemann/Partner bei beiden Befragungen klar dominiert haben und dass die entsprechenden Delikte außerhalb solcher Beziehungen noch stärker zurückgegangen sind.
  Die bei der Polizei angezeigten Vergewaltigungen haben zwischen dem Höchststand des Jahres 2005 (6980 Fälle) und dem Tiefstand des Jahres 2015 (5896) pro 100 000 der Bevölkerung gerechnet um knapp ein Fünftel abgenommen (minus 19,2 Prozent). 2016 gab es einen Anstieg um 11,4 Prozent. Die Daten der beiden folgenden Jahre sind wegen der zwischenzeitlich erfolgten Änderung des Straftatbestandes der Vergewaltigung nicht mehr vergleichbar. 2018 lag die Zahl der angezeigten Vergewaltigungen mit 8047 Fällen allerdings um 14,5 Prozent niedriger als 2017 mit 9414 Fällen.

- **Raubdelikte – minus 40 Prozent**
  Seit dem Höchststand von polizeilich registrierten Raub-

taten im Jahr 1997 haben diese Delikte bis 2018 von 69 569 auf 36 756 abgenommen. Pro 100 000 der Bevölkerung ist das eine Reduzierung um 40,4 Prozent.

- **Gefährliche/schwere Körperverletzungen – minus 12 Prozent**
  Der Höchststand der polizeilich registrierten Delikte wurde hier im Jahr 2007 erreicht. Die absolute Zahl der Fälle verringerte sich bis 2018 von 154 849 auf 136 727. Pro 100 000 der Bevölkerung ergibt dies einen Rückgang um 12,2 Prozent.

- **Einfache Körperverletzung – plus 5 Prozent**
  Die einfache Körperverletzung wird als ein Privatklagedelikt in der PKS, nicht als Gewaltkriminalität registriert. Die Gesamtzahl der polizeilich registrierten Fälle hat sich zwischen 2007 und 2018 von 368 434 auf 389 791 erhöht. Pro 100 000 der Bevölkerung ist dies ein Anstieg um 5,2 Prozent.

Wenn ich diese Zahlen bei Vorträgen präsentiere, wird häufig die Frage gestellt: Warum wird der Öffentlichkeit aus Anlass der jährlichen Veröffentlichung der PKS nicht jedes Mal eine derartige Übersicht zur Entwicklung der verschiedenen Formen von Gewaltkriminalität präsentiert? Die Frage konnte ich wiederholt mit Innenministern, Polizeipräsidenten und Vorstandsmitgliedern von Polizeigewerkschaften erörtern.

Eine Sorge wurde dann oft genannt: Wenn die Innenminister jedes Jahr aufs Neue darlegen, dass gerade ermittlungsintensive, schwere Straftaten stark rückläufig sind, kann das die Finanzminister angesichts der insoweit abnehmenden

Belastung der Polizei zu der Forderung veranlassen, dort Planstellen zu kürzen. Möglicherweise beschränkt man sich deshalb darauf, die neuen PKS-Zahlen eines Jahres meist nur mit denen des Vorjahres zu vergleichen. Sinkende Zahlen betreffen dann nur einen kurzen Zeitraum und bieten keinen ausreichenden Grund dafür, haushaltspolitische Konsequenzen aus den Ergebnissen abzuleiten. Es gibt allerdings möglicherweise noch einen zweiten Grund dafür, dass mit der Betonung positiver Trends so zögerlich umgegangen wird: Manche Innenminister profilieren sich schlichtweg gern mit einem Law-and-Order-Image. Hierfür benötigen sie jedoch Bedrohungsszenarien, die ihnen die Möglichkeit eröffnen, kriminalpolitische Maßnahmen für eine härtere Strafverfolgung oder für erweiterte polizeiliche Eingriffsbefugnisse zu fordern. Eine derartige Strategie lässt sich öffentlich leichter begründen, wenn man weitgehend darauf verzichtet, die oben dargestellten, überaus positiven Trends zur Längsschnittentwicklung schwerer Gewalttaten darzustellen.

Die Innenminister befinden sich hier offenbar in einem Dilemma. Einerseits gehört es zu ihren Aufgaben, nicht nur die Kriminalität zu bekämpfen, sondern auch die Kriminalitätsfurcht. Sie sollen das allgemeine Sicherheitsgefühl der Menschen fördern. Vermitteln sie den Menschen jedoch als Folge einer offensiven Informationsstrategie die guten Botschaften, die sich aus den Zahlen der obigen Übersicht ableiten lassen, so müssen sie befürchten, an polizeilicher Manpower zu verlieren oder auch von sehr weit rechts stehenden Innenpolitikern massiv attackiert zu werden. Es ist also keineswegs einfach für sie, hier einen politischen Kurs zu finden, der sie vor den dargestellten Risiken schützt und ihnen die Möglichkeit eröffnet, freigewordene Personalressourcen der

Polizei für solche Aufgaben einzusetzen, die in den letzten Jahren erheblich an Bedeutung gewonnen haben. Letzteres gilt etwa für den islamistischen Terror, für die Strafverfolgung und Prävention von Cyber-Angriffen sowie für politisch motivierte Gewalt von rechts- oder linksextremen Tätern.

Angesichts des geschilderten Dilemmas erscheint es nicht ausreichend, zur Lösung des Problems nur einen Appell an die Innenminister zu richten – etwa mit den Forderungen: mehr Transparenz zur Längsschnittentwicklung der schweren Straftaten. Differenziertere Informationen über die Hintergründe der jeweiligen Trends. Stärkeres Eingehen auf die Kriminalitätsfurcht der Menschen.

All das kann meines Erachtens nur dann gelingen, wenn die Innenminister weit stärker als bisher mit der empirischen Wissenschaft zusammenarbeiten. Es gibt hierzu gute Ansätze. So verfügen das Bundeskriminalamt und eine Reihe von Landeskriminalämtern inzwischen über kompetente Kriminologen-Teams und kooperieren darüber hinaus zu Einzelfragen mit kriminologischen Forschungseinrichtungen. Doch nach wie vor haben sich keine klaren Vorgehensweisen entwickelt, um auf Bundes- und Landesebene dem Bedürfnis der Öffentlichkeit nach mehr Transparenz zur Kriminalitätsentwicklung Rechnung zu tragen.

Vergewaltigung

Als 13-Jähriger übernachte ich im großen Haus einer befreunde-
ten Familie. Plötzlich wecken mich der Lärm einer körperlichen
Auseinandersetzung und das unterdrückte Weinen einer Frau.
Die Laute kommen aus dem Nachbarzimmer. Dort wohnt sie
für ein paar Tage mit ihrem Mann. Seine aggressive Stimme und
die damit einhergehenden Geräusche machen mir klar, was sich
dort drüben abspielt: Er vergewaltigt sie. Ich laufe zum Schlaf-
zimmer der Gastgeberin, wecke diese, berichte ihr. Sie begleitet
mich zurück und stellt schnell fest, dass ich recht habe. Sie for-
dert den Mann auf, sofort das Haus zu verlassen, droht mit der
Polizei. Er geht. Seine Frau bleibt.

Am nächsten Morgen sitzen wir zu dritt beim Frühstück. Ich
frage sie, ob sie jetzt zur Polizei geht und ob ihr Mann dann
ins Gefängnis kommt. Ihre verzweifelte und zugleich wütende
Antwort habe ich nie vergessen: »Christian, als verheiratete Frau
muss ich die Beine breit machen, wenn der das will. Das ist so.
Ins Gefängnis kommen würde er nur, wenn ich nicht mit ihm
verheiratet wäre.« Ich empöre mich über diese Ungerechtigkeit.
Da stimmen mir beide Frauen zu. Sie glauben aber nicht, dass
die Politik daran etwas ändern wird.

Anschließend haben sowohl meine Gastgeberin als auch
meine Eltern diese Tat mit mir sehr gut besprochen. Sie tritt all-
mählich in den Hintergrund. Der Alltag hat mich wieder. Aber
vergessen habe ich die Geschichte nie. Erst 35 Jahre später spielt
sie schließlich eine wichtige Rolle.

1992 und 2011: Zwei Repräsentativbefragungen dokumentieren den Rückgang

1992 und 2011 hatten wir am KFN die Chance, mit Bundesmitteln repräsentative Opferbefragungen durchzuführen. Beide Male war es uns ein großes Anliegen, die Chance des Projekts auch dafür zu nutzen, zur Vergewaltigung in der Ehe grundlegende Erkenntnisse zu erarbeiten. Wir einigten uns deshalb mit unseren Geldgebern, dem Bundesministerium für Familie, Senioren, Frauen und Jugend sowie dem Bundesforschungsministerium darauf, auch schriftliche Fragen zu Gewalterfahrungen in Familie und Haushalt zu stellen. Im Anschluss an das mündliche Interview wurde jeweils ein Fragebogen ausgehändigt, den die Personen in Abwesenheit des Interviewers ausfüllen und anschließend in einem beigefügten Briefumschlag mit einer Siegelmarke verschließen sollten. Der Umschlag wurde danach von den Interviewern abgeholt. In dieser schriftlichen Zusatzbefragung war folgende Frage zur Vergewaltigung/sexuellen Nötigung enthalten:

»Hat Sie schon einmal jemand, mit dem Sie verwandt sind oder mit dem Sie zusammengelebt haben, mit körperlicher Gewalt oder unter Androhung von Gewalt gegen Ihren Willen zum Beischlaf oder zu beischlafähnlichen Handlungen gezwungen oder versucht das zu tun?«

Im Rahmen der ersten Befragung hatte eine Teilstichprobe von ca. 4000 21- bis 60-Jährigen den schriftlichen Fragebogen erhalten. Bei der zweiten Datenerhebung mit insgesamt 10 000 Personen befanden wir uns in einer anderen Ausgangssituation: Auslöser war dieses Mal das öffentliche Entsetzen darüber, in welch erheblichem Ausmaß Kinder innerhalb und außerhalb von Institutionen Opfer von sexuellem Missbrauch geworden waren. Hieraus war der Plan entstanden, die Repräsentativbefragung des Jahres 1992 erstmals zu wiederholen und dabei neben dem sexuellen Missbrauch von Kindern auch die sexuelle und sonstige körperliche Gewalt gegen Frauen systematisch zu untersuchen. Mit unserem Geldgeber, dem Bundesforschungsministerium, einigten wir uns allerdings darauf, die Befragung dieses Mal auf die Altersgruppe der 16- bis 40-Jährigen zu beschränken. Dadurch war bezogen auf 100 Befragte eine höhere Zahl von Opfern zu erwarten. Das sollte uns ermöglichen, zu dieser Gruppe und ihren Erfahrungen differenziertere Erkenntnisse zu gewinnen.

Deborah Hellmann und ich haben im Jahr 2015 im Rahmen einer beide Untersuchungen vergleichenden Datenanalyse dargestellt, was sich zur Häufigkeit sexueller Gewalt gegen Frauen im Vergleich von 1992 und 2011 ergeben hat. Die nachfolgenden Zahlen beziehen sich durchweg auf 21- bis 40-jährige Frauen ohne Migrationshintergrund, weil nur so die Vergleichbarkeit der Daten beider Forschungsprojekte erreicht werden konnte.[1]

- Ein zentraler Befund der Befragung von 1992 lautet: Die Täter der Vergewaltigung stammten damals zu 71 Prozent aus der Familie bzw. dem Haushalt der Frau. Ganz überwiegend handelte es sich um ihre Ehemänner.
- Im Vergleich von 1992 und 2011 ist die Quote der Frauen, die in einem Fünfjahreszeitraum Opfer sexueller Gewalt geworden waren, von 4,9 Prozent auf 2,5 Prozent gesunken und hat damit um fast die Hälfte abgenommen (minus 49,0 Prozent).

- Vergewaltigungen/sexuelle Nötigungen, die sich innerhalb von Haushalt und Familie ereignet hatten, sind von 3,3 Prozent auf 1,7 Prozent gesunken und sind damit um fast die Hälfte zurückgegangen.
- Die Quote der Frauen, die außerhalb von Haushalt und Familie Opfer sexueller Gewalt wurden, ist von 2,6 Prozent auf 0,9 Prozent zurückgegangen – eine Abnahme um zwei Drittel.
- In beiden KFN-Studien gab es eine Untergruppe von Betroffenen, die sowohl innerhalb als auch außerhalb von Familie und Haushalt Opfer geworden waren. Ihr Anteil hatte sich ebenfalls reduziert von 1,0 Prozent im Jahr 1992 auf 0,1 Prozent im Jahr 2011. Dies ist ein Rückgang um 90 Prozent.
- Die in Familie und Haushalt verübte sexuelle Gewalt hat sich in beiden Befragungen für die Frauen als besonders belastend erwiesen. So handelt es sich hier zu vier Fünftel um vollendete Taten, während sonst etwa jede zweite Tat im Versuchsstadium bleibt. Ferner verlieren die zu Hause vergewaltigten Frauen das für die psychische Stabilität so wichtige persönliche Sicherheitsgefühl, sind aber aus persönlichen oder finanziellen Gründen oft nicht in der Lage, auszuziehen. Und schließlich verdient ein weiterer Punkt besondere Beachtung: Das Opfer eines völlig fremden Täters wird von diesem Mann fast durchweg nur einmal vergewaltigt, Ehefrauen erleben dagegen ihren Mann/ Partner meist als Wiederholungstäter.

Damit stellen sich mehrere Fragen. Erstens: Wie ist es dazu gekommen, dass der Deutsche Bundestag im Jahr 1997 die Vergewaltigung in der Ehe für strafbar erklärt hat? Zweitens:

Wie hat sich das Gesetz auf das Anzeigeverhalten vergewaltigter Ehefrauen ausgewirkt? Drittens: Wie ist der insgesamt eingetretene Rückgang der Vergewaltigung zu erklären?

Zur Vorgeschichte dieses großen rechtspolitischen Schrittes gehört, was der Vierte Zivilsenat des Bundesgerichtshofs noch im Jahr 1966 zum Ausdruck gebracht hat: »Die Frau genügt ihren ehelichen Pflichten nicht schon damit, dass sie die Beiwohnung teilnahmslos geschehen lässt. Wenn es ihr in Folge ihrer Veranlagung oder aus anderen Gründen, zu denen die Unwissenheit der Eheleute gehören kann, versagt bleibt, im ehelichen Verkehr Befriedigung zu finden, so fordert die Ehe von ihr doch eine Gewährung in ehelicher Zuneigung und Opferbereitschaft und verbietet es, Gleichgültigkeit oder Widerwillen zur Schau zu tragen.« Angesichts dieses klaren Pflichtprogramms für Ehefrauen, das die vier Männer des Zivilsenates hier in ihrer Entscheidung vorgegeben hatten, kann die weitere Entwicklung nicht überraschen. Als die FDP im Rahmen der 1990 laufenden Koalitionsverhandlungen den Versuch unternahm, die Strafbarkeit der Vergewaltigung in der Ehe in das rechtspolitische Regierungsprogramm aufzunehmen, scheiterte sie am Widerstand des großen Koalitionspartners. »Mit uns nie«, hatte laut eines Berichts der Süddeutschen Zeitung CSU-Unterhändler Edmund Stoiber 1990 erklärt und sich hiermit auch durchgesetzt.[2] Dennoch eröffneten sich Mitte der Neunzigerjahre auf einmal bessere Perspektiven.

In Bonn regierte in dieser Zeit eine schwarz-gelbe Koalition. Justizministerin war Frau Leutheusser-Schnarrenberger. Von ihr war zu hören, sie sei sehr liberal und zudem eine tatkräftige, starke Persönlichkeit. Das führte mich zu der Idee, sie gemeinsam mit meinen Strafrechtskollegen zu einem

Vortrag an die Universität Hannover einzuladen. Zu unserer Freude sagte sie zu und stellte sogar in Aussicht, mit mir nach Ende der Veranstaltung für etwa 20 Minuten über unsere Forschungsbefunde zur Vergewaltigung in der Ehe zu sprechen. Zwar musste sie diese Ankündigung wegen eines dringenden Anschlusstermins vor Beginn unserer Veranstaltung zurücknehmen – doch dann geschah etwas, womit niemand rechnen konnte. In dem Hörsaal mit stark ansteigenden Sitzreihen gewann der Hausmeister von oben den Eindruck, alle hätten den Raum verlassen, und schloss die Tür ab. Handys gab es damals noch nicht. Und so hatte ich plötzlich 20 Minuten Zeit, bis der Fahrer der Ministerin uns mit Hilfe des Hausmeisters »befreite«. Die Zeit reichte, um der überaus aufmerksamen und zunehmend interessierten Ministerin unsere zentralen Forschungsergebnisse zu erläutern.

Sie bat mich spontan darum, einen möglichst kurzen, »knackigen« Forschungsbericht über unsere Erkenntnisse zu verfassen und sicherte zu, jeder Abgeordnete des Deutschen Bundestages würde ihn sofort von ihr mit einem Anschreiben versehen erhalten. 14 Tage später erreichten sie 700 Exemplare der primär von Peter Wetzels verfassten Studie »Sexuelle Gewalt gegen Frauen im öffentlichen und privaten Raum. Ergebnisse der KFN-Opferbefragung 1992«. Wegen des im Dezember 1995 erfolgten Rücktritts der Ministerin verzögerte sich zwar die Arbeit an dem von ihr initiierten Gesetzentwurf. Schließlich erhielt er jedoch eine Mehrheit von 470 zu 138 Stimmen bei 35 Enthaltungen. Zum 1. Juli 1997 trat die Strafbarkeit der Vergewaltigung in der Ehe in Kraft.

Zur Beantwortung der zweiten Frage – »Wie hat sich das Gesetz auf das Anzeigeverhalten vergewaltigter Ehefrauen ausgewirkt?« – gilt es sich erneut ins Bewusstsein zu rufen, was die repräsentative Opferbefragung des Jahres 1992 erbracht hatte. Zu 71 Prozent stammten die Vergewaltigungstäter aus der Familie bzw. dem Haushalt der Frau. Ganz überwiegend handelte es sich um ihre Ehemänner. Seit Juli 1997 mussten diese jedoch aufgrund des neuen Gesetzes auf einmal mit einer Strafanzeige rechnen. Hat das die Anzeigebereitschaft der Opfer verändert?

Eine von Deborah Hellmann und mir 2013 durchgeführte Untersuchung zeigt auf, dass es bereits ab 1998 zu einer starken Zunahme der Anzeigen gegen Ehemänner gekommen war. Zwischen 1998 und 2013 hatte sich danach die Quote der Tatverdächtigen sexueller Gewalt, die von der Polizei als »Verwandte« eingestuft wurden, bei versuchter Vergewaltigung/sexueller Nötigung fast verfünffacht (von 3,9 Prozent auf 18,6 Prozent) und bei vollendeter Tat verdreifacht (von 9,2 Prozent auf 29,2 Prozent). Bei diesen »Verwandten« handelt es sich nach den Befunden der 1992 und 2011 durchgeführten Opferbefragungen ganz überwiegend um den Ehemann.[3] Damit ist genau der Effekt eingetreten, den die Justizministerin Leutheusser-Schnarrenberger mit ihrer Gesetzesinitiative angestrebt hatte. Eine wachsende Zahl von vergewaltigten Ehefrauen zeigte die ihnen widerfahrene Tat tatsächlich an. Endlich mussten die Männer sich der Strafverfolgung stellen. Dies wiederum verbreitete sich über die Medien, sodass genau das eintreten konnte, was die empirische Forschung schon lange nachgewiesen hatte: Erhöht sich das Risiko des Erwischtwerdens deutlich, so diszipliniert dies potenzielle Täter. Entsprechende Straftaten gehen zurück.[4] Zum Rückgang der Vergewaltigungszahlen haben jedoch noch weitere Einflussfaktoren beigetragen.

Zu beachten ist insbesondere das im Jahr 2002 in Kraft getretene Gewaltschutzgesetz. Seitdem sind beispielsweise die wegen häuslicher Gewalt meist von Nachbarn herbeigerufenen Polizeibeamten befugt, ein massiv schlagendes Familienmitglied für 14 Tage aus der Wohnung zu verweisen. Anschließend hat das Familiengericht die Möglichkeit, diese Anordnung auf einen Zeitraum von sechs Monaten auszudehnen. Nicht selten handelt es sich dabei um Fälle, in denen ein Ehemann gegen seine Frau sexuelle Gewalt ausübt. Eine vom KFN 2010 durchgeführte Befragung von 20 000 Polizeibeamten belegt die Effektivität des Gewaltschutzgesetzes.[5] Es wird zunehmend dazu genutzt, Frauen und Kinder vor innerfamiliärer Gewalt zu schützen. Je häufiger dies geschieht, desto mehr gerät in die öffentliche Wahrnehmung, welchen Ärger sich schlagende und sexuelle Gewalt ausübende Männer einhandeln.

Zum Rückgang der Vergewaltigungen hat offenbar auch der Wandel der elterlichen Erziehungskultur beigetragen. Anlass zu dieser These geben die oben dargestellten Erkenntnisse zur Sozialisation von Mädchen. Sie zeigen auf, dass die Töchter vom Wandel der Erziehungskultur weit stärker betroffen waren als die Jungen. Hierdurch konnten sie zunehmend Selbstbewusstsein entfalten und sich aus den alten Rollenmustern des gehorsamen Dienens schrittweise befreien. Junge Frauen sind unabhängiger geworden. Sie lassen sich in Beziehungen mit Männern nicht mehr so leicht »unterkriegen« wie früher und sind eher bereit, sich etwaigen Dominanzansprüchen ihrer Partner von Beginn an klar zu widersetzen. All das hat ihr Risiko deutlich verringert, Opfer sexueller Gewalt zu werden.

Der letzte Erklärungsansatz knüpft an die oben dargestellten Erkenntnisse hinsichtlich spezifischer Merkmale der

Täter sexueller Gewalt an. Zu der Frage, weshalb die sexuelle Gewalt gegen Frauen seit unserer ersten Datenerhebung des Jahres 1992 so stark abgenommen hat, bleibt daher zu klären, was sich möglicherweise im Hinblick auf potenzielle Täter geändert hat. Auch insoweit gilt, was oben bereits zu Sexualmördern gesagt wurde: Zum Vergewaltiger wird man nicht geboren, sondern gemacht.

Der typische Täter zeichnet sich nicht durch eine erhöhte sexuelle Potenz aus. Er ist bildlich gesprochen nicht der unter Druck stehende Dampfkessel, der überschüssige sexuelle Energie loswerden muss. Der Vergewaltiger begeht seine Tat, da er aufgrund seiner Sozialisationserfahrungen einen starken Drang entwickelt hat, gegenüber Frauen brutale Macht zu inszenieren, sie in Panik zu versetzen, sie lustvoll zu beherrschen und zu erniedrigen.[6] Ganz ähnlich wie der Sexualmörder hat auch er in Kindheit und Jugend leidvolle Ohnmachtserfahrungen durchlebt. Häufig ist er zudem in seiner Familie und seinem sozio-kulturellen Umfeld durch ein Selbstverständnis von dominanter Männlichkeit geprägt, das Gewalt zur Durchsetzung von sexuellen Wünschen beinhaltet.[7] Beide Einflussfaktoren haben seine Persönlichkeit derart stark beeinflusst, dass daraus immer wieder der Drang nach sexueller Gewalt erwächst. Angesichts der aufgezeigten Parallelen zur Biografie von Sexualmördern ist davon auszugehen, dass auch hier der in Abb. 1 dargestellte, ausgeprägte Wandel der elterlichen Erziehungskultur bei den jungen Männern das Vergewaltigungspotenzial verringert hat.

Eines muss allerdings beachtet werden: In den Jahren 2014 bis 2016 gab es eine starke Zuwanderung von jungen Männern, die als Flüchtlinge zum einen aus den Kriegsgebieten Syrien, Irak und Afghanistan kamen, und zum anderen aus

Ländern, in denen die Armut und Arbeitslosigkeit junger Menschen viele dazu veranlasst, einen Zugangsweg nach Europa zu suchen. Mit der Frage, ob sich dadurch in den letzten Jahren das Risiko der Frauen in Deutschland erhöht hat, Opfer sexueller Gewalt zu werden, werde ich mich im Kapitel über Gewalt, Flüchtlinge und Migration auseinandersetzen.

Die Strafverfolgung der Vergewaltigung – für viele Opfer das große Leiden

2014 wiesen Deborah Hellmann und ich in einer Presseerklärung zur Strafverfolgung der Vergewaltigung auf aktuelle Probleme hin. Daraufhin besuchen mich völlig unabhängig voneinander drei von entfernten Orten angereiste Frauen, die mir über ihre Erfahrungen mit Polizei und Strafjustiz berichten wollen. Sie hatten jeweils einen aus ihrem sozialen Nahraum stammenden Mann wegen Vergewaltigung angezeigt. Alle drei vermitteln einen überaus glaubwürdigen Eindruck. Die Verzweiflung dieser Frauen gehört zu den eindringlichsten Leidenserfahrungen, die mir in meinem langen Berufsleben begegnet sind. Dabei klagen sie keineswegs über individuelle Fehler ihrer jeweiligen Gegenüber. Ihre Tränenausbrüche, ihre tiefsitzende Empörung gelten einem System, in dem der Täter ungeschoren davonkommt und sie als gedemütigte Lügnerinnen dastehen. Sie beschreiben überlastete Amtspersonen, die auf der Grundlage ihrer Aussage ein knapp gehaltenes Protokoll anfertigten, das anschließend bildlich gesprochen im Papierkorb der Strafjustiz gelandet sei.

Eine Frau, die eine Vergewaltigung anzeigt, brauchte schon immer viel Courage und Kraft, um das Strafverfahren gut zu bewältigen. In den letzten 25 Jahren ist allerdings eine spezifische Belastung hinzugekommen. Die Chance der Frau, mit der Anzeige die Verurteilung des beschuldigten Mannes zu erreichen, hat sich seit Mitte der Neunzigerjahre drastisch verschlechtert. Während damals noch 21 bis 22 Prozent der Ermittlungsverfahren zur Verurteilung eines Täters führten, sank diese Quote nach einer von Deborah Hellmann und mir zu den Jahren 2011 bis 2013 durchgeführten Untersuchung auf 8,8 Prozent. Eine kürzlich für den Dreijahreszeitraum 2014 bis 2016 realisierte Datenanalyse demonstriert nun eine weitere Reduzierung auf 7,5 Prozent.

Anders ausgedrückt: Vor 25 Jahren erlebte noch gut jede fünfte Frau nach einer Vergewaltigungsanzeige die Verurteilung des Täters. Inzwischen ist es nur noch jede 13. Aus der Sicht der Tatverdächtigen ist in derselben Zeit das Risiko, wegen einer Vergewaltigung verurteilt zu werden, von 29,3 Prozent auf 9,1 Prozent gesunken und hat damit um mehr als zwei Drittel abgenommen.

Hinzu kommt ein auf den ersten Blick irritierender Umstand: Im Verlauf der 23 Jahre hat sich die Tatschwere der polizeilich registrierten Vergewaltigungen deutlich erhöht. Der Anteil versuchter Taten ist von etwa einem Drittel auf 14,6 Prozent gesunken. Es dominieren zunehmend die vollendeten Vergewaltigungen. Ihr Anteil stieg von etwa zwei Drittel der Fälle auf 85,4 Prozent. Dies beruht wiederum auf der oben bereits beschriebenen Veränderung in der Zusammensetzung der Tatverdächtigen. Die plötzlichen Überfälle durch fremde Personen sind erheblich seltener geworden. Bei ihnen handelt es sich nach der PKS ganz überwiegend um Fälle, bei denen die Tat nicht vollendet werden konnte. Möglicherweise hatte die Frau sich erfolgreich zur Wehr gesetzt oder der Täter hatte angesichts ihrer Hilferufe und herbeieilender Retter von sich aus den Rückzug angetreten. Im Ergebnis bestätigt die repräsentative Opferbefragung des Jahres 2011 ferner die oben konstatierte Veränderung der Täter-Opfer-Beziehung. Von den 21- bis 40-jährigen Frauen, die innerhalb der zurückliegenden fünf Jahre sexuelle Gewalt erlebt hatten, benannten lediglich 4,6 Prozent einen Fremden als Täter, während insgesamt 69,7 Prozent der Betroffenen einen (Ex-)Partner oder Ehepartner beschuldigten.[8]

Die geschilderte Veränderung in der Täter-Opfer-Beziehung hat für die Ermittlungsarbeit der Polizei und die weitere Strafverfolgung erhebliche Konsequenzen. Bezichtigt die betroffene Frau eine ihr unbekannte Person einer versuchten oder vollendeten Vergewaltigung, so kommt es entscheidend darauf an, ob es der Polizei gelingt, diese Person mithilfe von DNA-Analysen, von sonstigen am Tatort hinterlassenen Spuren oder aufgrund eines Phantombildes bzw. durch Zeugenaussagen zu überführen. Benennt die betroffene Frau dagegen eine Person aus ihrem sozialen Umfeld als Täter, so wird der behauptete Geschlechtsverkehr von ihm zwar meist eingeräumt – der beschuldigte Mann wird sich jedoch in aller Regel damit verteidigen, die Frau sei damit einverstanden gewesen und habe sich danach aus sehr persönlichen Gründen dazu entschlossen, das Geschehen als Vergewaltigung zu deklarieren. Können von der Frau keine weiteren Beweise für die von ihr angezeigte Vergewaltigung vorgetragen werden, so wird oft schon die Staatsanwaltschaft das Verfahren einstellen oder das Gericht wird sich nach einer Anklage im Zweifel für einen Freispruch entscheiden.

Bei unseren hierzu durchgeführten Untersuchungen waren wir allerdings bereits im Jahr 2014 auf ein Phänomen gestoßen, das bei dem drastischen Rückgang der Verurteilungswahrscheinlichkeit von Tatverdächtigen offenbar eine wichtige Rolle spielt: **die bei einem Vergleich der Bundesländer extrem großen regionalen Unterschiede der Verurteilungsquote.** Damals hatten wir die Länder zu sechs Gruppen (A bis F) zusammengefasst und unseren Analysen das Doppeljahr 2011/2012 zugrunde gelegt. Der Anteil derjenigen Fälle, in denen eine Vergewaltigungsanzeige zur Verurteilung des Täters geführt hatte, variierte im Vergleich der sechs Ländergruppen zwischen 4,1 Prozent (A-Länder) und 24,4 Prozent (F-Länder).[9]

Bewusst hatten wir es damals vermieden, die Namen der betreffenden Länder offenzulegen. Wir wollten ihnen so Zeit geben, die von uns im Wege eines Forschungsprojekts festgestellten Mängel der Strafverfolgung zu beheben. Erst später sollte im Forschungsbericht deutlich werden, wo Probleme bestanden hatten. Im April 2014 riefen wir deshalb in einer Presseerklärung dazu auf, im Wege einer empirischen Untersuchung aufzuklären, aus welchen Gründen im Vergleich der Bundesländer diese extremen Unterschiede in der Strafverfolgung auftreten. Doch die von uns angesprochene Justizministerkonferenz lehnte es ab, die hierfür bei ihnen beantragten Drittmittel zu bewilligen. 2016 scheiterte ferner unser Versuch, über das Bundesministerium für Familie, Senioren, Frauen und Jugend die benötigten Forschungsgelder zu generieren.

Deshalb gehe ich nun den umgekehrten Weg. Mit der nachfolgenden Tabelle 3 möchte ich offenlegen, wie groß bei den Fällen von Vergewaltigung im Vergleich aller 16 Bundesländer die Unterschiede der Strafverfolgung sind. Damit verbinde ich die Hoffnung, dass allein schon die Transparenz der Daten eine gründliche Suche nach Erklärung befördern wird und dass daraus Maßnahmen zur Behebung der offenkundigen Missstände erwachsen. Hier also zunächst die Fakten. Sie betreffen zum einen die Quote der Fälle, in denen die Frauen nach einer Vergewaltigungsanzeige die Verurteilung des Täters erlebt haben, sowie den Anteil der Tatverdächtigen, die verurteilt wurden. Zum anderen stellt die Tabelle die regionalen Unterschiede zur Quote der Angeklagten dar, die vom Vorwurf der Vergewaltigung freigesprochen wurden. Auch diese regionalen Unterschiede verdienen Aufklärung. Für die betroffenen Frauen stellt es eine enorme Belastung dar, wenn sie zunächst von der Staatsanwaltschaft erfahren, ihre Anzeige habe zu einer Anklage geführt, um anschließend im Gerichtssaal den Freispruch des beschuldigten Mannes erleben zu müssen und nicht selten im Anschluss daran seine triumphierenden Gesten und Beschimpfungen.

Die Tabelle offenbart für den Dreijahreszeitraum 2014–2016 extreme regionale Unterschiede.[10] Im Hinblick auf die Verurteilten pro 100 angezeigte Vergewaltigungen reicht das Spektrum vom Bundesland Berlin mit 3,4 Prozent bis hin zum Bundesland Sachsen mit 21,4 Prozent. Entsprechende Diskrepanzen ergeben sich auch im Hinblick auf die Verurteiltenquote pro 100 Tatverdächtige. In Berlin mussten nur 5,4 Prozent der ab 14-jährigen Tatverdächtigen damit rechnen, dass sie verurteilt werden. Die höchste Quote ergibt sich erneut für Sachsen mit 23,4 Prozent. Im Vergleich aller Bundesländer weist Hamburg ferner mit fünf Prozent die niedrigste Freispruchquote auf. Die höchste hat sich mit 37,1 Prozent zu Niedersachsen ergeben.

Bundesland	Fälle	Tatverdächtige ab 14 Jahre	Verurteilte	Verurteilte zu Tatverdächtigen	Verurteilte zu Fällen	Freisprüche zu Abgeurteilten
Baden-W.	2461	2087	248	11,9	10,1	22,4
Bayern	2588	2284	267	11,7	10,3	18,5
Berlin	1893	1178	64	5,4	3,4	8,0
Brandenburg	576	512	33	6,4	5,7	18,6
Bremen	377	277	16	5,8	4,2	22,2
Hamburg	493	323	53	16,4	10,8	5,0
Hessen	1460	1282	94	7,3	6,4	10,1
Mecklenb-V.	209	190	38	20,0	18,2	11,4
Niedersachsen	2741	2437	187	7,7	6,8	37,1
NRW	5992	4783	311	6,5	5,2	24,7
Rheinl.-Pfalz	1122	1001	104	10,4	9,3	19,9
Saarland	240	194	24	12,4	10,0	28,9
Sachsen	294	269	63	23,4	21,4	36,4
Sachsen-Anh.	621	533	49	9,2	7,9	30,7
Schleswig-H.	799	661	52	7,9	6,5	18,5
Thüringen	420	356	59	16,6	14,0	27,0
Bund insges.	22 286	18 360	1662	9,1	7,5	23,0

Tabelle 3: Die Strafverfolgung der Vergewaltigung für 16 Bundesländer im Dreijahreszeitraum 2014–2016. Angezeigte Fälle, Tatverdächtige, Angeklagte, Verurteilte pro 100 Anzeigen der Vergewaltigung

Bereits 2014 hatten wir im Hinblick auf die damals zur Strafverfolgung der Vergewaltigung ermittelten regionalen Unterschiede einen Arbeitskreis mit erfahrenen Praktikern aus Polizei und Justiz verschiedener Bundesländer eingerichtet und gemeinsam erste Erklärungsansätze erarbeitet. Danach kommt es bereits bei der Vorentscheidung der Staatsanwaltschaft, ob Anklage erhoben wird, und erst recht im Prozess darauf an, auf welche Weise die Polizei die Vernehmung der betroffenen Frau dokumentiert hat. Ist das Gespräch digital aufgenommen oder gar gefilmt worden, dürfte die Frau bessere Chancen haben, sich mit ihrer Anzeige durchzusetzen, als wenn aus Zeit- und Kostengründen lediglich ein Inhaltsprotokoll angefertigt wurde.

Bei Ermittlungsverfahren mit Beschuldigten aus dem sozialen Nahraum der Frau wird angesichts der sich widersprechenden Aussagen nicht selten ein Glaubwürdigkeitsgutachten in Auftrag gegeben. Für die mit dieser Aufgabe betraute Person kommt es dabei sehr darauf an, wie gut sie anhand der Ermittlungsarbeit der Polizei nachvollziehen kann, auf welche Weise sich die betroffene Frau zur Tat und zu der von ihr beschuldigten Person geäußert hat. Es liegt auf der Hand, dass hier die Videoaufzeichnung der polizeilichen Vernehmung oder eine dazu angefertigte Tonbandaufnahme weit besser zu einer fundierten Glaubwürdigkeitsbegutachtung beitragen können als das Lesen des polizeilichen Vernehmungsprotokolls.

Die von uns herangezogenen Praktiker gelangten damals zu der Annahme, die regionalen Divergenzen der Verurteilungswahrscheinlichkeit könnten auf gravierenden Unterschieden der Qualität polizeilicher und staatsanwaltschaftlicher Ermittlungsarbeit beruhen. Sie regten deshalb an, auch zu überprüfen, wie sich die Arbeitsbelastung der zuständigen Dienststellen in den verschiedenen Bundesländern entwickelt hat. Die von uns hierzu durchgeführte Recherche erbrachte ein verblüffend klares Resultat: In den A-Ländern, die durch besonders niedrige Verurteilungsquoten aufgefallen waren, war die Zahl der angezeigten Vergewaltigungen pro 100 000 Einwohner seit dem Doppeljahr 1994/95 um 42 Prozent gestiegen. Für die F-Länder ergab sich dagegen für die betrachteten 20 Jahre eine Abnahme der angezeigten Vergewaltigungen um 30 Prozent. Anders ausgedrückt: Je stärker die Arbeitsbelastung der für solche Verfahren zuständigen Polizeibeamten und Staatsanwälte angewachsen war, desto seltener endeten die Strafverfahren mit einer Verurteilung des Täters.

Dieser Erklärungsansatz könnte auch für die Frage Bedeutung erlangen, aus welchen Gründen es zu den großen regionalen Unterschieden der Freispruchquoten kommt. Für einen stark überlasteten Staatsanwalt ist es möglicherweise mit weniger Arbeit verbunden, in einem Vergewaltigungsfall mit schwacher Beweislage eine Anklage zu schreiben als eine Einstellung des Verfahrens zu verfügen. Letzteres erfordert nämlich einen hohen Begründungsaufwand, wenn er damit rechnen muss, dass die Anzeige erstattende Frau gegen seine Entscheidung Beschwerde einlegt. Man darf gespannt sein, ob die Bundesländer die in Tabelle 3 veröffentlichten Daten zum Anlass nehmen werden, die Ursachen der dargestellten regionalen Unterschiede zur Strafverfolgung der Vergewaltigung aufzuklären und die eigene Praxis im Umgang mit den betroffenen Frauen und den beschuldigten Männern kritisch zu überprüfen.

Wenn das Zuhause zum Tatort wird: Kindestötungen und schwere Gewalt gegen Frauen

Kindestötungen

Die vorsätzliche Tötung eines Kindes gehört zu den Verbrechen, die uns emotional besonders tief berühren. Ein Grund hierfür ist sicherlich die Hilflosigkeit des Kindes. Hinzu kommt, dass es sich hier oft um Familiendramen handelt, bei denen die Person, die den Tod des Kindes herbeiführt, in tiefer Verzweiflung agiert. Und schließlich dürfte auch eine Rolle spielen, dass man – anders als bei manch einem erwachsenen Opfer von Mord oder Totschlag – dem getöteten Kind keine Mitschuld unterstellt. Diese Gründe bedingen ferner die besonders intensive Berichterstattung der Medien über solche Delikte. Das trägt wiederum dazu bei, dass die Menschen die Häufigkeit von Kindestötungen falsch einschätzen.

Die große Mehrheit geht von einem Anstieg derartiger Delikte aus. Aus guten Gründen, auf die ich unten eingehen werde, ist jedoch das Gegenteil der Fall. Vorsätzliche, vollendete Kindestötungen haben im Verlauf der letzten 25 Jahre stark abgenommen. Bei den Null- bis unter Sechsjährigen gab es zunächst zwischen 1993 und dem Jahr 2000 einen Rückgang von 111 auf 54 Opfer. Seitdem schwanken die Zahlen zwischen 46 und 62 und haben zuletzt im Jahr 2018 wieder 54 erreicht. Pro 100 000 der Altersgruppe ist das eine Abnahme um 46 Prozent. Zu den Sechs- bis unter 14-Jährigen verzeichnet die PKS einen noch stärkeren Rückgang – von 61 Opfern im Jahr 1953 auf 16 im Jahr 2018. Dies bedeutet pro 100 000 dieser Altersgruppe ein Minus von 68 Prozent. Es erscheint durchaus sinnvoll, die beiden Altersgruppen getrennt zu betrachten. Bei den Null- bis unter Sechsjährigen handelt es sich nämlich bei den Tätern und Täterinnen fast durchweg um die biologischen oder sozialen Eltern. Bei den sechs- bis unter 14-jährigen Kindern sind dagegen ein Drittel der Täter Personen, die nicht zur Familie gehören.

Bei der Altersgruppe der **null- bis unter sechsjährigen Opfer** gibt es eine Besonderheit: Eine am KFN von Theresia Höynck, Mina Behnsen und Ulrike Zähringer durchgeführte Analyse von 450 Akten zu den Opfern von Kindestötungen zeigt zunächst, dass zwei Fünftel von ihnen unmittelbar nach der Geburt getötet worden waren[1]. Fast immer waren die Schwangerschaften ungewollt. Ihre Verdrängung oder Verheimlichung bildete durchweg einen wesentlichen Hintergrund der Tat. Die Frauen wurden von der Geburt meist überrascht und brachten die Kinder dann fast immer ohne fremde Hilfe zu Hause zur Welt. Danach waren sie nicht mehr in der Lage, die Situation zu bewältigen. Dies galt selbst dann, wenn sie im Vorfeld überlegt hatten, was sie nach der Geburt mit dem Kind tun könnten. Bei nahezu jeder zweiten von ihnen wurden für den Tatzeitpunkt psychische Auffälligkeiten festgestellt. Zu beachten ist ferner, dass diese Frauen aus allen sozialen Schichten der Bevölkerung kamen und sich auch im Hinblick auf ihre Bildung nicht wesentlich vom Durchschnitt der Frauen unterschieden.

Die zweitgrößte Fallgruppe bilden mit 28 Prozent aller Kindestötungen dieser Altersgruppe die Misshandlungen. Das Spektrum reicht hier von einmaligen, im Affekt begangenen Taten (z.B. dem Schütteln eines Kleinkindes) bis hin zu massiven und sich über einen längeren Zeitraum hinziehenden Misshandlungen. Bei dieser Fallgruppe dominieren die biologischen Väter bzw. die aktuellen Partner der Mütter. Tatauslösend ist häufig eine Überforderung im Umgang mit dem Kind. Hier handelt es sich häufig um Familien, die unter schwierigen wirtschaftlichen und sozialen Bedingungen leben und ein niedriges Bildungsniveau aufweisen. Ferner fällt auf, dass bei dieser Fallgruppe fast zwei Drittel der getöteten Kinder Jungen sind. Eine Erklärung könnte sein, dass diese oftmals in ihren ersten Lebensmonaten mehr schreien als Mädchen, da sie sich nach der Geburt von dem weiblichen Lebenszyklus der Mutter in einen männlichen umgewöhnen müssen. Ferner könnte eine Rolle spielen, dass der Umgang mit schreienden oder trotzenden Mädchen besonders Vätern oder Stiefvätern besser gelingt als mit entsprechenden Jungen.

Die drittgrößte Fallgruppe bildet bei den null- bis unter sechsjährigen getöteten Kindern der erweiterte Suizid. Väter oder Mütter entscheiden sich zum Selbstmord und nehmen dabei ihr Kind (und nicht selten sogar mehrere Kinder) mit in den Tod. Auslöser solcher Taten sind zumeist Trennungskonflikte. Aus Abschiedsbriefen wird erkennbar, dass der zum Suizid entschlossene Elternteil dem Kind ersparen möchte,

»allein zurückzubleiben« oder in einer »kaputten Familie« aufzuwachsen. Teilweise spielt jedoch auch eine Rolle, dass der- oder diejenige aus Rache handelt und das Kind nicht dem (Ex-)Partner überlassen möchte. Erheblich seltener ist im Vergleich dazu Auslöser einer Kindestötung, dass der Täter oder die Täterin unter einer aktuellen schweren psychischen Erkrankung leidet, wie etwa einer Wochenbettdepression, einer Psychose oder dem akuten Schub einer Schizophrenie. Hier dominieren im Übrigen klar die Mütter (75 Prozent).

Hinzu kommen seltene, meist mit Trennungskonflikten einhergehende Fälle, in denen von vornherein die klare Absicht bestand, das Kind zu töten, ohne dass parallel dazu ein Suizid geplant war. Das Kind wird als derart störend für die allgemeine Lebensführung oder als spezielle Belastung wegen der zu zahlenden Unterhaltsleistungen empfunden, dass ein Elternteil sich zur Tötung entschließt.

Und schließlich gibt es noch die Vernachlässigung als Todesursache. Das Kind stirbt, weil es nicht oder nicht ausreichend mit Flüssigkeit versorgt wird oder weil eine notwendige medizinische Behandlung unterbleibt. Auch hier gilt nicht selten die Trennung vom Partner als Auslöser der Tat.

Die Gründe für die Tötung **Sechs- bis unter 14-Jähriger** decken sich weitgehend mit denen, die im Hinblick auf die Altersgruppe der Null- bis unter Sechsjährigen dargestellt wurden. Eine am KFN durch Monika Haug und Ulrike Zähringer durchgeführte Aktenanalyse von 207 Fällen[2] hat allerdings gezeigt, dass hier eine Tötungsursache hinzukommt: Sexualmorde. Wie im dritten Kapitel gezeigt, hat die Zahl dieser Delikte zwar im Laufe der letzten 30 Jahre drastisch abgenommen – bei der Altersgruppe der sechs- bis unter 14-jährigen Opfer vorsätzlicher Tötungen bilden sie mit 20 Prozent der Fälle jedoch noch immer eine bedeutsame Gruppe. Die häufigste Tötungsursache (50 Prozent) sind dennoch erweiterte Suizide. Im Vergleich zur Altersgruppe der Null- bis unter Sechsjährigen haben dagegen Misshandlungen und die Vernachlässigung bei den älteren Kindern als Tötungsursache stark abgenommen und bilden nur noch 7 Prozent der Fälle. Zielgerichtete Tötungen sind mit 14 Prozent der Fälle auch bei den Sechs- bis unter 14-Jährigen eine beachtenswerte Gruppe. Massive psychische Erkrankungen von Vater oder Mutter scheinen hingegen deutlich seltener tatauslösender Faktor zu sein als bei den kleinen Kindern.

Angesichts der dargestellten Befunde der beiden Untersuchungen stellt sich die Frage, wo zugunsten des Ziels einer weiteren Reduzierung der Zahl von Kindestötungen anzusetzen ist. Die Aktenanalysen haben eines klar gezeigt: Viele Kinder könnten noch leben, wenn es für die Mutter oder den Vater in der jeweiligen Überlastungssituation Hilfe, Beratung und effektive Unterstützung gegeben hätte. Was hat also dazu beigetragen, dass das Risiko der Kindestötung in den zurückliegenden 25 Jahren dennoch um etwa die Hälfte gesunken ist? Die Beantwortung dieser Frage führt gleichzeitig zu Präventionsansätzen, die für die Zukunft eine Fortsetzung des positiven Trends ermöglichen.

Eine erste Antwort liegt auf der Hand. Angesichts der Nähe, die zwischen Kindesmisshandlung und Kindestötung besteht, verspricht für die nähere Zukunft die Strategie großen Erfolg, die bisher für einen starken Rückgang der schweren Gewalt gegen Kinder beigetragen hat: eine enge Zusammenarbeit von Kinderschutzbund, empirischer Forschung und Massenmedien mit dem Ziel, eine 40 Jahre alte Botschaft erneut unters Volk zu bringen: Niemals Gewalt gegen Kinder! Astrid Lindgrens zentrale These muss von Zeit zu Zeit gewissermaßen in neuer Verpackung an die Menschen herangetragen werden, damit auch die nachwachsenden Elterngenerationen von ihr erreicht werden. In der Vergangenheit konnte auf diese Weise eine große Zahl von Eltern davon überzeugt werden, auf jegliches Schlagen von Kindern zu verzichten, obgleich sie selber noch in ihrer Kindheit unter massiven Schlägen gelitten hatten. Eine entsprechende Kampagne sollte schon deswegen wiederholt werden, weil durch die starke Zuwanderung der letzten 20 Jahre Hunderttausende von jungen Menschen in unser Land gekommen sind, die in Kulturen männlicher Dominanz aufwuchsen, in denen die große Mehrheit der Kinder geschlagen wird. So gilt es, Kommunikationsstrategien zu entwickeln, um auch diese Menschen von der Notwendigkeit eines Wandels der überkommenen Erziehungsmuster zu überzeugen.

Positiv hervorzuheben ist, dass wir dabei auf eine bewährte Zusammenarbeit mit Bund, Ländern und Kommunen vertrauen können. Der Schock über einzelne Kindestötungen, die in den Medien große Beachtung fanden, hat Wirkung gezeigt. Modellprojekte wie das der Stiftung Pro Kind[3] oder der vermehrte Einsatz von Familienhebammen haben zu verbesserten Hilfekonzepten geführt. Die »frühen Hilfen« für Schwangere und junge Familien, die sich in Notlagen befinden, wurden ausgebaut. Ein Kinderschutzgesetz hat die Hilfestrukturen verbessert. Nun wird es entscheidend darauf ankommen, dass all diese Maßnahmen flächendeckend mit hoher Qualität umgesetzt werden. Im Grunde müssen wir es als ein Alarmsignal begreifen, dass die Zahl der Kindestötungen in den letzten sechs Jahren nahezu konstant zwischen 62 und 71 gelegen hat. 2018 waren es 70 unter 14-jährige Kinder, die in Deutschland vorsätzlich getötet wurden. Angesichts dieses sechsjährigen Stillstands der Entwicklung ist die Politik aufgerufen, mit den Akteuren, die bis 2012 so erfolgreich zur Halbierung des Tötungsrisikos von Kindern beigetragen haben, eine Kampagne zu initiieren: »Gegen das Töten von Kindern«.

Schwere Gewalt gegen Frauen

Die im letzten Kapitel dargestellten Befunde zur Vergewaltigung beruhten auf einem Vergleich von drei Geburtskohorten, die wir 2011 zu sexueller Gewalt befragt hatten: den 31- bis 40-Jährigen, den 21- bis 30-Jährigen und den 16- bis 20-Jährigen. Die Chance dieses Forschungsprojektes hatten wir auch dazu genutzt, dieselben drei Gruppen hinsichtlich ihrer Opfererfahrungen mit **Körperverletzungen** zu befragen. Bezogen auf die letzten fünf Jahre wurden sowohl 1992 als auch 2011 verschiedene Formen der Körperverletzung erfragt – vom harten Angepackt- und Gestoßenwerden bis hin zum Einsatz von Messern und anderen Waffen. Die Opfer wurden auch hier um genauere Angaben dazu gebeten, von wem sie angegriffen worden waren. Zur Körperverletzung bestätigte sich dabei das, was sich oben bereits zur sexuellen Gewalt gezeigt hat: Das Risiko von Frauen, Opfer von innerfamiliärer Gewalt zu werden, hat im Vergleich der beiden Fünfjahreszeiträume stark abgenommen.[4]

- Die Quote der Frauen, die **ausschließlich zu Hause** Opfer einer Körperverletzung geworden waren, ist im Verlauf der 19 Jahre von 17,8 Prozent auf 10,2 Prozent gesunken (dies bedeutet eine Abnahme von 42,7 Prozent). Bezieht man auch diejenigen mit ein, die in beiden Lebensbereichen Gewalt erfahren hatten, ergibt sich ein ähnliches Bild (Rückgang von 21,2 Prozent auf 12,5 Prozent).
- Der Anteil der Frauen, die **sowohl außerhalb als auch innerhalb von Haushalt und Familie** Opfer körperlicher Gewalt geworden waren, sank im Verlauf der 19 Jahre von 3,4 Prozent auf 2,3 Prozent.
- Parallel zu dem starken Rückgang von tätlichen Angriffen im sozialen Nahbereich sind Frauen seit 1992 einem stark wachsenden Risiko ausgesetzt, **im Außenfeld von Familie und Haushalt** Opfer einer Körperverletzung zu werden. Im Verlauf der 19 Jahre bis 2011 hat sich diese Opferquote von 1,7 Prozent auf 4,1 Prozent erhöht und ist damit um das 2,4-Fache angestiegen.

Insgesamt zeigen damit beide Befragungen, dass Frauen in ihrer Familie bzw. innerhalb ihres häuslichen Bereichs erheblich häufiger tätlichen Angriffen ausgesetzt sind als am Arbeitsplatz, auf der Straße, in Gaststätten oder sonstigen Bereichen des öffentlichen Lebens. Die Datenauswertungen verdeutlichen ferner, dass auch noch im Jahr 2011 62 Prozent der Körperverletzungen, die Frauen während der fünf Jahre vor der Befragung erleiden mussten, durch ihren Mann oder Partner erfolgt waren. Damit hat sich sowohl im Hinblick auf die Vergewaltigung als auch zur Körperverletzung bestätigt, was bereits aus der Analyse von Tötungsdelikten an Frauen bekannt ist: **Der gefährlichste Mann im Leben einer Frau**

ist der Ehemann bzw. der feste Partner. Im Ergebnis dominierte allerdings 2011 die innerfamiliäre Gewalt gegen Frauen im Vergleich zur externen Gewalt nicht mehr ganz so stark wie noch gegen Ende der Achtzigerjahre In den fünf Jahren von 1987 bis einschließlich 1991 waren Frauen zu Hause fast 13 Mal häufiger Opfer von Körperverletzungen geworden als außerhalb ihrer Familie und Partnerschaft (21,2 Prozent zu 1,7 Prozent). 19 Jahre später überstieg dieses innerfamiliäre Gewaltrisiko der Frauen das im Außenfeld von Familie und Haushalt »nur noch« um das Dreifache (12,5 Prozent zu 4,1 Prozent).

Damit bleibt noch eine Frage ungeklärt: Weshalb hat sich die Quote der Frauen, die im öffentlichen Raum Opfer körperlicher Gewalt geworden waren, derart erhöht? Auch insoweit ist auf das steigende Selbstbewusstsein der Frauen zu verweisen. Je mehr sich Frauen von der früheren Rolle des »Heimchens am Herd« freimachten, je selbstbewusster sie wurden, desto stärker hat sich auch ihr Freizeitverhalten geändert. Frauen gestalten ihre Freizeit zunehmend außerhalb des Hauses. Dies erfordert das Inkaufnehmen größerer Risiken. Im Ergebnis geraten sie dadurch erheblich häufiger in Situationen, in denen sie außerhalb von Familie und Haushalt tätlich angegriffen werden.

Damit bleibt zum Thema der innerfamiliären Gewalt noch eine wichtige Frage offen: **Wie hat sich das Risiko von Frauen verändert, zu Hause Opfer eines Mordes oder eines Totschlags zu werden?** Für eine umfassende Klärung dieser Frage soll zunächst ein Überblick dazu vermittelt werden, wie sich das Tötungsrisiko von Frauen und Männern generell seit der Jahrtausendwende entwickelt hat. Die Längsschnittbetrachtung beginnt mit dem Doppeljahr 1999/2000. Die Addition von zwei Jahren erscheint hier sinnvoll, da hierdurch die Befunde angesichts teilweise geringer Fallzahlen eine breitere Datenbasis erhalten.

Die Daten bestätigen zunächst den Trend, der bereits im sechsten Kapitel dargestellt wurde: Vollendeter Mord und Totschlag haben seit der Jahrtausendwende bis zum Doppeljahr 2017/2018 von 2035 auf 1430 abgenommen. Der Rückgang um 30 Prozent ist allerdings nicht gleichmäßig verlaufen. Die Frauen haben von diesem Trend deutlich weniger profitiert als die Männer. Ihr Tötungsrisiko ist nur um ein Fünftel zurückgegangen (von 873 auf 691), das der Männer hat hingegen um 36 Prozent abgenommen (von 1162 auf 739). Die Frage liegt nahe, ob dieser Unterschied möglicherweise auf einer erhöhten Gefahr der Frauen beruht, zu Hause Opfer eines tödlichen Angriffs zu werden. Die nachfolgende Tabelle bestätigt dies.

Opfer von vorsätzlichen, innerfamiliären Tötungsdelikten	1999/2000	2017/2018	Veränderung in Prozent
Opfer innerfamiliär insgesamt	697	609	− 12,6 %
Opfer Männer innerfamiliär	245	196	− 20,0 %
Anteil Opfer Männer an innerfamiliären Tötungen	35,2 %	32,2 %	
Opfer Frauen innerfamiliär	452	413	− 8,6 %
Anteil Opfer Frauen an innerfamiliären Tötungen	64,8 %	67,8 %	

Tabelle 4: Männliche und weibliche Opfer vollendeter, innerfamiliärer Tötungen, Vergleich der Doppeljahre 1999/2000 und 2017/2018, PKS Deutschland für vorsätzliche Tötungsdelikte insgesamt

Vergleicht man zunächst die Daten der innerfamiliären Tötungen mit den oben dargestellten Gesamtzahlen, so wird deutlich, dass sich außerhalb der Familie auch für Frauen das Tötungsrisiko seit der Jahrtausendwende stark verringert hat (von 421 auf 278 Fälle; minus 34 Prozent). Bei den Männern ergibt sich hier sogar eine Abnahme um 41 Prozent (von 917 auf 543). Die Daten zu den innerfamiliären Tötungen vermitteln jedoch ein anderes Bild: Mord und Totschlag gegenüber Frauen verringerten sich hier lediglich um knapp 9 Prozent. Noch stärker als um die Jahrtausendwende wird anhand der Daten des Doppeljahres 2017/18 klar, dass das eigene Zuhause für sie der gefährlichste Ort ist. Bei drei Fünfteln der Täter handelt es sich um Familienmitglieder. Bei den Männern hat sich diese Quote nur auf ein gutes Viertel erhöht.

Für die ungleiche Verteilung der Tötungsrisiken bieten sich zunächst zwei Erklärungsansätze an. Erstens: Innerfamiliäre Tötungsdelikte entwickeln sich meist aufgrund von massiven emotionalen Konflikten. Wenn hier die Gegner aufeinanderprallen, spielen Körperkräfte und Kampferfahrungen eine gewichtige Rolle. Dies benachteiligt die Frauen. Sie geraten eher in die Rolle des unterlegenen Opfers. Zweitens: In Deutschland hat sich in den letzten 20 bis 30 Jahren sowohl durch staatliche als auch durch gesellschaftliche Initiativen eine starke Kriminalprävention entwickelt. Die deutschen Präventionstage demonstrieren dies jedes Jahr auf eindrucksvolle Weise.[5] Es spricht viel für die Annahme, dass der Bereich der innerfamiliären Konflikte von solchen Präventionsstrategien sehr viel schwerer zu erreichen ist als der außerfamiliäre Bereich, in welchem sich für die Männer höhere Tötungsrisiken ergeben. Auch das dürfte im Ergebnis eher den Männern zugutekommen.

Dank deutlich verbesserter Auswertungsmöglichkeiten ist das Bundeskriminalamt seit 2012 in der Lage, genauer aufzuschlüsseln, zu welcher Kategorie von Familienangehörigen die Personen gehören, die in solchen Fällen von Mord und Totschlag als Tatverdächtige ermittelt wurden. Die nachfolgende Tabelle stellt dies für das Doppeljahr 2017/18 dar.

Kategorie der Tatverdächtigen	Zahl der Opfer 2017/2018			
	Weibliche Opfer	...in Prozent	Männliche Opfer	...in Prozent
	413		196	
Ehepartner/Partner	220	53,3	52	26,5
Ex-Partner	50	12,1	8	4,1
Kinder	61	14,8	68	34,7
Eltern	54	13,0	38	19,4
Sonstige Familienangehörige	28	6,8	30	15,3

Tabelle 5: Die Kategorien von Tatverdächtigen der innerfamiliären Tötung von Männern und Frauen, PKS-Doppeljahr 2017/2018

Erneut zeigen sich im Vergleich der innerfamiliären Tötung von Männern und Frauen beachtliche Unterschiede. Bei den zu den 413 weiblichen Opfern ermittelten Tatverdächtigen handelt es sich zu 53,3 Prozent um die Ehemänner oder die Lebenspartner. Hinzu kommen zu 12,1 Prozent die Ex-Partner. In fast zwei Drittel der Fälle von innerfamiliär getöteten Frauen ermittelte die Polizei also die mit den Frauen aktuell oder früher verbundenen Männer als Tatverdächtige. Ferner handelt es sich bei 14,8 Prozent der Tatverdächtigen um Kinder, die als Jugendliche oder Erwachsene ihre Mutter/ Stiefmutter töteten, und zu 13 Prozent um Eltern. Den Rest bildet die kleine Gruppe der sonstigen Familienangehörigen (Geschwister, Schwiegereltern, Schwiegersöhne und -töchter sowie weiter entfernte Verwandte).

Den 196 Männern, die ihre gegenwärtige oder frühere Ehefrau/Lebenspartnerin töteten, stehen nur 26 Ehefrauen/Lebenspartnerinnen und Ex-Partnerinnen gegenüber, die das entsprechende Delikt gegenüber ihrem Ehemann/Lebenspartner/Ex-Partner begingen. Gefährlicher sind für Männer die Kinder/Stiefkinder. Sie bilden mit 34,7 Prozent die größte Gruppe der Tatverdächtigen. Es ist zu vermuten, dass es sich hier häufig um Söhne handelt, die beispielsweise in einem massiven Konflikt den Vater/Stiefvater töten oder später im Leben Rache dafür nehmen, was ihnen in der Kindheit vom Vater/Stiefvater angetan wurde. Oben wurde bereits über den Befund berichtet, dass 37,5 Prozent der Jugendlichen, die als Kinder und auch noch als 14- bis 16-Jährige von ihren Eltern schwere Misshandlungen erfahren haben, schließlich selber Gewalt gegen diese ausüben. Das kann sich offenbar in seltenen Fällen bis hin zur Tötung entwickeln. Im Übrigen belegt die Tabelle, dass auch die Eltern und sonstige Familienangehörige mit beachtlichen Quoten zur Gruppe der Tatverdächtigen zählen.

Wollte man im Detail klären, was hinter diesen innerfamiliären Opferrisiken von Männern und Frauen steht, so müsste man eine Zufallsauswahl von Verfahrensakten analysieren. Hierdurch würde sich im Detail zeigen, weshalb Frauen fünf Mal häufiger von ihrem Mann getötet werden als dies umgekehrt geschieht. In Ermangelung solcher Erkenntnisse möchte ich diesen Abschnitt der Untersuchung mit einem Zitat von Elisabeth Müller-Luckmann beschließen. Sie hatte als Braunschweiger Psychologieprofessorin über Jahrzehnte hinweg als Gutachterin an vielen Strafverfahren mitgewirkt, in denen es um innerfamiliäre Tötungsdelikte von Männern und Frauen ging. Als ich mit ihr einmal ausführlich über das Thema solcher Partnertötungen und der häufig damit verknüpften Trennungskonflikte sprach, stellte Frau Müller-Luckmann die folgende These auf:»Die wenigen Frauen, die ihren Partner töten, tun das meist, um sich für immer von ihm zu befreien. Die vielen Männer, die ihre Frau umbringen, möchten diese dagegen für immer besitzen.«

Ungerechtigkeit erzeugt Kriminalität. Gerechtigkeit und Fairness zahlen sich aus.

In vielen Familien gibt es Geschichten, die von den Eltern immer wieder erzählt werden. Man kennt sie in- und auswendig. Und trotzdem ist es schön, sie wiederholt zu hören. Sie bekräftigen etwas, was für den inneren Zusammenhalt der Familie wichtig ist, was den Glauben an die Grundwerte des Zusammenlebens bestärkt. Eine solche Geschichte ist in unserer Familie die über unsere Flucht von Biegen bei Frankfurt/Oder nach Schöppenstedt in der Nähe von Braunschweig.

Ende Januar 1944: Ich bin elf Monate alt und lebe gemeinsam mit meinen drei älteren Geschwistern auf dem elterlichen Bauernhof in der Nähe der heutigen polnischen Grenze. Unsere Mutter fehlt. Von einem Weihnachtsbesuch bei unserem schwer verwundeten Vater im Lazarett in Oberschlesien ist sie Ende des Jahres nicht wie geplant zurückgekehrt. Ihre Schwester Dora gibt deswegen ihre Arbeit als Krankenpflegerin auf. Sie will mit uns vier Kindern mit einem Pferdewagen die Flucht nach dem 300 km entfernten Schöppenstedt antreten. Dort haben Verwandte einen großen Bauernhof. Allerdings wäre so eine Fahrt für eine junge Frau, die allein mit vier Kindern unterwegs ist, angesichts des Flüchtlingschaos auf den Straßen viel zu gefährlich.

In dieser Situation bewährt sich etwas, was unsere Mutter auf dem Hof alltäglich praktiziert: ein freundschaftlich/faires Verhältnis zu unseren vier polnischen Zwangsarbeitern. Der Älteste, Kowalczyk, spricht fließend Deutsch. Bald nach seiner Ankunft wendet er sich mit einer großen Bitte an meine Mutter. Sein damals zwölfjähriger Sohn Bruno lebt bei Verwandten. Es geht ihm schlecht, Kowalczyk hat Angst um ihn. Er fragt eindringlich, ob er Bruno nachholen dürfe. Derartiges ist streng verboten. Die Todesstrafe gibt es damals bereits für geringere Vergehen. Aber Mutter sagt Ja. Von Anfang an hatte sie ständig gegen die Regeln verstoßen. Sie hatte die Zwangsarbeiter eingeladen, gewissermaßen mit Familienanschluss bei uns zu leben, gemeinsam mit uns zu essen, im Haus zu wohnen. Bei der Taufe meines Bruders Jochen war es deswegen zu einem Eklat gekommen. Der mit uns verwandte Ortsgruppenleiter der NSDAP bedrohte unseren mit Fronturlaub angereisten Vater, ihn und Mutter wegen ihres Fraternisierens mit den Polen anzuzeigen. Als er dann auch noch mit »Heil Hitler« einen Trinkspruch auf Jochen ausbrachte, warf Vater ihn wütend hinaus. Er wagte es dann doch nicht, den Konflikt mit dem hochdekorierten Offizier aufzunehmen.

Dies alles war der Hintergrund für eine mutige Entscheidung, die Kowalczyk Ende Januar 1945 trifft. Er entschließt sich, Dora und uns vier Kinder gemeinsam mit dem inzwischen 15-jährigen Bruno nach Schöppenstedt zu bringen. Dabei ist es für ihn streng verboten, den Ort der Zwangsarbeit zu verlassen. Doch für uns bedeutet seine Courage Sicherheit bei der gefährlichen Flucht. Einmal retten uns sein Mut und seine Erfahrung im Umgang mit Pferden. Der Flüchtlingstreck wird von Tieffliegern mit MG-Feuer angegriffen. Kowalczyk treibt die Pferde dazu an, im Galopp die offene Scheune eines nahe gelegenen Bauernhofes anzusteuern. Das Manöver gelingt – wir sind gerettet. Nach vierzehn Tagen äußerst anstrengender Fahrt erreichen wir den Bauernhof in Schöppenstedt. Am Gartentor steht unsere Mutter. Die Wiedersehensfreude ist unbeschreiblich.

Sie war bei dem Besuch im Lazarett an Diphtherie erkrankt, wäre fast gestorben, war über Wochen nicht reisefähig. Danach nahm sie den direkten Weg nach Braunschweig, weil sie hoffte, dass Kowalczyk und Bruno Dora und uns Kinder dorthin bringen würden. Beide machten sich schließlich mit geschenkten Fahrrädern auf den Rückweg. Wenn wir später immer wieder über diese Geschichte reden, haben die Eltern und Dora stets eine Botschaft für uns: Zwangsarbeit war Unrecht. Es war richtig und gerecht, mit den vier Polen anständig und freundschaftlich umzugehen und die Normen des staatlichen Polenerlasses zu missachten. Zuwendung, Fairness und Gerechtigkeit zahlen sich aus. Später hatte ich als Kriminologe mehrfach Gelegenheit, diese These wissenschaftlich zu überprüfen.

Haben »harte« Jugendrichter mehr Erfolg als »milde«?

Im Rahmen eines Forschungsprojektes bot sich mir zwischen 1978 und 1982 eine erste Möglichkeit, die in Kindheit und Jugend gewachsenen Grundeinstellungen empirisch zu untersuchen. Aufgrund einer damals bundesweit wohl einmaligen Konstellation konnte ich folgende Hypothese überprüfen:

Je fairer, kommunikativer und gerechter angeklagte
Jugendliche ihren Jugendrichter erleben, umso seltener
werden sie rückfällig.

Die Untersuchung wurde durch zwei sehr hilfreiche Rahmenbedingungen erleichtert. In München orientierte sich
die Geschäftsverteilung der Jugendgerichtsverfahren am
Anfangsbuchstaben des Familiennamens der Jugendlichen
und Heranwachsenden. Bei diesem Verteilungsprinzip konnte
1978 grundsätzlich davon ausgegangen werden, dass die
Jugendrichter Münchens gleich zusammengesetzte Gruppen
von Jugendlichen und Heranwachsenden zugewiesen erhalten. Zu beachten war hier allerdings, dass sich im Hinblick
auf junge Ausländer Besonderheiten ergaben. Dies gilt etwa
für türkischstämmige Jugendliche, deren Familiennamen
weit häufiger als der von deutschen Angeklagten mit einem
»Ö« beginnen. Aus diesem Grund beschränkte sich das Forschungsprojekt auf die Untersuchung der Verfahrens- und
Sanktionspraxis gegenüber deutschen Angeklagten.

Der zweite Aspekt, der die Untersuchung der obigen Hypothese sehr begünstigte, war ebenfalls eine Münchner Besonderheit. Seit April 1978 konnten sehr am Erziehungsgedanken
orientierte Jugendrichter Münchens gewissermaßen »aus dem
Vollen schöpfen«: Ein von mir mit Geldern der Robert-Bosch-
Stiftung, der Stadt München und des Bayerischen Sozialministeriums initiierter Modellversuch des Vereins BRÜCKE
e. V. erweiterte das Spektrum von Erziehungsmaßnahmen beträchtlich. Zum einen konzentrierten sich die Sozialpädagogen
des Vereins darauf, ein breites Angebot gemeinnütziger Arbeit
zu organisieren, zum anderen ermöglichten sie den Jugendrichtern, sogenannte Betreuungsweisungen auszusprechen.

Besonders gefährdete Jugendliche konnten dadurch über sechs bis zwölf Monate hinweg im Wege von Einzelgesprächen oder auch im Rahmen sozialpädagogischer Gruppenarbeit unterstützt werden.[1]

Für die Forschung über die Auswirkungen jugendrichterlichen Handelns erlangten diese Angebote der BRÜCKE große Bedeutung, denn sie bewirkten, dass sich zur Verfahrens- und Sanktionspraxis der 18 Jugendrichter ab dem Start des Projekts ausgeprägte Unterschiede entwickelten. Sechs der 18 Jugendrichter – die sogenannten A-Richter – nutzten ab April 1978 die zur Verfügung stehenden Optionen sehr intensiv, um das erzieherische Potenzial des Jugendstrafrechts auszuschöpfen. Im Ergebnis verzichteten sie dadurch zunehmend auf die früher von ihnen häufig verhängten Geldbußen, Jugendarreste und Jugendstrafen. Im Gegensatz hierzu zeigten sechs andere Jugendrichter – B-Richter genannt –, dass aus ihrer Sicht kein Anlass bestand, ihre an Härte und Abschreckung orientierte Praxis zu ändern. Die restlichen sechs Jugendrichter blieben mit ihrem Kurs weitgehend in der Mitte zwischen beiden Extremen. Für die Forschung waren dies geradezu ideale Ausgangsbedingungen.

Die Untersuchung beschränkte sich auf alle von A- oder B-Richtern in der zweiten Jahreshälfte 1978 abgeschlossenen Jugendgerichtsverfahren. Zur Verfahrens- und Sanktionspraxis der beiden Richtergruppen ergaben sich deutliche Unterschiede. So schlossen die A-Richter ihre Verfahren nur knapp zur Hälfte mit einer förmlichen Verurteilung ab. Wenn die jungen Angeklagten ein Geständnis ablegten, unterbrachen sie häufig das Verfahren und versuchten, die jungen Straftäter auf besondere Weise zur Kooperation zu motivieren. Sie stellten in Aussicht, das Verfahren ohne förmliche Verurteilung einzustellen, sobald die Jugendlichen die ihnen auferlegten Pflichten, wie etwa die Erfüllung einer Arbeitsauflage oder die Wiedergutmachung des Schadens beim Opfer, korrekt erfüllt haben. Die B-Richter wählten hingegen zu drei Vierteln den Weg, die Jugendlichen förmlich zu verurteilen. Zudem drohten sie den jungen Angeklagten an, dass diese wegen Ungehorsams in den Jugendarrest kommen würden, sollten sie die ihnen auferlegten Weisungen und Auflagen nicht erfüllen.

Ein Fünftel der Verfahren bei A-Richtern endet mit Freiheitsentzug (Jugendarrest zu 17,7 Prozent, Jugendstrafe/ Freiheitsstrafe ohne Bewährung zu 2,5 Prozent). Damit lagen die A-Richter sogar insgesamt über der Vergleichsquote, die sich für das Jahr 1978 bundesweit errechnet (16,4 Prozent als Summe von 12,9 Prozent Jugendarrest und 3,5 Prozent Jugendstrafe/Freiheitsstrafe ohne Bewährung). Sie waren also keineswegs extrem milde Jugendrichter. Die B-Richter hatten diese vergleichsweise harten Sanktionen bei 35,4 Prozent ihrer Angeklagten verhängt (30,4 Prozent Jugendarrest, 5 Prozent Jugendstrafe/Freiheitsstrafe ohne Bewährung). Zu beachten ist ferner, dass sie mit einer Durchschnittsdauer von 26,4 Monaten erheblich längere Jugendstrafen verhängten als die A-Richter mit 18,0 Monaten. Im Ergebnis führte dies dazu, dass sich bei 400 anhängigen Jugendgerichtsverfahren eines A-Richters 1080 Monate Freiheitsentzug ergaben, für einen B-Richter dagegen 3168 Monate.[2]

Ein zentrales Element der Untersuchung war eine Befragung von 1504 jungen Straftätern. 1151 hatten eine Arbeitsauflage zu erfüllen, 353 waren zu Jugendarrest verurteilt worden. Sie wurden darum gebeten, ihre jeweiligen Jugendrichter in verschiedener Hinsicht zu bewerten:

- »Ist der/die Jugendrichter/in mit Ihnen in der Hauptverhandlung fair umgegangen?«
- »Sind Sie persönlich ausreichend zu Wort gekommen?«
- »Finden Sie die Sanktionsentscheidung gerecht?«

Die sechs B-Jugendrichter erhielten von den Jugendlichen, die sie zur Leistung gemeinnütziger Arbeit verpflichtet hatten, in allen drei Kategorien mehr als doppelt so oft wie die A-Richter negative Bewertungen (»Unfair« B: 24,6 Prozent zu A: 10,7 Prozent; »Schlechte Kommunikation« B: 9,1 Prozent zu A: 4,8 Prozent; »Ungerecht« B: 27,0 Prozent zu A: 12,6 Prozent). Zudem schnitten die A-Jugendrichter auch dann besser ab, wenn sie gegenüber hochbelasteten Jugendlichen einen Jugendarrest verhängt hatten. Offenkundig verstanden sie es besser, selbst in Verhandlungen, die mit einem relativ harten Urteil endeten, den Jugendlichen kommunikativ und fair gegenüberzutreten. Die B-Richter fielen hingegen durch autoritäre Strenge auf, die sie besonders dann praktizierten, wenn es sich bei den Jugendlichen um solche aus sozialen Randgruppen handelte[3].

Die B-Richter setzten bei ihren Bemühungen, den Rückfall zu vermeiden, also in erster Linie auf die Furcht vor Strafe, und legten weniger Wert auf eine intensive Kommunikation mit den Angeklagten. Ihr Handlungsstil ließ sich am besten mit den Worten »autoritär/streng« charakterisieren. Demgegenüber bemühten sich die A-Richter weit häufiger darum, Rückfalltaten durch konstruktive Erziehungsmaßnahmen und ein intensives Gespräch in der Hauptverhandlung zu vermeiden. Ihr Handlungsstil erhielt deshalb die Bezeichnung »kommunikativ/differenziert«.

Besondere Beachtung verdient, welche Erkenntnisse sich ergaben, wenn man bei den Angeklagten nach der Zahl von Gefährdungsmerkmalen unterschied, die sie in ihrer Familie oder im sozialen Kontext belasteten (z.B. Fehlen von Vater/Mutter, Bezug von Sozialhilfe, Heimerziehung, Sonderschule, Arbeitslosigkeit, Abbruch von Schulausbildung, Alkohol bei der Tat). Am Beispiel der Bewertung des Jugendrichters als »unfair« konnte überprüft werden, ob sich diese mit steigender Zahl von Gefährdungsmerkmalen veränderte. Zu den A-Jugendrichtern zeigte sich hier nur ein geringer Unterschied. Die Quoten erhöhten sich lediglich von 10,1 Prozent (keine Gefährdungsmerkmale) bis auf 16,7 Prozent (vier und mehr Gefährdungsmerkmale). Bei den B-Richtern ergab sich hingegen ein hoch signifikanter Befund. Je stärker die Jugendlichen gefährdet waren, desto häufiger hatten sie die »autoritären/strengen« Richter als »unfair« erlebt. Die Quote stieg von 16,3 Prozent bei Jugendlichen, die keinerlei Gefährdungsmerkmale aufwiesen, bis zu 54,2 Prozent bei jenen, die mit vier und mehr solcher Merkmale als hochbelastet einzustufen waren.[4]

Es gab nun zwei Wege, um den Erfolg jugendrichterlichen Handelns zu messen. Zum einen konnte überprüft werden, ob die jungen Straftäter eine vom Jugendrichter auferlegte Pflicht, gemeinnützig zu arbeiten, problemlos erfüllt hatten. Zum anderen untersuchten wir bei knapp 1000 Angeklagten, ob sie im Verlauf von zwei Jahren rückfällig geworden waren. Das Ergebnis der Datenanalyse war eindeutig: Die B-Richter mussten mehr als doppelt so oft wie die A-Richter registrieren, dass die jungen Angeklagten nicht oder erst nach eindringlicher Mahnung ihre Arbeitspflicht erfüllten. Der kommunikative Verhandlungsstil der A-Richter und ihre ausgeprägte Fairness bewährten sich. Am deutlichsten zeigte sich dies gegenüber einer bestimmten Gruppe – den mit vier und mehr Gefährdungsmerkmalen belasteten Jugendlichen, zu denen sich schon im Hinblick auf die Bewertung »unfair« die größten Divergenzen ergeben hatten. Wenn sie von einem A-Richter zur Leistung gemeinnütziger Arbeit verpflichtet worden waren, kamen 26,3 Prozent dieser hochbelasteten Jugendlichen zu spät beim Verein BRÜCKE e.V. an. Von den Jugendlichen der Gruppe B waren das mit 59,3 Prozent mehr als doppelt so viele.[5]

In den Augen der Öffentlichkeit war freilich noch bedeutsamer, was sich im Hinblick auf die Rückfallkriminalität der beiden Gruppen zeigte: In den zwei Jahren nach Ende des Jugendgerichtsverfahrens hatten von den jungen Straftätern der A-Gruppe 23,9 Prozent erneut eine polizeilich registrierte Straftat begangen. Bei der B-Gruppe waren es dagegen mit 33,5 Prozent um zwei Fünftel mehr. Offenkundig verstanden es die A-Richter mit ihren weit häufigeren Anordnungen von ambulanten Maßnahmen deutlich besser als die B-Richter, die Jugendlichen positiv zu beeinflussen und ihnen Chancen des sozialen Lernens zu gewähren.[6] Zudem provozierten die harten B-Richter erheblich öfter als ihre Kollegen die Ablehnung des Urteils als ungerecht und förderten damit eine aggressive Grundhaltung, die wiederum das Rückfallrisiko erhöhte. Die Haupterklärung lieferte eine genaue Analyse der Rückfalldaten: Die auftretenden Unterschiede zwischen beiden Gruppen beruhten zu drei Fünfteln auf der härteren Sanktionspraxis der B-Richter.[7] Vor allem die bei sozial randständigen, gefährdeten Jugendlichen besonders häufige Anordnung von Jugendarrest wirkte sich hier negativ aus. Dabei weiß doch schon der Volksmund, welches Risiko mit dem Einsperren verknüpft ist: »Und ist der Ruf erst ruiniert, so lebt sich's gänzlich ungeniert.«

Letztere These war bereits in den Sechzigerjahren durch den amerikanischen Soziologen Becker zu wissenschaftlichen Ehren gelangt. Er hatte 1963 die öffentliche Stigmatisierung als Straftäter als einen Faktor erkannt, der den sozialen Verhaltensspielraum der betroffenen Person entscheidend verringert. Mit der von ihm propagierten Labeling-Theorie[8], die später von Fritz Sack nach Deutschland importiert wurde[9], bot er einen Ansatzpunkt dafür, die höhere Rückfallquote der B-Richter zu erklären.

Bei der Recherche für dieses Buch bin ich allerdings auf eine Theorie gestoßen, die hierfür noch bessere Perspektiven eröffnet: die Theorie der prozeduralen Gerechtigkeit.[10] Für sie haben zwei Fragen zentrale Bedeutung. Erstens: Wie bewerten Menschen das Verhalten von Autoritätspersonen und ihre Entscheidungen? Zweitens: Wie wirken sich diese Erfahrungen der Menschen auf ihr eigenes Verhalten aus? Ich möchte die Theorie der prozeduralen Gerechtigkeit zunächst anhand eines konkreten Beispiels erläutern:

Schiedsrichter Müller steht vor einem Spitzenspiel der Bundesliga aus persönlichen Gründen massiv unter Stress. Er ist deswegen nicht ganz bei der Sache, als der Spieler A den Spieler B völlig korrekt mit einer Grätsche vom Ball trennt. Er pfeift die Aktion als Foulspiel. Als A lautstark protestiert, bekommt er wegen Meckerns die gelbe Karte. Schließlich ist A so wütend, dass er den B bei nächster Gelegenheit in die Beine tritt. Nun sieht er Gelb/Rot und fliegt vom Platz. Hätte Schiedsrichter Müller sich dagegen korrekt und fair verhalten, wäre es zu diesem Foul nicht gekommen.

Im Mittelpunkt steht also die Frage, wie Menschen reagieren, wenn eine Autoritätsperson ihre Rolle nicht richtig wahrnimmt oder aber wenn sie korrekt handelt. Hierzu gibt es zwei zentrale Thesen:

1. Je stärker die Menschen das Handeln von Autoritätspersonen als fair und gerecht empfinden, desto höher ist ihre Bereitschaft, die jeweils geltenden Regeln zu akzeptieren und zu befolgen.
2. Entscheidend ist hierbei, ob die Autoritätspersonen sich selber an die Regeln halten, ihr Handeln verständlich erklären und mit ihrem Gegenüber respektvoll und fair umgehen.[11]

Im nachfolgend wiedergegebenen Gespräch mit dem früheren A-Jugendrichter Werner Schulz konnte ich untersuchen, welches Erklärungspotenzial die beiden Thesen bieten.

Interview mit dem früheren Jugendrichter Werner Schulz

Pfeiffer: Als wir die Jugendlichen im Jahr 1980 darum baten, ihren jeweiligen Jugendrichter zu bewerten, haben Sie, Herr Schulz, in den zentralen drei Kategorien jeweils am besten abgeschnitten. Sie hatten den Jugendlichen offenkundig besonders viel Zeit dafür eingeräumt, das eigene Leben zu schildern und die Tat zu erläutern. Auch in puncto Fairness bekamen Sie die Bestbewertung. Und schließlich erhielten Sie höchste Anerkennung für die von Ihnen praktizierte Gerechtigkeit. Die objektiven Daten zeigten außerdem, dass Sie gemeinsam mit einer Kollegin die niedrigste Quote zur Anordnung von Freiheitsentzug aufwiesen (Jugendarrest

9,0 Prozent und Jugendstrafe ohne Bewährung 1,0). Der härteste Richter hatte fast fünf Mal so viele Jugendliche hinter Gitter gebracht – 36,6 Prozent in den Jugendarrest und 10 Prozent in den Jugendstrafvollzug. Wie erklären Sie sich Ihre Entscheidungspraxis? Gab es da ein Vorbild?

Schulz: Ein Vorbild hatte ich nicht. Nach dem zweiten Staatsexamen hatte ich mich bei der Justiz beworben. Zufällig war gerade die Stelle eines Jugendrichters frei. Ich hätte genauso gut auch Mietrichter werden können. Und dann kam die erste Hauptverhandlung: Der angeklagte 15-jährige Jugendliche stand auf, als ich ihn ansprach, kam er auf mich zu und sagte: »Hohes Haus«. Das löste inneren Widerspruch bei mir aus: »Nein, ich will nicht in einem hohen Haus sitzen nach dem Motto: ›Ich da oben, die da unten‹«. Mein Ziel war instinktiv eine Kommunikation auf Augenhöhe. Die später von mir sehr häufig eingesetzten Zimmertermine entsprachen diesem Grundgefühl optimal. Ich selber bin in Zivil. Mit gegenüber sitzt der Jugendliche. Wir reden über sein Leben. Er berichtet mir von seiner Straftat. Ich suche gemeinsam mit ihm nach einem Weg, wie er in Zukunft Straftaten vermeiden kann und was er braucht, um auf einen guten Kurs zu gelangen.

Pfeiffer: Eine Besonderheit Ihrer Sanktionspraxis möchte ich gleich ansprechen: Bei Jugendlichen, die wegen einer Körperverletzung vor Ihnen standen, waren Sie der mildeste aller Jugendrichter. Gibt es hierfür eine Erklärung?

Schulz: (lachend) Ja, mei, Herr Pfeiffer, da haben Sie einen ganz wunden Punkt erwischt. In der Schule hatte ich einen Spitznamen – »Schläger-Schulz«. Meine Schwachstelle war, dass ich schnell wütend wurde und mich im Zorn dann nicht mehr bremsen konnte. Da habe ich dann zugeschlagen, dem anderen Schmerzen zugefügt. Danach hat mir dieses Ausrasten leidgetan. Als ich dann älter wurde, bin ich aus diesen Problemen rausgewachsen, ohne dass ich je vor einem Jugendrichter gestanden hätte. Diese Vorgeschichte war mir durchaus bewusst, wenn ich mich später als Jugendrichter mit körperlicher Gewalt auseinandersetzen musste.

Pfeiffer: Es gab da das komplette Gegenteil zu Ihnen. Eine ansonsten sehr milde Jugendrichterin hat bei Körperverletzungen besonders häufig Jugendarrest angeordnet. In einem Interview mit ihr hatte ich das angesprochen. Sie reagierte mit großer Betroffenheit und schilderte mir dann ihre persönliche Geschichte. Ihr Vater war gestorben. Die Mutter heiratete einen Mann, der zwei Söhne mit in die Familie brachte. Sowohl der Stiefvater als auch die beiden Brüder hätten sie immer wieder geschlagen – manchmal ziemlich massiv. Es sei ihr aber überhaupt nicht bewusst gewesen, dass sie diese tiefsitzenden Ängste vor körperlicher Gewalt als Jugendrichterin mit harten Urteilen verarbeitet hat.

Schulz: Die beiden Geschichten zeigen mir, wie wichtig es ist, dass man als Jugendrichter die Chance erhält, über die eigene Praxis zu reflektieren und sich mit Kollegen auszutauschen. Aber dazu bräuchte man natürlich vergleichende Transparenz über das eigene Handeln. Die gab es ja damals nur, weil wir durch die Daten des Forschungsprojektes zum Nachdenken über unsere Entscheidungen angeregt wurden.

Pfeiffer: Ich habe in Erinnerung, dass es doch damals solche informellen Gesprächsrunden gegeben hat. Hat man sich da nur über Fußball oder die Karrierechancen in der Justiz unterhalten?

Schulz: Nein, nein. Wir haben da schon über unsere Praxis als Jugendrichter geredet. Aber das Besondere war, dass wir A-Richter da weitgehend unter uns waren. Erst als die Forschung dann Transparenz herstellte, konnten wir das einordnen. Die B-Richter waren nämlich ziemlich unkommunikativ. Bei denen gab es nicht diesen offenen Austausch über die eigenen Erfahrungen und das Debattieren darüber, wie man den Rückfall am besten verhütet. Ihre spätere These, dass kommunikativ-aufgeschlossene Jugendrichter besonders milde sind, haben wir ja erst später bestätigt bekommen, als Sie jeden von uns mit seiner Entscheidungspraxis konfrontierten.

Pfeiffer: Wie wichtig war es Ihnen, als Jugendrichter Gerechtigkeit zu praktizieren? War das ein übergeordnetes Ziel, das Sie realisieren wollten?

Schulz: Ehrlich gesagt stand das für mich weniger im Vordergrund. Die zentrale Frage war immer, wie ich als Jugendrichter durch meine Entscheidungen dazu beitragen kann, dass der Angeklagte nicht rückfällig wird, nicht erneut Menschen verletzt, damit aufhört, ihnen Leiden zuzufügen. Meine Frage war also, was er braucht, damit er auf einen guten Kurs kommt.

Pfeiffer: Kürzlich habe ich einen klugen Text von Margot Käßmann über Gerechtigkeit gelesen. Sie würde das, was Sie hier gerade formuliert haben, als praktizierte Gerechtigkeit bewerten. Aus christlicher Sicht gehe es gerade nicht darum, dass alle das Gleiche bekommen. Danach ist Gerechtigkeit dann erreicht, wenn die Menschen das erhalten, was sie brauchen, um sich positiv in die Gemeinschaft einbringen zu können.

Schulz: Ja, dem kann ich nur zustimmen. Einem finanziell gut ausgestatteten 17-Jährigen, der als Lehrling schon über eigenes Geld verfügt hat, konnte ich auferlegen, dem Opfer seiner Körperverletzung ein kräftiges Schmerzensgeld zu bezahlen und sich bei ihm zu entschuldigen. Aber ein gleichaltriger Täter, der eine ähnlich schlimme Körperverletzung begangen hat, arbeitslos ist, große Schulden hat und von persönlichen Problemen geprägt ist, der braucht eine andere Antwort. Natürlich würde ich dem auch auferlegen, sich beim Opfer zu entschuldigen. Hinzu kämen aber bei ihm beispielsweise 100 Stunden sinnvolle gemeinnützige Arbeit und im Übrigen die Vereinbarung, dass er über ein Jahr hinweg an einem sozialen Trainingskurs teilnimmt und zusätzlich individuell von einem Sozialarbeiter betreut wird. Jeder sollte tatsächlich möglichst das bekommen, was er braucht.

Pfeiffer: Aber manchmal haben doch auch Sie jemand ins Gefängnis gesteckt. Brauchte der das dann?

Schulz: Eine typische Situation für so ein Urteil war, dass ich diesem Angeklagten in einer früheren Verhandlung eine Bewährungsstrafe gegeben hatte. Und am Ende hatte ich ihm gesagt:»Es ist Ihnen schon klar, dass Sie beim nächsten Mal im Gefängnis landen, wenn Sie erneut unter Alkoholeinfluss zuschlagen und jemand schwer verletzen?« Und er hatte geantwortet:»Ja, Herr Richter. Das ist mir klar. Und dann wäre es auch richtig so.« Wenn der dann als Rückfalltäter vor mir stand und durch sein Verhalten demonstriert hat, dass er seine Bewährungschance nicht nutzen wollte oder konnte, war dem schon klar, was jetzt kommt: die konsequente Bestrafung und die harte Alternative, dass er jetzt hinter Gittern lernen muss, Arbeitspflichten zu erfüllen, auf Alkohol völlig zu verzichten und sich anständig aufzuführen.

Pfeiffer: Ihnen war die intensive Kommunikation mit den Angeklagten besonders wichtig. Deswegen haben Sie ja so viele sogenannte Zimmertermine vereinbart. Warum hat sich das so entwickelt? Wie haben Sie die Staatsanwaltschaften dazu gebracht, hier mitzuspielen?

Schulz: Letzteres war gar nicht so schwierig. Sie haben sich doch Arbeit gespart, wenn ich auf eine Hauptverhandlung verzichtet habe. Hier war der Unterschied zu den harten Kollegen besonders klar. Da gab es den Fall, über den wir alle diskutiert haben, dass ein Jugendlicher nach einer Hauptverhandlung, die für ihn mit vier Wochen Jugendarrest endete, auf den Richter so wütend war, dass er auf dem Heimweg eine Telefonzelle kurz und klein geschlagen hat. Und den Grund hat er dann wohl bei der Polizei erzählt. Dadurch haben wir es erfahren.

Pfeiffer: Und was war Ihre Konsequenz aus so einer Geschichte?

Schulz: Einen Jugendlichen kann man am besten beeinflussen, wenn man ihm auf Augenhöhe gegenübersitzt. Gerade der Augenkontakt ist wahnsinnig wichtig; wenn er einem was verspricht, dass er einem dabei in die Augen schaut. Und auch wenn er sagt: »Es tut mir leid.« Das hilft nichts, wenn er dabei in die Gegend schaut. Mein Ziel war, dass er es schafft, mich anzusehen und zu sagen: »Es tut mir wirklich leid, und ich bemühe mich darum, es nicht mehr zu machen.« Dieser unmittelbare Kontakt war entscheidend. Mein Eindruck ist schon, dass die Mehrheit der B-Richter damit überfordert war, eine solche Nähe zuzulassen. Die brauchten wohl eher die Distanz des Gerichtssaales, die Robe und das Gerüst der festgelegten Rollen.

Pfeiffer: Einer der B-Richter hat im Hinblick auf den Jugendarrest im Rahmen seines Richter-Interviews formuliert: »Bei Körperverletzungen, da ist der Arrest die Regel bei mir … Das ist wirklich zu beobachten, wie sie klein und hässlich werden, wenn sie mal aus ihrer Gruppe weg sind und irgendwie merken, sie kommen hier nicht mehr raus.«[12] Wie kommentieren Sie diese Äußerung?

Schulz: Um Gottes willen, das ist ja richtig schlimm. Damit züchten wir doch Aggressionen. So ein Jugendlicher, der richtig Mist gebaut hat, soll doch lernen, wieder aufrecht zu stehen.

Pfeiffer: Wie haben denn diese Kollegen reagiert, als durch die Forschung herauskam, dass die Jugendlichen bei ihnen den richterlichen Anordnungen viel seltener Folge leisteten und erheblich häufiger rückfällig wurden?

Schulz: Erst einmal haben sie das natürlich überprüft. Dadurch haben sie dann selber feststellen können, dass sie sehr viel häufiger Ungehorsamsarrest verhängen mussten und mehr Rückfall hatten. Einige haben dann meinen großen Respekt dafür geerntet, dass sie als Jugendrichter aufgehört haben und zu anderen Zweigen der Justiz gewechselt sind. Denn wir hatten ja plötzlich eine Erklärung dafür, warum wir die Geschäftsverteilung nach Buchstaben jedes Jahr neu gestalten mussten. Erst durch die Forschung sind wir darauf gekommen, dass die B-Richter deswegen eine kleinere Buchstabengruppe bekamen, weil sie mit ihrer höheren Rückfallquote Mehrarbeit produziert hatten.

Pfeiffer: Besonders auffällig war ja, dass die ohne Bewährung ausgesprochenen Jugendstrafen immer seltener wurden, als die Angebote der BRÜCKE den Richtern ein breiteres Spektrum an Entscheidungsmöglichkeiten offerierten. Wie ist das zu erklären?

Schulz: Es hat sich schlicht die Anlaufstrecke zur Jugendstrafe beträchtlich verlängert. Wir A-Richter arbeiteten gerade bei Ersttätern viel mit diesen Zimmerterminen. Wenn die Jugendlichen sich dann dazu verpflichteten, bestimmten Weisungen und Auflagen nachzukommen, setzten wir das Verfahren aus. Sie hatten so die Möglichkeit, sich die Einstellung durch Erfüllung ihrer Pflichten selber zu verdienen. Dann aber waren sie nicht mit einem Urteil belastet. Wenn es dann doch zum Rückfall kam, landeten sie zum ersten Mal in einer Hauptverhandlung mit Staatsanwaltschaft und Robe. Aber auch dann war keineswegs zwingend, dass der Termin mit einer förmlichen Verurteilung endete, wenn die Angeklagten ein Geständnis ablegten und sich kooperationsbereit zeigten. Mit dieser Verfahrensgestaltung haben wir dem System Geduld beigebracht. Die Rückfallforschung hat klar gezeigt, dass das bei vielen Jugendlichen genau der richtige Kurs war. Wir sind auf diese Weise erheblich seltener beim Jugendarrest gelandet und extrem selten beim Jugendgefängnis. Wer dagegen schon beim Ersttäter die gerichtliche Hauptverhandlung anberaumt und auf harte Abschreckung durch Jugendarrest vertraut, gelangt schnell dazu, dass er bei einem Rückfalltäter aus Gründen der vergleichenden Gerechtigkeit die Konsequenz der Jugendstrafe ohne Bewährung zieht. Das aber ist gerade im Jugendstrafrecht nicht der richtige Kurs.

Pfeiffer: Und was ist dann insgesamt der richtige Kurs?

Schulz: Die Basis ist ein respektvoller, fairer Umgang mit dem angeklagten Jugendlichen. Erst dadurch wird diesem bewusst, was der Jugendrichter erreichen will – nämlich seine ehrliche Auseinandersetzung mit der Tat und seine Kooperationsbereitschaft bei dem, was der Jugendrichter anordnet oder mit ihm vereinbart. Je besser diese Kommunikation gelingt, umso eher wird der Jugendliche die Entscheidung des Richters als gerecht und richtig akzeptieren können.

Die in dem Gespräch mit Dr. Werner Schulz erörterten Forschungserkenntnisse konnte ich im Jahr 1983 unter dem Titel »Kriminalprävention im Jugendgerichtsverfahren« als Dissertation veröffentlichen. Das Buch erhielt durchaus öffentliche Beachtung und Anerkennung. Doch die bundesweite Praxis des Jugendstrafrechts konnte natürlich allein mit so einem Buch nicht grundlegend verändert werden. Etwas trat allerdings als Folge des BRÜCKE-Projekts und der mit ihm verbundenen Änderungen der jugendstrafrechtlichen Praxis ein: Das Konzept des Münchner BRÜCKE-Projekts fand parallel zum Bekanntwerden der Forschungsergebnisse bundesweit sehr viele Nachahmer. Diese Kombination von Praxis und Wissenschaft erwies sich dann doch als ein allmählich wirkender Veränderungsfaktor.

Schrittweise kam es so zu einer inneren Reform der jugendstrafrechtlichen Praxis. Sie hat dazu beigetragen, dass die Anordnung von Jugendarrest und von unbedingten Jugendstrafen in den Achtzigerjahren deutlich abnahm. Die Zahl der Verurteilungen zu Jugendarrest verringerte sich zwischen 1982 und 1992 von 29 404 auf 11 712 (minus 60,2 Prozent). Die Verurteilungen zu ohne Bewährung verhängten Jugendstrafen/Freiheitsstrafen gegenüber 14- bis unter 21-Jährigen gingen in diesem Zeitraum von 8253 auf 4788 zurück (minus 42,0 Prozent). Beides trug wiederum dazu bei, dass das Bundesjustizministerium Ende der Achtzigerjahre eine behutsame Reform des Jugendgerichtsgesetzes in Gang brachte. Die ambulanten Maßnahmen erhielten ein stärkeres Gewicht. Der Gesetzgeber wollte auf diese Weise das stabilisieren, was im Zuge der »inneren Reform« erreicht worden war.[13]

Hiermit konnte jedoch kein Bollwerk gegen die sozialen Veränderungen errichtet werden, die sich in den Neunzigerjahren durch die Wiedervereinigung und die Öffnung der Grenzen nach Osteuropa ergaben. Bedingt durch die starke Zuwanderung von Aussiedlern aus der früheren Sowjetunion, von Asylbewerbern und von Flüchtlingen, die aus Rumänien und

Jugoslawien nach Deutschland kamen, waren die Neunziger-jahre von einem deutlichen Anstieg der Jugendkriminalität geprägt. Bei der Jugendgewalt setzte er sich bis 2007 fort.[14] Zwar bemühte sich die Deutsche Vereinigung für Jugendge-richte und Jugendgerichtshilfen (DVJJ) engagiert darum, die Praxis des Jugendstrafrechts weiterhin auf dem bewährten Kurs zu halten, den sie seit Jahrzehnten bei den alle drei Jahre stattfindenden Deutschen Jugendgerichtstagen propagiert hatte. Doch zwei Bücher, die 2010 und 2013 erschienen waren, signalisierten den Wunsch nach einer Wende zu der Verfah-rens- und Sanktionspraxis der Münchener B-Richter.

Zunächst war es die Berliner Jugendrichterin Kirsten Hei-sig, die mit ihrem 2010 erschienenen Werk »Ende der Geduld« den häufigeren Einsatz von Jugendarrest und ohne Bewäh-rung verhängten Jugendstrafen für gewalttätige Jugendliche forderte. Drei Jahre später folgte ihr der im brandenburgi-schen Bernau tätige Jugendrichter Andreas Müller mit dem Buch »Schluss mit der Sozialromantik! Ein Jugendrichter zieht Bilanz«. Beide vertraten die These, die Jugendgewalt würde stark ansteigen, wenn das Jugendstrafrecht nicht end-lich auf einen deutlich härteren Kurs gebracht würde. Von den Medien erhielten sie starke Beachtung.

Doch dann wurden sie von der Wirklichkeit eingeholt – zwischen 2007 und 2012 war die Jugendgewalt kontinuierlich um fast 30 Prozent zurückgegangen. Müller versuchte noch seine Position mit der These zu retten, bei den Amtsgerichten würde zum Teil spürbar härter geurteilt, und es bestehe dort weniger Furcht davor, auf stationäre Maßnahmen zurückzu-greifen, sprich »Knast zu verhängen«.[15] Doch das war reines Wunschdenken. In Wahrheit war das Gegenteil eingetreten. Zwischen 2007 und 2011 hatten sowohl die Verhängung von

Jugendarrest als auch die Verurteilung zu nicht zur Bewährung ausgesetzten Jugendstrafen/Freiheitsstrafen jeweils um etwas mehr als ein Viertel abgenommen.

Im Vergleich dazu enthält das Buch von Heisig viele Ansatzpunkte dafür, ihre Argumente differenziert zu analysieren. Wir lernen eine Frau kennen, die sich persönlich weit über ihre dienstlichen Pflichten hinaus für eine Verbesserung der Lebensverhältnisse von sozial randständigen Kindern und Jugendlichen in ihrem Stadtteil Berlin-Neukölln eingesetzt hat. So hat sie dort abends Informationsveranstaltungen für Eltern aus türkischstämmigen und arabischen Familien durchgeführt, hat den Stellenabbau in der Jugendhilfe stark kritisiert und sich positiv wertschätzend für sozialpädagogische Angebote zum Anti-Gewalt-Training ausgesprochen. Ferner unterbreitete sie konstruktive Vorschläge zur Bekämpfung des Schuleschwänzens und setzte in Zusammenarbeit mit Kollegen ihr Neuköllner Modell zur zeitlichen Verkürzung von Jugendgerichtsverfahren in der ganzen Stadt Berlin durch. Hierfür verdient Frau Heisig großen Respekt.

Doch auch sie musste bald registrieren, dass die anfängliche Begeisterung über ihr Buch abflaute, als sich die empirischen Befunde zum Rückgang der Jugendgewalt stabilisierten. Im Grunde war dies bereits im Jahr 2010 erkennbar, als sowohl die schwere Gewalt an Schulen als auch die Raubdelikte Jugendlicher seit dem Jahr 1997 kontinuierlich abgenommen hatten (Krankenhausbehandlungen wegen Raufunfällen um 56 Prozent, Raubdelikte um 28,2 Prozent). Und selbst zu den gefährlichen schweren Körperverletzungen vermeldete die Statistik für die Jahre 2007 bis 2010 ein Sinken um 6,6 Prozent. Für Frau Heisigs Fehleinschätzung einer generell wachsenden Brutalisierung von Kindern und Jugendlichen bieten sich zwei Erklärungen an. Die erste lautet schlicht: Neukölln ist nicht Berlin und Berlin ist nicht Deutschland. Frau Heisig war als Jugendrichterin für einen Stadtteil zuständig, der wegen seiner von ihr so eindringlich beschriebenen sozialen Probleme innerhalb Berlins ein besonders hohes Gewaltpotenzial aufwies.

Hinzu kam noch ein zweiter Grund: ihre 20-jährige Tätigkeit als Jugendrichterin. Dies schafft ein ganz besonderes Risiko: Ohne sich dessen richtig bewusst zu sein, leiden langjährig tätige Jugendrichter nicht selten darunter, dass sie im Gerichtssaal überwiegend mit den Misserfolgen ihrer Arbeit konfrontiert sind. Jugendliche, die sie mit ihren Maßnahmen und eindringlichen Mahnungen positiv erreicht haben, sehen sie nicht wieder. Bei den Angeklagten handelt es sich primär um junge Menschen, die sie bereits aus früheren Verfahren kennen. Da hatten sie noch Besserung gelobt – und nun stehen sie schon wieder da. Ende der Geduld! Gerade seit sehr langer Zeit tätige Jugendrichter sind dann in Gefahr, den Rückfall des Angeklagten als eine persönliche Enttäuschung zu erleben und darauf mit zu großer Härte zu reagieren.[16]

Prozedurale Gerechtigkeit bei der Polizei und im Strafvollzug

Die oben erörterten Grundfragen zur prozeduralen Gerechtigkeit stellen sich auch in anderen Bereichen: Wie sollen Polizeibeamte vorgehen, wenn es darum geht, einen prügelnden Familienvater festzunehmen? Welches ist der richtige Kurs im Umgang mit schwierigen Strafgefangenen? Hierzu liegen spannende Forschungsbefunde vor, die die bisherigen Erkenntnisse weiter konkretisieren. Ein Beispiel ist die Studie des amerikanischen Kriminologen Raymond Paternoster.[17]

Paternoster untersuchte mit seinen Mitarbeitern, wie sich Polizeibeamte verhalten, wenn sie in Fällen häuslicher Gewalt eingesetzt werden. Die Wissenschaftler durften hierbei ein Experiment durchführen. Nach dem Zufallsprinzip konnte die Polizei eine von drei Maßnahmen anordnen – erstens eine schlichte Verwarnung; zweitens einen kurzen Arrest (drei Stunden) und drittens einen längeren Arrest (elf Stunden). Während der Haftzeit wurden die Arrestanten von besonders geschulten Interviewern aufgesucht. Diese führten mit ihnen ein ausführliches Gespräch über das Verhalten der Polizisten bei dem Einsatz wegen häuslicher Gewalt.

Auf diese Weise sollte geklärt werden, ob die Polizeibeamten den festgenommenen Personen mit Respekt und Fairness begegnet waren. So wurden die Arrestanten gefragt, ob sie die Chance hatten, ihre Sicht der Ereignisse ausführlich darzustellen. Die Interviewer wollten wissen, ob die Polizeibeamten den festgenommenen Personen mit Vorurteilen begegnet waren und ob sie ohne Not körperliche Gewalt eingesetzt hatten. Ferner wurde geklärt, ob die Polizeibeamten Handschellen verwendet hatten. Wichtig war dabei, ob sie diese vor den Augen der Familienmitglieder angelegt hatten oder auf eine weniger belastende Weise. Und schließlich konnten die Arrestanten bewerten, ob sie die Polizeibeamten als kommunikativ, fair und gerecht erlebt hatten.

Danach überprüften die Wissenschaftler, wie sich bei den Arrestanten positive und negative Wahrnehmungen zum

Vorgehen der Polizeibeamten ausgewirkt hatten. Dabei zeigte sich ein klarer Befund: Fairness bei der Festnahme von schlagenden Familienmitgliedern zahlt sich aus. War die Polizei mit den Arrestanten korrekt umgegangen, so wurden diese gegenüber ihren Familienmitgliedern nur selten rückfällig. Wer dagegen die Polizei als übermäßig hart erlebt hatte, fiel erheblich häufiger mit erneuter Gewalt gegen seine Familienmitglieder auf. Ferner zeigte sich bei den ausgesprochen fair behandelten Arrestanten, dass es für ihre Rückfallquote keine Rolle spielte, ob sie für drei oder elf Stunden im Arrest hatten sitzen müssen.[18]

Am KFN hatten wir im Jahr 2012 die Chance, in einem völlig anderen Kontext eine Untersuchung mit ähnlicher Fragestellung zu realisieren. Das niedersächsische Justizministerium räumte uns die Möglichkeit ein, in allen Strafanstalten des Landes die Gefangenen dazu zu befragen, ob sie schon einmal von anderen Gefangenen physische Gewalt erfahren hatten. In ihrer Zelle oder auch in ihren Gemeinschaftsräumen konnten sie anonym einen Fragebogen ausfüllen und diesen in bereitgestellte Urnen geben, die nur das Institut öffnen konnte. Angesichts dieser günstigen Rahmenbedingungen beteiligten sich 56 Prozent der Gefangenen an der Untersuchung.[19] Neben den Fragen zur Gewalt konnten die Gefangenen auch darüber Auskunft geben, wie sie das Anstaltsklima erlebten. Hierzu wurden sie beispielsweise gefragt, wie sie die Beziehung zwischen Bediensteten und Inhaftierten bewerten, ob sie von den Bediensteten respektvoll behandelt werden und ob sie mit ihnen gut zurechtkommen. Die Befragten konnten aber auch ankreuzen, dass sie als Gefangene ungerecht und unfair behandelt werden.

Die nachfolgend dargestellten Ergebnisse beziehen sich ausschließlich auf den Männervollzug. Dort waren 16 Prozent der Befragten Opfer physischer Gewalt geworden. Die große Zahl der Teilnehmer hatte hier den Einsatz einer Mehrebenenanalyse möglich gemacht, mit der gleichzeitig der Effekt einer Vielzahl von Einflussfaktoren überprüft werden kann. Im Ergebnis zeigte die Datenauswertung, dass der Drogenkonsum einen besonders belastenden Einflussfaktor darstellt. Zudem wurde etwas deutlich, was ich bereits im fünften Kapitel aufgezeigt habe: Wer in der Kindheit elterliche Gewalt erfahren musste, tendiert auch im Strafvollzug dazu, selber gegen andere Gewalt einzusetzen. Insbesondere bestätigte sich jedoch ein völlig anders gelagerter Zusammenhang: Je besser das Verhältnis zwischen Inhaftierten und Bediensteten ausfällt, desto niedriger liegt die Gewaltrate. Das anstaltsspezifische Verhältnis zwischen Gefangenen und Vollzugsbeamten erwies sich auch unter Kontrolle zahlreicher anderer Faktoren als ein signifikant das Gewaltrisiko reduzierender Faktor.[20] Damit hat sich erneut bestätigt, was oben bereits im Hinblick auf Jugendrichter und Polizeibeamte festgestellt werden konnte: Fairness und Gerechtigkeit von Autoritätspersonen zahlen sich aus.

Die Untersuchungsergebnisse bieten damit gleichzeitig einen Ansatzpunkt für die Erklärung des folgenden Umstandes: Konzentriert man sich auf die für erwachsene Männer zuständigen sieben Justizvollzugsanstalten Niedersachsens, bei denen die Zusammensetzung der Gefangenen große Ähnlichkeit aufweist, so zeigen sich beachtliche Unterschiede. Die Frage war deshalb, ob auch hier das Anstaltsklima eine gewichtige Rolle spielt. Bei den ins Auge gefassten Einrichtungen fällt zunächst auf, dass es im Hinblick auf die Beteiligungsquote der Gefangenen an der Umfrage erhebliche Divergenzen gibt. Die Quote reicht von 31,9 Prozent bis zu 85,5 Prozent. Bei der Anstalt mit der höchsten Beteiligungsbereitschaft der Gefangenen handelt es sich um die JVA Oldenburg, die auch in anderer Hinsicht positiv auffällt.

So weist sie im Vergleich der sieben Anstalten mit 0,6 Prozent die niedrigste Quote an Opfern sexueller Gewalt auf. Auch bei der Opferrate zur physischen Gewalt erreicht Oldenburg mit 11,8 Prozent eine relativ niedrige Quote. Am besten schneidet die JVA ferner bei der Frage ab, ob man innerhalb der Anstalt bestimmte Orte besser meiden sollte, um das Risiko der Gewalt zu reduzieren. In Oldenburg bejahten dies lediglich 18,2 Prozent. Die Vergleichswerte der anderen Anstalten liegen durchweg höher. Es stellt sich zudem die Frage, wie die JVA Oldenburg bei den Fragen zum Anstaltsklima abgeschnitten hat. Hierzu wurde einerseits das positive Verhältnis zwischen Inhaftierten und Bediensteten gemessen, zum anderen das negative Anstaltsklima, dem die Gefangenen sich im Hinblick auf Ungerechtigkeit und Unfairness ausgesetzt sahen. Berücksichtigt man beide Werte insgesamt, so schneidet Oldenburg am besten ab. Ich habe deshalb mit dem früheren Leiter der Anstalt, Gerd Koop, ein Interview geführt.

Interview mit dem früheren JVA-Leiter Gerd Koop

Pfeiffer: Herr Koop, Sie haben die JVA Oldenburg von 1991 bis 2018 geleitet. Nach den Ergebnissen unserer Gefangenenbefragung hat Ihre Anstalt dabei sehr gut abgeschnitten. Die Quote derjenigen, die Opfer von sexueller oder körperlicher

Gewalt geworden waren, lag vergleichsweise niedrig. Auch zum Sicherheitsgefühl der Gefangenen in den verschiedenen Anstaltsbereichen erreichte Oldenburg einen Spitzenwert. Und schließlich hatten Sie auch zum Anstaltsklima hervorragende Ergebnisse vorzuweisen. Mich interessieren zunächst, welche Lernprozesse Sie im Verlauf Ihrer 27 Jahre in Oldenburg erlebten. Wie hat das alles angefangen?

Koop: Als ich im Mai 1991 in Oldenburg begonnen habe, war man gewohnt, dass Gefangene sich alle Vergünstigungen in der Anstalt durch Wohlverhalten erarbeiten müssen. Aber mir war schon vorher als Abteilungsleiter in anderen Anstalten bewusst geworden, dass das nicht wirklich funktioniert. Deshalb habe ich zum Einstieg in der kleinen Anstalt, die es damals in Oldenburg gab, alle 130 Gefangenen in die Kapelle eingeladen und gefragt: »Was wollt ihr eigentlich? Wir haben Euch die Anstalt jetzt renoviert, zum Start war sie pieksauber, aber ihr akzeptiert das nicht. Was muss denn geschehen, damit ihr selber daran mitarbeitet, in einer guten Anstalt zu leben?«

Und dann kamen natürlich alle erdenklichen Wunschvorstellungen – angefangen vom Kabelfernsehen über Aufschluss in den Zellen bis hin zur Möglichkeit, die eigene Wäsche zu waschen. Das hatten wir erwartet. Ein Bediensteter hatte skeptisch formuliert: »Reichst du den Gefangenen einen kleinen Finger, dann reißen sie dir die ganze Hand ab.« Aber dann machte eine Bedienstete einen Vorschlag: »Also, wenn wir den Gefangenen in einem Raum eine Waschmaschine zur Verfügung stellen würden, dann könnten sie ihre persönliche Wäsche waschen und würden nicht mehr so streng riechen.« Und ein für die Sicherheit zuständiger Beamter meinte: »Für mich ist das auch ein Vorteil. Dann haben wir nicht so viele Wäschepakete, in denen Drogen reingeschmuggelt werden können.« Und ein anderer Bediensteter meinte: »Kabelfernsehen hätte den Vorteil, dass die Gefangenen abends nicht an ihren Gittern warten und sich mit ihren Angehörigen lautstark unterhalten, die an der anderen Seite der Mauer stehen und mit ihrem lauten Rufen die ganze Nachbarschaft nerven.« Und plötzlich waren alle dafür, Kabelfernsehen zu ermöglichen und entdeckten auch bei anderen Vorschlägen der Gefangenen Vorteile für sich selber.

Pfeiffer: Und wie haben die Gefangenen auf diese Überlegungen reagiert?

Koop: Ich habe mich eine Woche später wieder vor den Altar gestellt und den Gefangenen eine Liste mit 30 Vergünstigungen vorgelesen, die sie von uns haben wollten. Und dann waren sie völlig verblüfft, als ich ihnen mitteilte, dass sie in Zukunft das alles auch erhalten werden. Sie müssten dazu allerdings einen Vertrag unterschreiben mit drei klaren Regeln: keine Gewalt, keine Drogen und Sauberkeit in der Anstalt. Jeder hat also von Beginn an alle Vergünstigungen. Aber wer sich nicht an diese Regeln hält, verliert die ihm eingeräumten Vorteile. Seine Zelle ist abends zu. Er hat kein Kabelfernsehen. Und er büßt vieles andere ein, was ihm für den Alltag im Knast lieb und teuer ist.

Die ersten vier Wochen danach lief alles großartig. Dann aber gab es den ersten Fall, in dem jemand Blödsinn gemacht hat, Drogen reinschmuggeln wollte. Und wir haben ihm seine schönen Vorteile genommen. Die Gefangenen haben mit Argusaugen darauf geguckt, ob wir das durchziehen. Dann haben sie begriffen, dass wir es ernst meinen mit unserem ersten Kernsatz: »Wir sind konsequent und liberal.« Und als dann die neue Strafanstalt im Jahr 2000 kam, haben wir dieses gute Prinzip auch mit über 500 Gefangenen durchgezogen. Und wieder hat es funktioniert. Sowohl die Gewaltquote als auch der Drogenkonsum und der Missbrauch von Vergünstigungen blieben auf einem niedrigen Niveau.

Pfeiffer: Sowohl im Hinblick auf das Verhältnis zwischen Gefangenen und Bediensteten als auch bei der Quote derjenigen, die den Vollzugsbeamten Ungerechtigkeit und Unfairness vorwerfen, hat Ihre Anstalt hervorragend abgeschnitten. Es gibt hierzu ja den schönen Spruch: »Der Fisch stinkt vom Kopf her.« Sehen Sie einen Zusammenhang zwischen Ihrem Umgang mit dem Anstaltspersonal und den guten Werten, die sich zum Anstaltsklima ergeben haben?

Koop: Da gibt es einen wichtigen Punkt. Wir haben alle Bediensteten selbst aussuchen dürfen und bei unserer Auswahl sehr darauf geachtet, wer kommunikativ ist, was für ein Menschenbild dahintersteckt, was für eine Qualifikation die Bewerber mitbringen. Dadurch hat sich beispielsweise der Frauenanteil erheblich erhöht. Und natürlich ist klar, dass sich etwas überträgt. Wenn wir an der Spitze des Hauses mit unseren Mitarbeitern respektvoll, wertschätzend und anerkennend umgehen, können wir darauf setzen, dass sie das entsprechend mit den Gefangenen tun werden. Und bei den Inhaftierten gucken wir nicht auf die einzelne Straftat, sondern auf das Verhalten. Es gibt nicht das generell Böse, sondern es gibt gutes Verhalten und böses Verhalten. Den Gefangenen haben wir Respekt geliefert, d.h. Transparenz unserer Entscheidungen, Wertschätzung im Alltagsumgang und eben diese vielen Vergünstigungen. Und die Gefangenen haben das zu schätzen gewusst. Offenkundig hat sich dies dann auch auf ihren Umgang mit den anderen Gefangenen ausgewirkt.

Pfeiffer: Ich hatte ja mehrfach Gelegenheit, Ihre Anstalt gut kennenzulernen. Dabei ist mir aufgefallen, mit welcher Leidenschaft Ihre Mitarbeiter für die von Ihnen propagierten Ziele eingetreten sind.

Koop: Ja, wir haben tatsächlich mit großer Leidenschaft für unsere Ziele gekämpft. Aber etwas kommt hinzu. Wir haben die Kraft der Sätze entdeckt: Dieses Leitbild »Wir sind konsequent und liberal.« war der Einstieg. Hinzu kam eine ganz wichtige Ergänzung: »Jede Erleichterung für die Gefangenen muss auch ein Vorteil für das Personal sein.« Das wurde zu Recht auch von den Mitarbeiterinnen und Mitarbeitern eingefordert. Und das ist auch gut so, weil man so das Personal mitnehmen konnte auf die Wege der Veränderungen. Dann gibt es ja noch einen dritten Satz und einen vierten. Mit dem dritten haben wir uns immer wieder an die Öffentlichkeit gewandt. Es war uns ein ganz wichtiges Anliegen, interessierte Menschen in die Anstalt zu holen. Und immer wieder hatten Besucher uns gesagt: »Na ja, das ist ja hier Hotelvollzug. Die leiden zu wenig, bekommen zu viel Förderung für sich selber.« Wir haben das dann durch den folgenden Satz beantwortet: »Und morgen sind die Gefangenen von heute wieder Eure Nachbarn.« Den haben wir dann überall publiziert, damit die Menschen ins Nachdenken kommen.

Pfeiffer: Das entspricht dem Titel eines Buches, mit dem mein Freund Jeremy Travis in den USA vor einigen Jahren seine Forschungsergebnisse zum Strafvollzug vorgestellt hat: »But they all come back.« Aber Sie hatten ja noch einen vierten Kernsatz.

Koop: Ja, der hat die größte Power entfaltet. Er stammt von

Gustav Radbruch: »Wenn du das Gute in den Menschen wecken willst, dann behandle sie so, als wären sie schon gut.« Der Ausspruch steht 2,60 Meter groß vor der Anstalt an der Straße, damit jeder Bürger ihn lesen kann. Jeder, der die Anstalt betritt, wird mit diesem Satz konfrontiert.

Hierzu ist jetzt freilich eine Korrektur nötig. Der Nachfolger von Herrn Koop als Direktor der JVA Oldenburg ließ das Schild bald nach Amtsantritt entfernen. Ich habe ihn in einem Telefonat gefragt, was ihn dazu bewogen hat. Er nannte mir als Grund die kritischen Kommentare, die er zu der Tafel von Besuchern, von Polizeibeamten, aber auch von Mitarbeitern erhalten habe, bis hin zu der These, das sei ein Schlag ins Gesicht der Opfer. Meine Frage, ob das nicht nach innen gegenüber Mitarbeitern und Gefangenen ein problematisches Signal sei, verneinte er. Und ebenso widersprach er meiner Einschätzung, Radbruchs Appell sei gerade für den Strafvollzug ein hilfreicher Denkanstoß. Offenbar unterschätzt er die große Kraft der Worte – oder er lehnt ihren Inhalt ab.

Im Ergebnis hat sich damit in allen hier untersuchten Bereichen Folgendes klar bestätigt: Fairness, kommunikatives Handeln und Gerechtigkeit lohnen sich. Den Menschen ist es sehr wichtig, dass sie von Autoritätspersonen und Behörden mit Respekt und sozialer Freundlichkeit behandelt werden. Sie sind dann weit eher bereit, diese Einrichtungen und ihre handelnden Personen zu akzeptieren, mit ihnen zusammenzuarbeiten und sich auch untereinander an den Grundwerten der Fairness und des Anstands zu orientieren.[21]

Gewalt, Medien und die AfD
Gefühlte Kriminalitätstemperatur und Realität

Gewalt und ihre mediale Darstellung

Eingangs des sechsten Kapitels habe ich von einer aktuellen Untersuchung berichtet, wonach in Deutschland die Angst vor Kriminalität seit 2010 angestiegen ist, obwohl in dieser Zeit sowohl die Gewaltkriminalität als auch die insgesamt registrierten Straftaten deutlich abgenommen haben. Zu dieser Diskrepanz von gefühlter Kriminalitätstemperatur und der tatsächlichen Kriminalitätsentwicklung konnten wir am KFN zwischen 2004 und 2014 vier repräsentative Datenerhebungen durchführen.[1] Im Wege von postalischen Befragungen wurden dabei insgesamt knapp 10 000 Menschen erreicht. Erfragt wurde zu allen Erhebungszeitpunkten die wahrgenommene Entwicklung der Straftaten sowie die vermuteten Trends zur Jugendgewalt. Hierzu ein Beispiel aus der vorletzten Datenerhebung:

Anfang 2010, also zu einem Zeitpunkt, zu dem noch niemand wissen konnte, wie sich die Kriminalität im Vorjahr entwickelt hatte, wollte das KFN von 3245 zufällig ausgewählten Personen per Fragebogen erfahren, wie sich im Verlauf der letzten zehn Jahre wohl die Zahlen zum vollendeten Mord entwickelt haben. Als Anhaltspunkt informierten wir darüber, dass die Polizei im Jahr 1999 bundesweit 482 derartige Fälle gezählt hatte. Anschließend fragten wir, wie groß wohl die Zahl der vollendeten Morde 2009 gewesen sein wird. Die Befragten schätzten im Durchschnitt 572. Sie vermuteten hier folglich einen Anstieg um fast 19 Prozent. Tatsächlich war die Zahl der vollendeten Morde jedoch im Verlauf der zehn Jahre um 38 Prozent auf 299 zurückgegangen.[2]

Insgesamt gesehen, ging die große Mehrheit der Menschen im Jahr 2010 davon aus, das Leben in Deutschland sei seit 1999 immer gefährlicher geworden. Die Tatsache, dass beispielsweise der Bankraub in zehn Jahren um gut zwei Drittel abgenommen hatte und dass auch der Wohnungseinbruch und der Autodiebstahl um fast ein Viertel bzw. um die Hälfte zurückgegangen waren, vermuteten sie nicht annähernd. Stattdessen unterstellten die Befragten auch hier durchweg hohe Anstiegsquoten und verschätzten sich damit jeweils um mindestens zwei Drittel. Gerade zu diesen drei Straftaten gibt es jedoch zum Realitätsgehalt der polizeilichen Daten keinen Zweifel, denn die Geschädigten können von den Versicherungen nur dann Schadenersatz erhalten, wenn sie die ihnen widerfahrene Straftat der Polizei auch gemeldet haben.

Auffallend ist ferner, dass sich die Menschen auch bei sehr spektakulären Delikten – wie etwa dem Sexualmord – deutlich verschätzten. Hier war die Fallzahl seit 1999 von 18 um mehr als die Hälfte auf 8 zurückgegangen. Die Befragten hatten dabei im Durchschnitt einen Anstieg auf 28 unterstellt und lagen damit um mehr als das Dreifache neben der Wirklichkeit. Ein ähnliches Bild zeigte sich zur vorsätzlichen Kindestötung, die im Verlauf der zehn Jahre von 72 auf 55 zurückgegangen war, zu der die Menschen aber eine Zunahme auf 108 unterstellten.[3]

Besondere Beachtung verdient schließlich, wie die Menschen die Jugendgewalt einschätzten. Im Rahmen der letzten Befragung 2014 hatten fast 90 Prozent der Befragten vermutet, die Raubdelikte und Körperverletzungen Jugendlicher hätten zugenommen. Tatsächlich war hier im Verlauf der zehn Jahre ein Rückgang um 41 Prozent bzw. 28 Prozent eingetreten.[4]

In öffentlichen Vorträgen gehe ich gern auf diesen Widerspruch zwischen den Fakten zur Kriminalitätsentwicklung und den Einschätzungen der Bürger ein. Mein erstes Erklärungsangebot gibt es dabei stets in gereimter Form:

>>Dummes Zeug kann man viel hören,
kann es auch schreiben.
Wird weder Leib noch Seele stören,
es wird alles beim Alten bleiben.

Dummes aber vors Auge gestellt,
hat ein magisches Recht.
Weil es die Sinne gefesselt hält,
bleibt der Geist ein Knecht.<<

Autor dieser klugen Zeilen ist Johann Wolfgang von Goethe. Im Jahre 1807 hatte er in der Zeitschrift >>Zahme Xenien<< das Gedicht veröffentlicht und damit etwas zu Recht herausgestellt: Bilder entfalten eine viel stärkere emotionale Wucht als das gehörte oder das gelesene Wort. Sie ziehen uns auf besondere Weise in ihren Bann. Dabei konnte Goethe noch gar nicht wissen, wie sich das Anschauen bewegter Bilder auf unsere Psyche auswirkt. Solange wir die Information über eine schwere Gewalttat durch das Lesen einer Zeitung oder das Hören von Radionachrichten erhalten, entwickeln wir dazu vor unserem geistigen Auge Bilder, die aus unserer persönlichen Erlebniswelt herrühren. Völlig anders stellt sich für uns aber die Situation dar, wenn dieselbe Information über das Fernsehen an uns herangetragen wird. Dann werden uns Bilder exzessiver Gewalt gewissermaßen übergestülpt. Hierdurch findet eine psychische Vereinnahmung statt, die bei uns sehr viel stärkere Emotionen und Ängste auslöst und unsere Vorstellungswelt weit mehr prägt, als wenn wir über den Vorgang nur etwas hören oder sehen.

Aus diesen Überlegungen lässt sich eine erste Folgerung ableiten: Goethes Gedanken stützen die These, dass insbesondere das Fernsehen zu der oben dargestellten Diskrepanz zwischen der realen Kriminalitätsentwicklung und der gefühlten Kriminalitätstemperatur erheblich beiträgt. Auffallend ist nämlich, dass sich die Bürger im Hinblick auf die Gesamtentwicklung aller Straftaten erheblich weniger verschätzen als bei den schweren Verbrechen. Über spektakuläre Mordtaten, über die polizeiliche Verbrecherjagd auf Bankräuber oder Einbrecherbanden und über die Gewaltkriminalität von Jugendlichen berichten die Massenmedien weit intensiver und zunehmend emotionaler als über Alltagskriminalität oder gar normale gesellschaftliche Vorgänge. Dieser Trend zur Dramatisierung des Kriminalitätsgeschehens scheint besonders ausgeprägt, seitdem die öffentlichen und privaten Fernsehanbieter um die Gunst der Zuschauer rivalisieren.

Als wir 2010 die Ergebnisse der damaligen Untersuchung kommentieren wollten, hatten wir zu dieser Frage eine gesonderte Medienanalyse durchgeführt. Danach war im Zuge der wachsenden Marktanteile der privaten Fernsehsender zwischen 1985 und 2009 die Zahl derjenigen Fernsehsendungen um das 15-Fache angestiegen, die sich als Spielfilm, als Serie oder als Tatsachenbericht schwerpunktmäßig dem Thema Kriminalität widmeten. Der Anteil dieser kriminalitätshaltigen Sendungen am Gesamtprogramm war dadurch um das 3,5-Fache gewachsen. Am deutlichsten zeigte sich das bei den privaten Fernsehsendern, die 15 Jahre vorher zwischen 4 und 7 Prozent des Gesamtprogramms mit kriminalitätshaltigen Sendungen bestritten hatten. 2010 lag diese Quote zwischen 17,1 Prozent bei RTL und 37,7 Prozent bei Sat.1. Im selben Zeitraum waren die entsprechenden Quoten der kriminalitätshaltigen Sendungen bei der ARD von 4,7 Prozent auf 8,1 Prozent und beim ZDF von 8,5 Prozent auf 12,9 Prozent gestiegen.[5]

Wird ferner berücksichtigt, dass diese Entwicklung insbesondere die spektakulären Straftaten wie etwa Sexualmorde betrifft, so kann ein weiteres Ergebnis unserer 2010 durchgeführten Repräsentativbefragung nicht überraschen: Je mehr Zeit die Bürger nach eigenen Angaben täglich vor dem Fernseher verbrachten, je stärker sie hier private Sender bevorzugten und je häufiger sie dabei kriminalitätshaltige Sendungen einschalteten, umso gravierender fielen ihre Fehleinschätzungen zum Kriminalitätsgeschehen aus. Diese Erkenntnisse hatten Michael Windzio, Matthias Kleimann und ich zum ersten Mal im Jahr 2004 anhand der damaligen Datenerhebung belegt. Wir konnten bereits damals aufzeigen, dass darüber hinaus dem Faktor Bildung entscheidende Bedeutung zukommt.

Je höher das erreichte Bildungsniveau einzustufen ist, desto niedriger liegt die Fehleinschätzung.[6]

Damit war es gelungen, auf der Basis der verschiedenen Repräsentativbefragungen von insgesamt knapp 10 000 Personen empirische Befunde zu der Frage zu erarbeiten, wie insbesondere das Fernsehen die persönliche Kriminalitätseinschätzung der Menschen beeinflusst. Was jedoch nach wie vor fehlte, war die Klärung der Frage, wie die Fernsehsender selber über Gewalt berichten. Doch da kam uns zugute, dass wir seit Langem in engem Kontakt zu dem erfahrenen Fernsehjournalisten Thomas Hestermann standen. Nach einer Tätigkeit als Redaktionsleiter wechselte er in die Medienforschung und führte am KFN zu diesem Thema eine systematische Analyse durch. Zum einen basierte diese auf einer Inhaltsanalyse der Hauptnachrichten und Boulevardmagazine der acht meistgesehenen deutschen Fernsehsender zu insgesamt 264 Beiträgen über Gewaltkriminalität im Inland. Zum anderen befragte er bundesweit 33 Fernsehjournalisten. Nach Abschluss dieses Projekts hat er seine Untersuchung in den Jahren 2012, 2014, 2017 und 2019 von insgesamt 1260 Fernsehbeiträgen über Gewaltkriminalität fortgesetzt. Die nachfolgende Übersicht informiert über einige der zentralen Befunde.[7]

- 2017 thematisierten 72,2 Prozent aller untersuchten Fernsehbeiträge zur Gewalt **vorsätzliche Tötungsdelikte** – dabei waren nur 1,3 Prozent aller registrierten Gewalttaten überhaupt Tötungsdelikte. Zu beachten ist ferner eine Besonderheit: Bei den Tötungsdelikten wird nur in einem Viertel der Fälle ein Mensch getötet. Drei Viertel sind versuchte Tötungen. Beim Fernsehen ist es umgekehrt: Zu

90 Prozent wird dort über vollendete Tötungen berichtet, nur in 10 Prozent über Tötungsversuche.

- In den **öffentlich-rechtlichen** Nachrichten wird Gewalt deutlich weniger thematisiert als in den **Nachrichten des Privatfernsehens.** Die öffentlich-rechtlichen Sender haben jedoch aufgeholt (2007: 1,3 gegenüber 6,4 Prozent; 2017: 5,7 gegenüber 9,4 Prozent).

- Im Jahr 2014 lag der Anteil der Fernsehsendungen, in denen über Tatverdächtige von Gewaltdelikten explizit berichtet wurde, dass sie Ausländer sind, lediglich bei 4,3 Prozent. Bei den Gewaltopfern betrug er 4,8 Prozent. Dann jedoch stieg in den Fernsehberichten der Ausländeranteil bei den Tatverdächtigen bis 2017 auf 16,4 Prozent, während der Anteil nicht deutscher Gewaltopfer auf 2,4 Prozent abnahm. Beides verzerrt den realen Anteil beträchtlich. Hinzu kommt, dass sich in solchen Fernsehberichten die Diskrepanz zwischen der ausdrücklichen Nennung von **nicht deutschen Tatverdächtigen** und der von deutschen Tatverdächtigen erheblich verstärkt hat. 2014 standen 4,3 Prozent nicht deutsche Tatverdächtige 0,9 Deutschen in der Berichterstattung gegenüber. Nach der Kölner Silvesternacht und Vorwürfen wie »Lügenpresse« veränderten sich die Quoten einer ausdrücklichen Nennung der Nationalität auf 16,4 Prozent Ausländer zu 1,5 Prozent Deutsche. Tatsächlich weist die PKS jedoch rund doppelt so viele deutsche wie ausländische Tatverdächtige auf. »Die größte Lücke klafft also bei der Wahrnehmung deutscher Tatverdächtiger«, so Hestermann.

- Über **Gewaltopfer** wird eher berichtet, wenn sie als sympathisch, schwach und unschuldig idealisiert werden können. Deshalb stehen Kinder, Frauen und deutsche Opfer im Vordergrund. Bei gleicher Fallzahl polizeibekannter Gewaltdelikte wird über sechs- bis 13-jährige Kinder 43 Mal so häufig berichtet wie über Gewaltopfer, die älter als 60 sind. Auch weibliche Opfer sind überrepräsentiert, allerdings nur um das 1,5-Fache im Vergleich zu den Daten der PKS.

• Über Opfer zu berichten, die einem aus journalistischer Sicht zwielichtigen Milieu entstammen, gilt mit der **Idealisierung des Opfers** als unvereinbar. Damit ist beispielsweise zu erklären, dass Gewalt gegenüber Prostituierten kaum thematisiert wird. Als Begründung führt ein Redakteur an: »Wer hat schon Mitleid mit einer, die jeden Tag mit 20 Männern schläft.«

Angesichts der dargestellten Befunde stellt sich die Frage, ob eine von den bewegten Bildern ausgelöste, verzerrte Wahrnehmung der Kriminalitätsentwicklung das Bedürfnis nach härteren Strafen beeinflusst. Anlass dazu geben die Befunde zweier Repräsentativbefragungen des KFN aus den Jahren 1992 und 2004, in denen jeweils auch Strafeinstellungen erforscht wurden. Schon damals hatte sich gezeigt, dass der vermutete Zusammenhang tatsächlich besteht. Diejenigen, die bei der Befragung des Jahres 2004 einen starken Anstieg von Delikten vermuteten, waren mit einer Wahrscheinlichkeit von 60 Prozent der Auffassung, die von den Gerichten verhängten Strafen seien viel zu niedrig. Diejenigen, die nur einen moderaten oder gar keinen Kriminalitätsanstieg unterstellten, vertraten diese Meinung nur zu 39 Prozent.[8] Beachtung verdient ferner, was die Autoren der Studie von 2010 im Hinblick auf die Strafbedürfnisse der Befragten erarbeiten konnten, als sie ergänzend Persönlichkeitsmerkmale berücksichtigten: Autoritär eingestellte Personen, also Menschen, denen Gehorsam und Unterwürfigkeit wichtig sind, gehen davon aus, dass sich die Anzahl an Straftaten in Deutschland erhöht hat. Sie haben eine ausgeprägtere Kriminalitätsfurcht und fordern insbesondere härtere Strafen.[9]

Vertiefende Datenanalysen erbrachten zum Zusammenhang dieser Variablen ferner eine interessante Erkenntnis: Weibliche Befragte, höher gebildete Befragte, jüngere Befragte und solche aus Westdeutschland waren signifikant seltener autoritär eingestellt. Zusätzlich zeigten sich Beziehungen zwischen der Mediennutzung und den genannten Einstellungen. Der häufige Konsum von Boulevardzeitungen und von Nachrichten privater Sender ging mit höheren Autoritarismuswerten einher, das Lesen deutschlandweiter Zeitungen mit niedrigeren Werten. Interessant ist schließlich, dass es eine beachtliche Rolle spielt, ob jemand selber Opfer einer Gewalttat war. Personen, die in den letzten fünf Jahren einen Übergriff erlebt haben bzw. die in Kindheit und Jugend Gewalt durch die Eltern erleiden mussten, stufen sich häufiger als benachteiligt, das heißt, als soziale Verlierer ein. Letzteres Phänomen ist in Ostdeutschland deutlich häufiger anzutreffen als in Westdeutschland. Personen, die sich eher als privilegiert empfinden, haben weniger Furcht und gehen seltener von einem Anstieg der Straftaten aus. Ein Befund überrascht deshalb nicht: Ostdeutsche Befragte sind strafhärter eingestellt, sie sind also häufiger der Meinung, harte Sanktionen wären die angemessene Reaktion auf Straftaten.[10]

Die AfD und ihre Pressearbeit zur inneren Sicherheit

Tötungsdelikte und sexuelle Gewalt durch Ausländer sind Top-Themen für die Medien. Sie rufen Emotionen wach und erhalten hohe Aufmerksamkeit. Wir Kriminologen sind deshalb oft gefragte Interviewpartner. Früher lief das fast immer problemlos ab. Heute muss man damit rechnen, – meist aus der rechten Ecke der Gesellschaft – massiv beschimpft und bedroht zu werden. Hierzu ein Beispiel:

Anfang Juli 2019 berichten die Medien über die Gruppenvergewaltigung einer 18-Jährigen. Bei den von der Polizei ermittelten Tatverdächtigen handelt es sich um fünf bulgarische Jungen. Zwei von ihnen sind erst zwölf oder 13 Jahre alt. Dies veranlasst den Vorsitzenden der Deutschen Polizeigewerkschaft (DpolG), Rainer Wendt, sich mit einer Forderung an die Politik zu wenden, die sonst nur von der AfD vertreten wird: Die Strafmündigkeit von Kindern sollte auf zwölf Jahre herabgesetzt werden.

In mehreren Rundfunk- und Fernsehinterviews spreche ich mich gegen den Vorschlag aus und begründe das mit folgenden Fakten: Ausgerechnet zu den Kindern zeigt sich im Vergleich aller Altersgruppen bei der polizeilich registrierten Kriminalität seit dem Jahr 2000 der stärkste Rückgang (minus 42 Prozent). Auch ihre Gewaltkriminalität hat in den letzten zehn Jahren um ein Drittel abgenommen. Außerdem mache ich auf Folgendes aufmerksam: 2018 gab es in Deutschland 64 Kinder, die als Tatverdächtige einer Vergewaltigung registriert wurden. 52 davon waren deutsche Kinder, zwölf stammten aus dem Ausland. Weshalb wird in den überregionalen Medien fast ausschließlich über Vergewaltigungen durch ausländische Kinder berichtet?

Daraufhin erhalte ich zwölf Mal per Mail und einmal per Post rechtsextreme Zuschriften. Das reicht von rassistischen Beschimpfungen der Migranten und mir über Hasstiraden gegen Frau Merkel und andere Politiker bis hin zu gegen mich gerichteten Bedrohungen. Nachfolgend zwei Beispiele:

21.07.19 Mail an Christian Pfeiffer von nomen nescio:
»*Du alter nach Pisse stinkender Sack! Ich empfehle dir bei JEDER aber wirklich JEDER Treppe, dich sehr gut am Geländer festzuhalten. Ansonsten wirst du mit einem kräftigen Tritt dahin befördert, wo du hingehörst: Ins Krüppelheim, in dem du deine letzten Tage röcheln wirst, bevor du elend krepierst. Das war dann ein legitimer Akt der Vergeltung!*
Pfeiffer verrecke!«

11.07.19 Brief an Christian Pfeiffer, Adresse KFN, Absender anonym:
»*Moslemische Kinder sind mit 12 nicht strafmündig, aber reif genug, um nahezu täglich Gruppenvergewaltigungen an deutschen Frauen und Mädchen zu begehen.*
Du dreckige, links-faschistische, debile Drecksau und Deutschenhasser, wann krepierst du endlich jämmerlich? Totschlagen sollte man dich!«

Sofern solche durchweg ausländerfeindlichen Mails einen strafbaren Inhalt haben, verstecken sich ihre Autoren hinter erfundenen Absenderangaben. Bei früheren Todesdrohungen habe ich auch erlebt, dass die Absender eine österreichische Anonymisierungsfirma nutzten. Ich vermute, dass Letztere ein Entgelt dafür erhält, derartige strafbare Inhalte an den eigentlichen Adressaten weiterzuleiten. Ich habe bei den besonders schlimmen Bedro-

hungsmails durchweg Anzeige erstattet. Die Polizei war nicht in der Lage, den Absender ausfindig zu machen. In einem Rechtsstaat mit diesem großartigen Artikel 1 unseres Grundgesetzes – »Die Würde des Menschen ist unantastbar« – sollten wir solche Auswüchse an Hass-Mails nicht weiter hinnehmen. Sie vergiften immer mehr unser soziales Klima. Gibt es denn wirklich keinen Weg, das Verstecken hinter erfundenen Namen, falschen Mail-Adressen oder Anonymisierungsfirmen zu unterbinden?

Der in der ostdeutschen Bevölkerung stärker ausgeprägte Wunsch nach harten Strafen hängt möglicherweise mit einem weiteren Einflussfaktor zusammen: mit der Tatsache, dass die AfD dort eine weit stärkere Rolle spielt als in den westdeutschen Bundesländern. Für diese Annahme spricht eine Untersuchung, die der Medienwissenschaftler und Journalistik-Professor Thomas Hestermann zusammen mit Elisa Hoven kürzlich vorgelegt hat.[11] Elisa Hoven ist Inhaberin des Lehrstuhls für Strafrecht, Strafprozessrecht und Medienstrafrecht an der Universität Leipzig. Beide überprüften 242 aktuelle Stellungnahmen der AfD zu strafbaren Handlungen im Inland. Diese waren zwischen dem 1.1. und dem 31.10.2018 von Landesverbänden sowie von der Bundestags- und Landtagsfraktion der AfD online verbreitet worden. Die AfD hatte sie der Öffentlichkeit als »Pressemitteilung«, als »Aktuelles« oder auf ähnliche Weise präsentiert. Sieben studentische Hilfskräfte der Universität Leipzig und der Hochschule Macromedia ermittelten anhand eines Codier-Bogens mit geschlossenen Fragen zu 200 Variablen sowie offenen Fragen, wie die AfD über Straftaten berichtet hatte.

Besondere Beachtung verdient, wie die AfD über die von der Polizei ermittelten Tatverdächtigen und Opfer informiert.

Nachfolgend soll ein Überblick dazu vermittelt werden, wie sie hier die Realität im Hinblick auf Geschlecht, Alter und Nationalität der Tatverdächtigen präsentiert hat.

- Zum **Geschlecht der Tatverdächtigen** fällt eine selektive Auswahl auf. Laut Polizeilicher Kriminalstatistik (PKS) waren 24,9 Prozent der 2018 ermittelten Tatverdächtigen weiblich und 75,1 Prozent männlich. In den AfD-Pressemitteilungen sind jedoch 98,6 Prozent männlich und nur 1,4 Prozent weiblich.
- Entsprechendes ist zum **Alter der Tatverdächtigen** zu beobachten. Nach der PKS beträgt der Anteil der jungen Tatverdächtigen (unter 21 Jahre) 21,1 Prozent. In den AfD-Berichten, in denen das Alter des Tatverdächtigen genannt wird, sind dagegen 75,0 Prozent der beschuldigten Tatverdächtigen jünger als 21 Jahre.
- Beachtung verdient, was sich zur **Nationalität der Tatverdächtigen** in den Presseerklärungen findet. Nach der PKS handelt es sich hier (einschließlich der ausländerrechtlichen Verstöße) zu 65,5 Prozent um deutsche Staatsangehörige und zu 34,5 Prozent um Ausländer. Die AfD zeichnet hierzu ein deutlich abweichendes Bild: Soweit in den Texten Tatverdächtige konkret benannt werden, bleibt deren Nationalität zu 50,7 Prozent unbestimmt. Bei den Fällen, in denen die Nationalität bestimmt wird, handelt es sich laut AfD zu 95 Prozent um Ausländer. Nur zu 5 Prozent wird über Fälle mit deutschen Tatverdächtigen berichtet.
- Auffällig ist ferner die von der Kriminalstatistik deutlich abweichende **Verteilung der nicht deutschen Nationalitäten.** Mutmaßliche Straftäter aus Syrien, Afghanistan und dem Irak gehen mit insgesamt 5,2 Prozent in die Kriminal-

statistik ein. Bei der AfD machen sie hingegen 47 Prozent der Nennungen aus. Fünf der polizeilich am häufigsten registrierten Nationalitäten (Rumänien, Polen, Serbien, Italien und Russische Föderation) werden in den untersuchten AfD-Texten nicht thematisiert. Stattdessen konzentriert sich die AfD auf bestimmte Zuwanderergruppen: »Merkel hat Hunderttausende Männer aus frauenfeindlichen Mittelalter-Gesellschaften wie Irak, Eritrea, Pakistan und Afghanistan importiert, eine hohe signifikante Zahl ist jähzornig und gewalttätig.«

Bei den wenigen Pressemitteilungen der AfD, in denen ein deutscher Tatverdächtiger erwähnt wird, wird dieser Sachverhalt zudem durchweg relativiert. Entweder wird darauf abgehoben, dass die Verdächtigen nicht originär deutsch seien, beispielsweise »eine aus dem Irak stammende Person mit deutscher Staatsangehörigkeit,«[12] oder man wählt für die Presseerklärung einen Fall aus, in dem der Tatbeitrag von Deutschen gering war: »Von diesen 37 Tatverdächtigen hat lediglich einer die deutsche Staatsangehörigkeit«.[13] Diese extrem einseitige Berichterstattung der AfD zur Gewaltkriminalität von Flüchtlingen und sonstigen Ausländern dürfte erheblich zu solchen Hassmails beitragen, wie sie oben dargestellt wurden.

• Soweit die AfD in ihren Pressemitteilungen das **Alter von Opfern** thematisiert, sind 73,2 Prozent von ihnen jünger als 21 Jahre. Auch hier weicht sie damit deutlich von der PKS ab, nach der im Jahr 2018 nur 23,8 Prozent der Opfer tatsächlich dieser Altersgruppe angehörten. Ansonsten entsprechen die Opferprofile jedoch weitgehend den statistisch gemessenen Werten. Offensichtlich ist das entscheidende Filterkriterium für die AfD-Meldungen nicht das

Opfer – es sind die Eigenschaften der Tatverdächtigen. Im Vordergrund steht, dass über solche Delikte berichtet wird, bei denen die Tatverdächtigen ausländisch, männlich und jung sind. Die Opfereigenschaften spielen keine gewichtige Rolle. Eine Ausnahme gilt allerdings. Zu den am häufigsten explizit genannten Kriminalitätsopfern zählt die AfD sich selbst. 13,2 Prozent der Meldungen betreffen Angriffe auf Personen bzw. Einrichtungen der AfD.

- Im Hinblick auf den eigentlichen Inhalt der Presseerklärungen fällt eine Konzentration auf Gewaltdelikte auf. Im Blickpunkt steht hierbei eine Begehungsform, zu der es bisher aus der PKS keine statistischen Aussagen gibt: **Messerattacken.** So erklärt ein Landtagsabgeordneter: »Früher war es in Deutschland üblich, Probleme auszudiskutieren. Heute haben viele Zuwanderer schnell das Messer zur Hand.«[14] Unterstellt wird eine drastische Zunahme von Straftaten, die mit Messern verübt werden: »Deutsche werden ermordet. Messerattacken steigen explosionsartig an und die Menschen im Land wissen nicht mehr, ob sie sich auf den Rechtsstaat noch verlassen können.«[15] Die Tatsache, dass ausgerechnet vollendete, vorsätzliche Tötungsdelikte zwischen 1993 und 2018 pro 100 000 der Bevölkerung Deutschlands in einem nahezu kontinuierlichen Prozess um 63 Prozent gesunken sind, scheint die AfD nicht zu interessieren. Wenn solche Daten der PKS nicht ins Weltbild der AfD passen, bleibt ja noch der Weg, die Qualität dieser Datenquelle anzugreifen: So kritisiert Stefan Brandner, Vorsitzender des Rechtsausschusses des Deutschen Bundestages, dass sogar die Polizeiliche Kriminalstatistik eher ein merkelsches Wunschbild der Sicherheitslage zu sein scheint, als dass sie die tatsächliche Lage in Deutschland widerspiegele.[16]

- Typisch für die AfD ist ferner ihre **scharfe Kritik an der deutschen Strafjustiz.** Hier wird vor allem der Vorwurf eines zu milden Umgangs mit Straftätern erhoben. Die »gegenüber Gewalttätern geübte therapeutische Kuscheljustiz« müsse ein Ende haben.[17] Derartige Beschimpfungen von Gerichten sind dann besonders häufig, wenn ein Verfahren gegen einen Zuwanderer »mit der Lächerlichkeit einer Bewährungsstrafe« geendet hat[18] oder wenn auf einen Heranwachsenden, der wegen eines Messerangriffs vor Gericht steht, das Jugendstrafrecht angewendet wurde. Hier wird generell die Geltung des Erwachsenenstrafrechts gefordert.[19] Der Justiz wird pauschal attestiert, »den letzten Rest gesunden Menschenverstandes über Bord geworfen zu haben«.[20] Behauptet wird ferner, insbesondere Zuwanderer würden – auch im Vergleich zu deutschen Angeklagten – besondere Strafmilde erfahren: »Mörder und Vergewaltiger, insbesondere diejenigen, die zugewandert sind, werden oft nur symbolisch bestraft-«[21]

Hierzu noch eine Anmerkung zur **Realität der Strafverfolgung von Ausländern:** Bereits in unserem Gutachten für den Zuwanderungsrat der Bundesregierung hatten wir unter Nutzung verschiedener Forschungsmethoden klar aufgezeigt, dass Ausländer generell mit härteren Strafen rechnen müssen als Einheimische[22]. Hier nur in Stichworten unsere Erklärungsangebote: Ausländische Angeklagte lösen bei Schöffen, aber auch bei Staatsanwälten und Richtern stärkere Bedrohungsgefühle aus; sie verfügen oft nicht über die Mittel, sich Top-Verteidiger zu leisten; sie erhalten im Hinblick auf ihre Rückfallgefahr wegen mangelnder sozialer Integration oft schlechtere Prognosen; sie geraten wegen erhöhter Fluchtgefahr häufiger in Untersuchungshaft; und schließlich ist für das Gericht die Kommunikation sehr erschwert, wenn Dolmetscher hinzugezogen werden müssen.

Beachtung verdient schließlich, was die AfD zum **Jugendstrafrecht und zur Strafmündigkeit von 12- bis 13-Jährigen** anbietet. Im 2017 herausgegebenen Parteiprogramm der AfD findet sich hierzu Folgendes: »Die Sicherheitslage verschärft sich vor allem in Ballungsgebieten dramatisch. Eine besondere Rolle spielen hier gerade junge Täter, denen derzeit ein geradezu zahnloses Recht gegenübersteht. Erzieherische Erfolge lassen sich erfahrungsgemäß nur durch sofortige Inhaftierung der Täter schwerer Delikte erreichen. Wegen der immer früher einsetzenden Entwicklung muss das Strafmündigkeitsalter auf 12 herabgesetzt werden.«[23]

Erneut fällt auf, dass die AfD offenkundig keinerlei Interesse daran hat, ihre Behauptungen anhand empirischer Daten zu überprüfen. Die oben dargestellten Erkenntnisse zum Rückgang der Jugendgewalt oder den Auswirkungen einer sehr harten jugendstrafrechtlichen Sanktionspraxis sind ihr offenbar völlig unbekannt. Die Tatsache, dass sich im Vergleich aller Altersgruppen ausgerechnet für die Kinder seit der Jahrtausendwende der stärkste Rückgang der polizeilich registrierten Kriminalitätsbelastung zeigt (minus 42,1 Prozent), wird von der AfD ebenso negiert wie die seit 2007 zu beobachtende Abnahme der Gewaltkriminalität von Kindern um ein Drittel. Ihr primäres Interesse ist offenkundig, mit ihren Pressemitteilungen Ängste zu schüren, um sich dann als Retter vor den von ihr skizzierten Gefahren profilieren zu können.

Migration, Flüchtlinge und Gewalt

Die Gewaltkriminalität der Ausländer und hier besonders der Flüchtlinge ist seit der großen Zuwanderung des Jahres 2015 in jedem Land Europas ein kontrovers diskutiertes Thema. Durchweg wird dabei erkennbar, dass sich viele Menschen von der großen Zahl der Neuankömmlinge sehr bedroht fühlen. Das ist keine überraschende Reaktion. Offenbar gehört es zu unserer sozialpsychologischen Grundausstattung, Fremden erst einmal mit Vorsicht und Ängsten und teilweise auch mit Misstrauen und Abwehr zu begegnen. Es erscheint deshalb sinnvoll, zum Start in dieses Kapitel eine kurze Rückschau auf die Entwicklung der Gewaltkriminalität der Zeit zu halten, als Deutschland schon einmal als Folge der Öffnung seiner Grenzen nach Osten eine starke Zuwanderung zu verkraften hatte. Begonnen hatte dies 1988 und in den Folgejahren mit 1,4 Millionen Aussiedlern aus den Ländern der früheren Sowjetunion. Hinzu kamen in den Jahren 1990 bis einschließlich 1995 fast 1,6 Millionen Asylbewerber und Flüchtlinge. Und schließlich wanderte ab 1993 mit den sogenannten Spätaussiedlern eine weitere große Gruppe von 1,5 Millionen Menschen zu[1]. Der Zuwanderungsrat der Bundesregierung hatte deshalb das KFN im Jahr 2003 gebeten, in einem Gutachten mit dem Titel »Migration und Kriminalität« hierzu eine umfassende Recherche anzustellen.[2]

Angesichts der starken Zuwanderung ist es nicht überraschend, dass wir zunächst für die Jahre 1990 bis 1993 einen Anstieg der nicht deutschen Tatverdächtigen um 50,3 Prozent feststellen mussten.[3] Dann jedoch sorgte zunächst die politische Stabilisierung Rumäniens und danach das Ende des Bürgerkriegs in Jugoslawien für zwei große Rückreisewellen. Die Zahl der rumänischen Tatverdächtigen ging zwischen 1993 und 2002 von 57 000 auf 6000 zurück, die aus dem früheren Jugoslawien verringerte sich zwischen 1995 und 2002 von 72 000 auf 54 000.[4] Nach dem Ende des Bürgerkriegs in dem früheren Jugoslawien traten auch viele der von dort zugewanderten Flüchtlinge die Heimreise an. Den größten kriminalpräventiven Effekt hatte jedoch der Asylkompromiss des Jahres 1993. Durch ihn verringerte sich die Zuwanderung von Flüchtlingen in zwei Jahren von 440 000 Personen auf 127 000. Dadurch sank die Zahl der tatverdächtigen Asylbewerber zwischen 1993 und 2002 von 160 000 auf 51 000.[5]

Insgesamt war zwischen 1993 und 2002 die Zahl der nicht deutschen Tatverdächtigen der Gewaltkriminalität zwar um 17,5 Prozent angewachsen. Dies lag jedoch ausschließlich an einer Gruppe – den sogenannten »sonstigen Nichtdeutschen«. Bei ihnen handelte es sich um nicht anerkannte Asylbewerber, die den Status einer Duldung hatten oder illegal hier lebten. Im Erwerbsleben konnten sie sich mangels Arbeitserlaubnis nicht verankern. Sie waren von relativer Armut gekennzeichnet und hatten kaum Chancen, hierzulande Fuß zu fassen. Angesichts ihres verfestigten Status als soziale Außenseiter, denen fast nur Schwarzarbeit offenstand, kann es nicht überraschen, dass ihre Zahl der wegen Gewaltdelikten registrierten Tatverdächtigen im Verlauf der neun Jahre von 9155 auf 16 843 anwuchs (plus 84 Prozent). Parallel dazu verringerte sich die Zahl aller anderen nicht deutschen Tatverdächtigen geringfügig.[6] Erneut bestätigen die Daten damit, dass es nicht die Ausländereigenschaft ist, die für bestimmte Formen der Kriminalität das Risiko der Tatbegehung erhöht, sondern die misslungene soziale Integration[7].

Letzteres bestätigte sich im Übrigen zwischen 1993 und 2002 auch bei den Deutschen. In diesen neun Jahren gab es nämlich wachsende Probleme mit der Integration der deutschen Spätaussiedler aus den Staaten der früheren Sowjetunion. Das trug erheblich dazu bei, dass die Zahl der Deutschen, die wegen Gewalttaten registriert wurden, im Verlauf der neun Jahre um 56 Prozent anstieg.[8] Besonders deutlich wurde dies anhand des Anteils junger Aussiedler unter den Insassen des Jugendstrafvollzugs. Er stieg zwischen 1995 und 2003 von 4,4 Prozent auf 12,0 Prozent, während sich parallel dazu die Quote der türkischstämmigen jungen Gefangenen von 19 Prozent auf 7 Prozent verringerte.[9] Erst ab 2003 stabilisierte sich dann schrittweise die Situation der Spätaussiedler mit der Folge, dass die Zahl der deutschen Tatverdächtigen der Gewalt bis 2014 um 12 Prozent abnahm.[10]

Darüber hinaus dokumentieren unsere wiederholt durchgeführten Repräsentativbefragungen von Jugendlichen für die Zeit zwischen 2007 und 2015 nicht nur zu einheimischen deutschen Schülerinnen und Schülern, sondern auch zu den jungen Migranten einen starken Rückgang der Jugendgewalt. Deren selbstberichtete Gewaltrate sank um 30 bis 45 Prozent – und dies bei allen Migrantengruppen, ganz gleich, ob sie aus Asien stammen oder aus Polen, aus der früheren Sowjetunion, dem ehemaligen Jugoslawien oder aus der Türkei.[11] Zur Erklärung verweisen wir in unserer Studie des Jahres 2018 darauf, dass sich alle Gruppen von Migranten seit 2007 in der schulischen Integration deutlich verbessert haben, dass der Anteil von denjenigen, die mindestens einen deutschen Freund haben, sich deutlich erhöht hat, und dass eine wachsende Quote der jungen Migranten sich mit Deutschland identifizieren kann.[12]

Dann jedoch beginnt im Herbst 2015 die starke Zuwanderung der Flüchtlinge, die unser Land vor eine gewaltige Herausforderung gestellt hat. Schon nach wenigen Monaten war klar, dass allein wegen der großen Zahl von Zuwanderern die Gewaltkriminalität steigen würde. Im Jahr 2017 haben Prof. Dr. Dirk Baier (ZAHW Zürich), Dr. Sören Kliem (KFN) und ich uns deshalb dazu entschlossen, hierzu eine Studie durchzuführen. Wir konnten diese Untersuchung allerdings nur realisieren, da uns das Landeskriminalamt Niedersachsen hierbei engagiert mit Sonderauswertungen unterstützte. In Niedersachsen war die polizeilich registrierte Gewaltkriminalität zwischen 2014 und 2016 um 10,4 Prozent angewachsen. Die Analyse der aufgeklärten Straftaten zeigte, dass die Zunahme zu 92 Prozent den Flüchtlingen zuzurechnen war. Nur zu knapp der Hälfte konnte das damit erklärt werden, dass die Zahl der in Niedersachsen lebenden Flüchtlinge sich im Verlauf der beiden Jahre mehr als verdoppelt hatte. Die von Dirk Baier, Sören Kliem und mir vorgelegte Analyse erbrachte für ihren darüber hinausgehenden Anstieg der Gewalt folgende Erklärungsangebote:

- In jedem Land der Welt sind die männlichen 14- bis unter 30-Jährigen diejenige Bevölkerungsgruppe, die durch be-

sondere Risikofreude und hohe Gewaltkriminalität auffällt. In Niedersachsen erreichten sie im Jahr 2014 eine
Quote von 9,3 Prozent der Wohnbevölkerung und stellten
51,9 Prozent aller Tatverdächtigen der aufgeklärten Fälle
von Gewaltkriminalität. Bei den niedersächsischen Flüchtlingen lag ihr Bevölkerungsanteil jedoch im Jahr 2016 bei
27 Prozent. Bereits dies allein erklärt zu einem beachtlichen
Teil den eingetretenen Anstieg der Gewaltkriminalität.
Dem vom Bundeskriminalamt vorgelegten Bundeslagebild
2018 lässt sich entnehmen, dass sich an der beschriebenen
Situation auch nach 2016 wenig geändert hat. In den vier
Jahren von 2015 bis einschließlich 2018 waren 73 Prozent
der bundesweit registrierten Asylbewerber unter 30 Jahre
alt und zwei Drittel waren männlich.

- Innerhalb der Flüchtlingsgruppen zeigten sich große Unterschiede der Gewaltbelastung. Kriegsflüchtlinge waren von
vornherein bemüht, ihre guten Aussichten, in Deutschland
bleiben zu dürfen, nicht durch Straftaten zu gefährden.
Sie stellten 54,7 Prozent der Flüchtlinge Niedersachsens,
erreichten jedoch bei den als Flüchtlinge registrierten Tatverdächtigen der Gewalt nur eine Quote von 37 Prozent und
bei den Raubtaten lediglich 16 Prozent. Das andere Extrem
bildeten geflüchtete Menschen aus den nordafrikanischen
Ländern, denen bald nach ihrer Ankunft bewusst wurde,
dass sie in Deutschland kaum eine Chance haben werden,
eine Arbeitserlaubnis zu erhalten. Ihr Anteil an den in Niedersachsen registrierten Flüchtlingen betrug nur 0,9 Prozent, erreichte aber 17,1 Prozent der aufgeklärten Fälle von
Gewalt, zu denen Flüchtlinge als Tatverdächtige ermittelt
worden waren. Das oben erwähnte Bundeslagebild 2018
des Bundeskriminalamts bestätigt auch für die Jahre 2017/

2018 diese erheblich höhere Kriminalitätsbelastung von Zuwanderern aus den Maghreb-Staaten (sowie aus Libyen und Georgien) im Hinblick auf die insgesamt registrierten Mehrfachtatverdächtigen.[13]

- Die Flüchtlinge stammten überwiegend aus muslimischen Ländern, die von männlicher Dominanz und einer hohen Akzeptanz der gewaltfördernden Machokultur geprägt sind. Hinzu kommt, dass der Anteil der ab 14-jährigen Frauen unter den niedersächsischen Flüchtlingen nur 22,3 Prozent betrug. Die gewaltpräventive, zivilisierende Wirkung, die generell von Frauen ausgeht, konnte deshalb hier nur begrenzt zum Tragen kommen. Dadurch konnten sich eher Gruppierungen von jungen Männern entwickeln, die leicht eine gewaltorientierte Eigendynamik entfalten.

- Vom KFN durchgeführte Dunkelfeldforschungen haben durchweg einen Befund bestätigt: Die Anzeigebereitschaft der Opfer von Gewalttaten fällt etwa doppelt so hoch aus, wenn Opfer und Täter sich vor der Tat fremd sind oder wenn sie verschiedenen ethnischen Gruppen angehören.[14] Eine deutliche Erhöhung der Anzeigebereitschaft gegenüber »fremden« Tätern wurde ebenso bei anderen Studien nachgewiesen.[15] Bei Gewalttaten durch Flüchtlinge ist ferner zu beachten, dass deren Opfer die Sprache des Täters meist nicht verstehen und auch dadurch eher zur Anzeige motiviert werden. Wir gehen deshalb davon aus, dass Gewaltdelikte von Flüchtlingen im Vergleich zu denen deutscher Täter mindestens doppelt so oft angezeigt werden. Anders ausgedrückt: Die Gewaltkriminalität der Flüchtlinge wird in der Polizeilichen Kriminalstatistik dadurch erheblich sichtbarer als die von anderen Ausländern oder von Deutschen.

Schließlich bleibt die Frage zu klären, wie sich die Gewaltkriminalität der Flüchtlinge nach Abschluss unserer auf den
Zeitraum von 2014 bis 2016 begrenzten Untersuchung in den
beiden Folgejahren entwickelt hat. Zunächst gibt es hier eine
erfreuliche Feststellung: Zwischen 2016 und 2018 hat sich
nach PKS-Daten die Gesamtzahl der wegen Gewaltkriminalität ermittelten Tatverdächtigen in Deutschland um 3,2 Prozent
verringert. Sie ist bei den Deutschen mit -3,9 Prozent noch
stärker zurückgegangen als bei den Nichtdeutschen (-2,0 Prozent). Letztere sind 2018 aus den oben zu Niedersachsen dargestellten Gründen im Vergleich zu ihrem Bevölkerungsanteil
von 13,3 Prozent bei den Tatverdächtigen erheblich überrepräsentiert. Bei den vorsätzlichen Tötungsdelikten erreichten
Ausländer 2018 eine Quote von 42,9 Prozent. Ferner stellten
sie bei der Vergewaltigung 38,5 Prozent und bei Raubdelik-
ten sowie den gefährlichen/schweren Körperverletzungen
jeweils 38,4 Prozent der Tatverdächtigen.

Im Vergleich der verschiedenen Gruppen von Ausländern
zeigen sich allerdings zur Entwicklung ihrer Gewaltkriminalität im Vergleich von 2016 zu 2018 erhebliche Unterschiede.
So ist die Zahl der tatverdächtigen Asylbewerber im Verlauf
der beiden Jahre um 17,4 Prozent zurückgegangen[16]. Dem
steht jedoch bei allen anderen nicht deutschen Tatverdächtigen ein Anstieg um 5,8 Prozent gegenüber[17]. Prüft man weiter, bei welcher Gruppe von Ausländern diese Zunahme der
Gewalt entstanden ist, so zeigt sich derselbe Befund, den wir
bereits in unserem Gutachten für den Zuwanderungsrat und
in unserer Studie zur Gewaltkriminalität von Flüchtlingen in
Niedersachsen deutlich herausgestellt hatten: Der Anstieg der
Gewaltkriminalität von Nichtdeutschen ist auch in den letzten

beiden Jahren ganz überwiegend der Gruppe von Flüchtlingen zuzurechnen, deren Asylantrag abgelehnt wurde und die anschließend oft wegen Abschiebungshindernissen den Status der Duldung erhielten.

Die Gesamtzahl dieser nicht deutschen Tatverdächtigen ist zwischen 2016 und 2018 um 44,4 Prozent gewachsen und hat sich seit 2014 sogar von 1306 auf 3982 verdreifacht.[18] Angesichts dieser Ausgangslage erscheint es dringend geboten, hierzu vertiefende Untersuchungen durchzuführen. Die Fragen, die zu klären sind, liegen auf der Hand: Welche Gewalttaten sind dieser speziellen Gruppe von Tatverdächtigen zuzurechnen? Zu welchem Anteil handelt es sich bei ihnen um Mehrfachtatverdächtige? Welche Rolle spielen sie insbesondere bei Tötungsdelikten und Gruppenvergewaltigungen? Welche Täter-Opfer-Beziehung liegt den Taten zugrunde? Gibt es im Vergleich der Bundesländer regionale Unterschiede der Gewaltbelastung, die von dieser Gruppe ausgeht? Lassen sich daraus Folgerungen für Präventionsstrategien ableiten? Wegen der Bedeutung der hier angeregten Untersuchung erscheint es sinnvoll, diese nicht nur anhand von verfügbaren Daten, sondern als Aktenanalyse durchzuführen, die vertiefende Einblicke in die zugrunde liegenden Entstehungsbedingungen solcher Straftaten erlaubt.

Wieder einmal hat sich damit eine Erkenntnis bestätigt: Gewaltrisiken entwickeln sich primär bei solchen Flüchtlingen, denen wir keine klare Bleibeperspektive anbieten können. Bereits in unserem Forschungsbericht zu Niedersachsen hatten wir auf der Grundlage eines intensiven Gesprächs mit führenden Mitarbeitern des Bundesministeriums für wirtschaftliche Zusammenarbeit und Entwicklung (BMZ) den Aufbau eines breit angelegten Programms für eine freiwillige

Rückkehr von gescheiterten Flüchtlingen empfohlen. Es sollte auf der Förderung von Unternehmen basieren, die in den Heimatländern der Flüchtlinge Arbeitsplätze für Rückkehrer entwickeln. Bundesminister Müller konnte sich dann jedoch mit dem entsprechenden Vorschlag für ein auf vier Jahre angelegtes Milliardenprogramm leider nicht durchsetzen. Es bleibt deshalb Aufgabe des Bundesinnenministeriums und des Bundessozialministeriums sowie der mit ihnen kooperierenden Landesministerien und Kommunen, für diese beachtliche Gruppe von Flüchtlingen ein effektives Präventionsprogramm zu entwickeln.

Abschließend möchte ich auf einen Aspekt eingehen, der in der öffentlichen Auseinandersetzung zur Gewaltkriminalität von Flüchtlingen besonders von der AfD stark betont wird: die hohe Beteiligung von Asylbewerbern an Fällen von Mord und Totschlag. Hierbei wird offenkundig ein wichtiger Aspekt völlig außer Acht gelassen: Die durchschnittliche Tatschwere liegt bei solchen Delikten von Asylbewerbern erheblich unter der von deutschen Beschuldigten.

Nach den vom Bundeskriminalamt vorgelegten Daten der PKS haben von 273 Asylbewerbern, die im Jahr 2018 als Tatverdächtige eines Totschlags registriert wurden, lediglich 17 ihr Opfer getötet. Das sind 6,2 Prozent aller ihnen zugeschriebenen Totschlagsfälle. 93,8 Prozent der Fälle stufte die Polizei hingegen als versuchten Totschlag ein. Bei den deutschen Tatverdächtigen übersteigt der Anteil der vollendeten Totschlagsfälle mit 23,0 Prozent die Vergleichsquote der Asylbewerber um das 3,7-Fache.[19] Beachtliche Unterschiede zeigen sich ferner, wenn man den vollendeten Mord in die Berechnung einbezieht. Von den insgesamt 357 eines vorsätzlichen

Tötungsdelikts beschuldigten Asylbewerbern sind es dann 8,1 Prozent, die ihr Opfer getötet haben[20], bei den deutschen Tatverdächtigen sind es 27,8 Prozent.[21] Insgesamt zeigt sich damit, dass die Tatschwere von vorsätzlichen Tötungsdelikten deutscher Tatverdächtiger gemessen am Anteil der vollendeten Delikte um das 3,4-Fache über dem Vergleichswert der Asylbewerber liegt. Hinzu kommt ein weiterer Unterschied: Bei tatverdächtigen Asylbewerbern, die eines vorsätzlichen Tötungsdeliktes beschuldigt werden, beträgt der Anteil der ihnen zugeschriebenen Morddelikte 23,5 Prozent. Bei deutschen Tatverdächtigen liegt diese Quote mit 32,3 Prozent deutlich höher.

Werden also die Asylbewerber von der Polizei systematisch benachteiligt, wenn es um die strafrechtliche Bewertung derartiger Gewalttaten geht? Handelt es sich bei vielen der ihnen zur Last gelegten Tötungsversuche in Wahrheit um gefährliche Körperverletzungen? Sind die Ausländer auch deswegen bei den vorsätzlichen Tötungsdelikten besonders deutlich überrepräsentiert? Eine erste Antwort lässt sich möglicherweise dadurch finden, dass man sich vergegenwärtigt, wie die Polizei in derartigen Fällen zur Annahme eines Tötungsvorsatzes gelangt.

Ausgangspunkt der Überlegungen ist die Tatsache, dass sich die Fälle einer gefährlichen Körperverletzung von denen des versuchten Totschlags oft nur im Hinblick auf das Tatmotiv unterscheiden. Wer beispielsweise in einem Kampf den Gegner mit einem Messer in den Oberarm sticht oder mit einem Prügel schwer am Kopf verletzt, der kann das in Tötungsabsicht getan haben oder auch nur mit dem Ziel, den Kontrahenten kampfunfähig zu machen. Die Polizei muss also versuchen, auf diese Frage durch die Vernehmung des

Beschuldigten eine erste Antwort zu erhalten und die Aufklärung des Falles durch weitere Ermittlungen voranzutreiben. Hier ergibt sich jedoch möglicherweise im Vergleich der Vernehmungssituationen ein beachtlicher Unterschied.

Mit einem deutschen Beschuldigten kann die Polizei direkt kommunizieren und dabei ihre breiten Erfahrungen bei der Gesprächsführung in solchen Vernehmungen voll einbringen. Im Ergebnis wird sich dadurch in vielen Fällen der denkbare Tatvorwurf einer versuchten Tötung auf den einer gefährlichen Körperverletzung reduzieren. Bei einem Asylbewerber ist die Polizei hingegen in aller Regel auf die Hilfe eines Dolmetschers angewiesen und muss zudem damit rechnen, dass der Beschuldigte ihr mit großem Misstrauen und mit Ängsten gegenübertritt und nicht selten sogar schweigt. Dies dürfte es sehr erschweren, seine Tatmotive zutreffend einzuschätzen. Die schwierige Kommunikationssituation kann daher erheblich dazu beitragen, dass Asylbewerber weit häufiger als deutsche Beschuldigte mit dem Vorwurf belastet bleiben, den tätlichen Angriff in Tötungsabsicht begangen zu haben. Mein Vorschlag ist deshalb, all diese Erklärungsangebote im Wege einer systematischen Untersuchung zu überprüfen. Die Ergebnisse könnten anschließend in der Aus- und Fortbildung von Polizeibeamten genutzt werden.

Abschließend möchte ich in diesem Kapitel auf eine Studie eingehen, die noch einmal das Thema Gerechtigkeit aufgreift. Hier geht es um die Notengebung gegenüber Migrantenkindern. Nach einem von Anna Gröning in der Welt verfassten Bericht[22] hat der Professor für Pädagogische Psychologie der Universität Mannheim, Oliver Dickhäuser, mit seinem Team im Jahr 2018 eine beunruhigende Entdeckung gemacht. Er wollte wissen, ob angehende Lehrer die Leistungen von Schülern mit ausländischen Wurzeln anders beurteilen als jene von Schülern mit deutschem Hintergrund. Für das Experiment ließen die Forscher 204 im Durchschnitt 23-jährige Lehramtsstudenten Diktate von zwei achtjährigen Grundschülern korrigieren. Bei der einen Gruppe von Studenten lautete der Name des Schülers auf der Niederschrift »Max«, bei der anderen »Murat«. Je zur Hälfte hatten die Texte fünf Fehler oder 30 Fehler, die durchweg von den Studenten auch als solche erkannt worden waren. Für sein Diktat mit fünf Fehlern bekam »Max« im Schnitt 1,87, »Murat« aber nur 2,03. Bei der Diktatversion mit 30 Fehlern erreichte »Max« im Durchschnitt die Note 3,64, während »Murat« mit 4,51 deutlich schlechter abschnitt. Die Unterschiede waren durchweg statistisch signifikant. Zu beachten ist ferner, dass am selben Lehrstuhl im Jahr vorher eine Studie mit 1500 Gymnasiasten durchgeführt worden war. Sie hatte ergeben, dass Schüler mit ausländischen Wurzeln bei gleicher Sprachfähigkeit und sozialer Herkunft im Vergleich zu Mitschülern ohne Migrationshintergrund schlechter bewertet worden waren.

Beide Untersuchungen erinnern mich an ein Gespräch, das ich kürzlich mit einem Taxifahrer führte, der aus dem Iran stammt. Sowohl er als auch seine deutsche Ehefrau, mit der er gemeinsam ein größeres Taxiunternehmen besitzt, hatten sich mit ihrem jeweiligen Geburtsnamen und der identischen Berufsbezeichnung (»Besitzer/in eines Taxiunternehmens mit zehn Fahrzeugen«) um dieselben neun Wohnungen beworben, die in einer Wochenendausgabe ihrer regionalen Zeitung ausgeschrieben waren. Beide hatten ihr Interesse bekundet, an einem Besichtigungstermin teilzunehmen. Er erhielt keine einzige Einladung. Sie dagegen wurde sechs

Mal gebeten, sich die Wohnung anzusehen. Ich erinnere mich ferner an Presseberichte, wonach für Bewerbungen auf Stellenanzeigen bei systematisch durchgeführten Experimentalstudien ganz ähnliche Ergebnisse zustande gekommen sind. Allein der ausländische Name weckt offenbar bei einem Teil der Lehramtsstudenten, der Wohnungseigentümer oder der Arbeitgeber negative Assoziationen, die sich im Ergebnis als Ungerechtigkeit gegenüber den ausländischen Betroffenen auswirken. Muss man angesichts solcher Forschungsbefunde und Erfahrungen konstatieren, dass gegen derartige Vorurteilsstrukturen in einer gemischt zusammengesetzten Gesellschaft kein Kraut gewachsen ist? Gegen diese These spricht das gerade von Bastian Berbner veröffentlichte Buch »180 Grad – Geschichten gegen den Hass«. Darin beschreibt der Autor, wie Gesellschaften es geschafft haben, Spaltungen zu überwinden und Vorurteile sowie Hass zu lindern. Das Rezept lautet schlicht, zwischen den Bürgern aus den verschiedenen Gruppen der Gesellschaft mehr Kontakt herbeizuführen. Gleichzeitig macht er aber auch darauf aufmerksam, wie sich die Gefahren der inneren Aufspaltung in getrennt lebenden Gruppen verstärken können. Ein Beispiel seien etwa die Privatschulen, die sich in Deutschland steigender Beliebtheit erfreuen und damit für junge Menschen die Wahrscheinlichkeit des Aufwachsens in getrennten Lebenswelten erhöhen.

Gefährdet die Dominanz der Männer das Überleben der Menschheit?

Februar 2001: Seit 1997 gehöre ich dem ältesten Rotary-Club Hannovers an. Dort gibt es plötzlich große Aufregung. Über die Medien wird verbreitet, dass die Theologin Margot Käßmann gute Chancen hat, zur Bischöfin der Evangelischen Landeskirche gewählt zu werden. Sollte dies geschehen, hätte das für den Club eine unerwartete Konsequenz. Seine Satzung enthält nämlich seit 1949 eine klare Regelung: Der jeweilige Landesbischof ist Ehrenmitglied und darf in dieser Funktion jedes Jahr beim ersten Clubtreffen einen Vortrag halten. Wir mussten also damit rechnen, dass Frau Käßmann auf einmal unser Ehrenmitglied wird. Doch bis dahin hatten weder unser noch einer der vier anderen Rotary-Clubs Hannovers Frauen als Mitglieder aufgenommen. Zufällig sitze ich am Tisch des Präsidenten. Er äußert die Hoffnung, dass der männliche Mitbewerber gewählt wird. Ich frage: »Aber wenn nun doch sie gewinnt?« Er antwortet, dass er dann Altbischof Hirschler bitten würde, auf Lebenszeit unser Ehrenmitglied zu bleiben.

Ein paar Wochen später wird Frau Käßmann zur Bischöfin gewählt. Ich bitte den Präsidenten darum, Frau Käßmann nun die Ehrenmitgliedschaft anzubieten. Falls er das nicht möchte, bliebe nur der Weg einer Satzungsänderung. Wie erwartet, entscheidet er sich für die zweite Alternative. Daraufhin einige ich mich mit dem Vortragswart, unmittelbar vor der Abstimmung einen Vortrag zu folgendem Thema zu halten: »*Gefährdet die Dominanz der Männer das Überleben der Menschheit?*« *Der provozierende Titel bewirkt, dass es am Tag der Abstimmung über die Satzung eine außergewöhnlich hohe Präsenz gibt. Nach einer lebhaften Diskussion votieren 67 Prozent für die Beibehaltung der bisherigen Regelung. Frau Käßmann wird Ehrenmitglied. Und zwei Jahre später entscheidet sich der Club dafür, Frauen generell als Mitglieder aufzunehmen.*

Auf Wunsch der in Deutschland, Österreich und der Schweiz erscheinenden Mitgliederzeitschrift »*Der Rotarier*« *wird anschließend das Manuskript meines Vortrages dort veröffentlicht. Ein Redakteur der ZEIT entdeckt den Text und sorgt dafür, dass er am 11. April 2001 in der ZEIT erscheint. Ende April 2001 fragt unser damaliger Außenminister Joschka Fischer bei mir an, ob er den Artikel in andere Sprachen übersetzen lassen darf, um ihn gelegentlich bei Auslandsreisen zu verwenden. Gern stimme ich zu. Ein Jahr später darf ich als Justizminister Niedersachsens die Außenministerin Ruandas, die auf einer Deutschlandreise auch in Hannover Station macht, im Namen der Landesregierung zum Essen einladen. Sie berichtet mir, dass sie im Parlament ihres Landes aus diesem ZEIT-Artikel zitiert hat und freut sich sehr, in mir plötzlich den Autor zu entdecken.*

Weltweit bekämpfen Frauen die Dominanz der Männer mit juristischen Argumenten. Sie beklagen, wie ungerecht die Macht verteilt sei, und setzen auf die Durchschlagskraft der Forderung, dass niemand wegen seines Geschlechts benachteiligt oder bevorzugt werden dürfe. Doch geht es hier wirklich primär um ein Gerechtigkeitsproblem? Oder sollten wir die Vorherrschaft der Männer auch aus einem anderen Grund beenden – weil ihre Dominanz das Überleben der Menschheit gefährdet? Die Frage lässt sich nur beantworten, sofern wir uns zunächst die zentralen Bedrohungen vor Augen führen. Ich möchte mich auf drei Aspekte konzentrieren; die Reihenfolge soll hierbei keine Rangfolge ausdrücken.

Erstens: Im Jahr 1950 lebten auf der Erde ca. 2,5 Milliarden Menschen. Bis 2019 ist ihre Zahl auf etwa 7,6 Milliarden angestiegen[1] – und dies, obgleich es seit 50 Jahren konzertierte Bemühungen seitens lokaler Regierungen, internationaler Gremien und zivilgesellschaftlicher Organisationen gibt, das **Wachstum der Weltbevölkerung** zu verlangsamen. Die Vereinten Nationen gelangen in ihrer 2017 veröffentlichten Bevölkerungsprognose[2] zu der Einschätzung, bis zum Jahr 2050 würde sich die Weltbevölkerungszahl auf 9,8 Milliarden Menschen erhöhen. Die aus dieser Entwicklung resultierenden Gefahren liegen auf der Hand.

In den Regionen mit starkem Bevölkerungswachstum benötigen die jungen Menschen medizinische Versorgung, Schulbildung und die Aussicht auf Arbeit, um ein menschenwürdiges Leben führen zu können. Die betroffenen Länder erscheinen damit jedoch teilweise überfordert. Und auch die Nahrungsmittelproduktion hält in vielen Regionen der Erde nicht mehr Schritt mit der Zahl der Menschen. Die Verteilung aus Regionen mit einem Überschuss an Nahrungsmitteln kommt oft zu spät oder scheitert an Kosten- und Transportproblemen. Immer wieder kommt es so zu großen Hungerkatastrophen. Dies verstärkt bestehende Wanderungsbewegungen und erhöht dadurch das Risiko kriegerischer Auseinandersetzungen.

Die entstehenden Flüchtlingsströme lösen in den Zielländern wiederum massive innenpolitische Konflikte aus, die populistischen, nationalistischen und rechtsextremen Strömungen starken Auftrieb verleihen. Dies gefährdet die demokratischen Strukturen und schwächt gerade diejenigen politischen Kräfte, die zur Lösung der Probleme auf internationale Zusammenarbeit setzen. Vor allem aber gefährdet ein ungezügeltes Bevölkerungswachstum unsere natürlichen Lebensgrundlagen auf dieser Erde. So werden immer mehr Wälder abgeholzt, um Besiedelungs- und Anbauflächen zu schaffen – und dies, obwohl die negativen Auswirkungen auf das Weltklima bekannt sind. Die wachsende Industrialisierung verursacht zudem eine steigende Belastung der Natur mit Giftstoffen. Damit sind wir bereits bei der zweiten großen Bedrohung angelangt.

Zweitens: Wenn es immer mehr Menschen auf der Erde gibt, die den Lebensstandard der Industrienationen anstreben, führt dies unweigerlich zu **wachsender Umweltverschmutzung**. So vergiften die zur Steigerung der Nahrungsmittelproduktion eingesetzten Düngemittel das Grundwasser, die Flüsse und die Meere. Der zunehmende CO_2-Ausstoß trägt zu der Klimaveränderung bei, die das Eis der Arktis bereits im Laufe der letzten 30 Jahre auf weniger als die Hälfte hat abschmelzen lassen. Ferner schreitet die Belastung der Meere mit Plastikmüll Jahr für Jahr voran. Auch der weltweite Energiebedarf steigt drastisch. Da er noch immer hauptsächlich durch die Verbrennung von fossilen Brennstoffen gedeckt wird, erhöht auch das den CO_2-Ausstoß, was wiederum den Klimawandel beschleunigt. Je mehr sich hierdurch jedoch die Meere erwärmen, desto stärker verdampfen wachsende Mengen Meerwasser, was das Risiko extremer Unwetter und Naturkatastrophen erhöht. Diese fördern ebenfalls die Wanderungsbewegungen mit den oben beschriebenen Konsequenzen. Denn hiervon sind die sogenannten Entwicklungsländer besonders betroffen. Als agrarisch geprägte Gesellschaften sind sie in erhöhtem Maß vom Klima abhängig und können Ernteausfälle aus eigener Kraft kaum kompensieren.[3] Der internationalen Politik ist es bislang nicht gelungen, weltweit die erforderlichen Gegenmaßnahmen zu ergreifen.

Drittens: Eine große Gefahr für die Menschheit geht von **Gewalt, Terror und Krieg** aus. Solange man noch mit Äxten, Speeren oder später mit Gewehren, Panzern und herkömmlichen Bomben aufeinander losgegangen ist, war das für die Menschheit insgesamt gesehen nicht bedrohlich. Selbst der Erste Weltkrieg hat trotz der Millionen Toten keine sichtbaren Wunden hinterlassen, die über Generationen hinweg spürbar wären. Doch seit Hiroshima sieht das anders aus. Und dabei hat es einen Großeinsatz von biologischen und chemischen Waffen moderner Prägung bisher noch gar nicht gegeben, ganz zu schweigen von dem, was die neuen Atombomben an Vernichtungspotenzial entfalten können. Die Tatsache, dass derartige Massenvernichtungsmittel einer wachsenden Zahl von Staaten – darunter auch Diktaturen – zur Verfügung stehen, muss uns mit Sorge erfüllen. Mindestens ebenso bedrohlich erscheint die Kombination aus religiösem Fanatismus und traditioneller männlicher Dominanzkultur, wie wir sie bei islamistischen Terrorgruppen in Afghanistan und anderen Teilen Asiens erleben. Sollte es ihnen gelingen, in den Besitz von Atom- oder Chemiewaffen zu kommen, so wären gewaltige internationale Anstrengungen erforderlich, um dieser Gefahr entgegenzutreten.

Es besteht weitgehend Übereinstimmung, dass die drei genannten Punkte die zentralen Bedrohungen darstellen, denen wir Menschen auf diesem Erdball ausgesetzt sind. Was aber hat das mit der Dominanz der Männer zu tun?

Beginnen wir mit dem **Bevölkerungswachstum.** Ansprechpartner für Maßnahmen zur Vermeidung von Schwangerschaften waren bis heute vorwiegend die Frauen. Dann jedoch wurde den zuständigen Organisationen wie dem Bevölkerungsfonds der Vereinten Nationen und der Weltgesundheitsorganisation (WHO) zunehmend bewusst, dass diese Politik zu kurz greift. Denn Schwangerschaften zu vermeiden, bedeutet auch Zeugungsverhütung. Gegen den Widerstand der Männer hat Familienplanung keine Chance. Doch in den ländlichen Regionen der sogenannten Entwicklungsländer glauben noch immer viele ungebildete Männer, ihre Potenz ließe sich durch die Zeugung möglichst vieler Kindern unter Beweis stellen, und scheinen von der Angst geprägt, Frauen, die sich gegen ungewollte Schwangerschaften schützen, seien eher in Versuchung, untreu zu werden.

Ferner haben Bevölkerungswissenschaftler herausgefunden, dass in den von Männern klar dominierten Kulturen die Mädchen deutlich geringere Chancen haben, Schulen und weiterführende Bildungseinrichtungen zu besuchen. Je mehr aber den Frauen Bildungschancen offenstehen, je mehr sie die Möglichkeit erhalten, Berufe zu erlernen und diese auch auszuüben, umso stärker sinkt die Geburtenrate. Diese Hypothese lässt sich recht gut am Beispiel der afrikanischen Staaten überprüfen. Ausgangspunkt hierfür sind die Daten des UNFPA – Weltbevölkerungsbericht 2019 – und der Deutschen Stiftung Weltbevölkerung – Datenreport 2018. Sie ermöglichen es zum einen, diejenigen Staaten zu identifizieren, in denen den Jungen im Vergleich zu den Mädchen weit höhere Chancen eingeräumt werden, nach der Grundschule eine weiterführende Sekundarstufe zu besuchen. Zum anderen können dadurch aber auch solche Länder in die Untersuchung einbezogen werden, in denen inzwischen Bildungsgleichheit für Jungen und Mädchen besteht. Ausgehend von dem von der UNFPA ermittelten Geschlechterparitätsindex Sekundarstufe stehen zu insgesamt 25 der 63 afrikanischen Staaten die nötigen Informationen zur Verfügung, die obige These zu überprüfen. Hierzu habe ich diese in vier Gruppen eingeteilt:[4]

• Acht Staaten, in denen sich der Geschlechterparitätsindex zwischen 0,66 und 0,79 bewegt, in denen also eine starke Benachteiligung der Mädchen besteht und die Jungen im Schulsystem klar bevorzugt werden.[5]
• Drei Staaten, in denen der Geschlechterparitätsindex zwischen 0,80 und 0,89 liegt[6] (mittlere Benachteiligung der Mädchen).
• Acht Staaten mit einem Geschlechterparitätsindex zwischen 0,90 und 0,99[7] (schwache Benachteiligung der Mädchen).
• Sechs Staaten, in denen Mädchen gleichrangig oder sogar häufiger als die Jungen die Sekundarstufe besuchen; als zweites Kriterium kommt hier hinzu, dass dieser Schulbesuch mindestens 40 Prozent der Mädchen ermöglicht wird.[8]

Anhand der Daten dieser vier Gruppen konnte folgende Annahme untersucht werden: Je stärker die Mädchen im Vergleich zu den Jungen beim Zugang zur Sekundarstufe afrikanischer Schulen benachteiligt werden, desto niedriger sind ihre Chancen für eine selbstbestimmte Geburtenrate. Die in der nachfolgenden Tabelle dargestellten Ergebnisse bestätigen die Annahme auf eindrucksvolle Weise.

Benachteiligung:	stark	mittel	schwach	keine
Anteil Frauen (15 – 49), die moderne Verhütungsmittel nutzen in Prozent	15,8 %	24,0 %	41,8 %	59,0 %
Ehen unter 18 Jahren in Prozent	44,0 %	39,7 %	29,3 %	11,9 %
Geburten pro 1000 Frauen im Alter von 15 – 19 Jahren	151,4	147,3	85,9	45,3
Gesamtgeburtenrate – Zahl der Kinder pro Frau	5,3	5,0	3,8	3,2

Tabelle 6: Die Chancen afrikanischer Mädchen für eine selbstbestimmte Geburtenrate in Abhängigkeit von ihrem Bildungszugang zur Sekundarstufe in 25 afrikanischen Staaten

Die erste Zeile der Tabelle dokumentiert den Anteil der 15- bis 48-jährigen Frauen, die moderne Verhütungsmethoden anwenden. Dort, wo Mädchen in der Schulbildung gegenüber den Jungen stark benachteiligt werden, beträgt die Quote lediglich 15,8 Prozent. In Staaten, in denen es im Vergleich zu den Jungen für die Mädchen keine Bildungsbenachteiligung gibt und sie zu mindestens 40 Prozent die Sekundarstufe besuchen, benutzen 59 Prozent der Frauen – und damit fast viermal so viele – moderne Verhütungsmittel.

Die zweite Zeile stellt den Anteil der jungen Frauen dar, die vor dem Alter von 18 Jahren geheiratet haben. Die Quote sinkt im Vergleich der vier Staatengruppen von 44 auf 12 Prozent um fast drei Viertel.[9] Als sicheres Anzeichen für fehlende Selbstbestimmung der Frauen bei der Geburtenrate gilt die Zahl der Geburten pro 1000 Frauen, die ihr Kind im Alter zwischen 15 und 19 Jahren bekommen haben. Dort, wo sie im Bildungszugang stark benachteiligt werden, sinkt die Zahl der Geburten parallel zu einem wachsenden Bildungszugang um zwei Drittel. Die letzte Zeile stellt schließlich die Gesamtgeburtenrate für die vier Staatengruppen dar. Sie verringert sich mit steigendem Bildungszugang der Mädchen um zwei Fünftel von 5,3 auf 3,2 Kinder pro Frau.

Die Tabelle dokumentiert damit sehr eindrucksvoll, wie stark sich die Dominanz der Männer in den ersten beiden Staatengruppen in einer ausgeprägten Bildungsbenachteiligung der Mädchen manifestiert und welche Konsequenzen daraus für die Vermeidung nicht gewollter Schwangerschaften erwachsen.

Ergänzend zu der oben von mir vorgenommenen Zuordnung der 25 Staaten zu vier Gruppen möchte ich am Beispiel Äthiopiens anhand von Daten und Erkenntnissen der DSW demonstrieren, dass eigentlich eine noch weitergehende Differenzierung nötig erscheint – in den sogenannten Entwicklungsländern besteht nämlich eine sehr große Diskrepanz zwischen Land- und Stadtbevölkerung. In Äthiopien liegt die Geburtenrate bei Frauen in ländlichen Gebieten bei 5,5. In der Hauptstadt Addis Abeba dagegen bei lediglich 1,6. Gründe hierfür zeigt eine Fallstudie des Berlin-Instituts auf[10]: Nur 58 Prozent der Frauen in ländlichen Gebieten haben jemals eine Schule besucht, und lediglich drei Prozent konnten die Grundschule abschließen oder gar eine Sekundärschulbildung erhalten. In Addis Abeba haben dagegen 37 Prozent mindestens eine Grundschulbildung genossen. Die abgelegenen ländlichen Gebiete sind zudem stark von traditionellen Praktiken geprägt – namentlich von Kinderehen und von Genitalverstümmelung. Laut dem Berlin-Institut wird ein Mädchen hier durchschnittlich im Alter von 16,3 Jahren verheiratet. Beide Praktiken sind verwurzelt in dem Glauben an männliche Dominanz, Verneinung weiblicher Selbstbestimmung und Missachtung des Menschenrechts auf körperliche Unversehrtheit.

Ein völlig anderes Beispiel dazu, wie sich die Dominanz von Männern auf den Zugang zu modernen Verhütungsmitteln auswirkt, bildet die katholische Kirche. In der 1968 von Papst Paul VI. herausgegebenen Enzyklika Humanae Vitae (HV) werden Pille, Kondom und Abtreibung als moralisch unerlaubte Methoden der Geburtenkontrolle strikt abgelehnt (HV 14). Im Hinblick auf die Abtreibung waren stark katholisch geprägte Staaten noch bereit, dem Papst bei der Gestaltung ihres Strafrechts weitgehend zu folgen. Die päpstliche Verdammung von Pille und Kondom wurde hingegen von vielen scharf kritisiert. Dennoch ist die katholische Kirche in den seitdem vergangenen 51 Jahren unbeirrt auf ihrem Kurs geblieben. Als legitime Methode der Empfängnisverhütung wird nach wie vor ausschließlich die Beschränkung des Geschlechtsverkehrs auf die unfruchtbaren Tage im Menstruationszyklus der Frau festgelegt (HV 16). Und selbst diese Methode wird nur dann toleriert, wenn es aus körperlichen, seelischen, sozialen oder wirtschaftlichen Gründen gerechtfertigt erscheint, keine (weiteren) Kinder in die Welt zu setzen (HV 10).

Zur Begründung verweist Papst Paul VI darauf, der Mensch dürfe sich nicht zum Herrn über die Quelle des Lebens machen (HV 13). Darüber hinaus sei der Mensch ein schwaches Wesen, das anspornender Hilfe bedürfe, um die Sittengesetze zu beachten. Ferner sei zu befürchten, dass Männer durch die Gewöhnung an die unerlaubten Verhütungsmethoden die Ehrfurcht vor der Frau verlieren und sie zum bloßen Werkzeug ihrer Triebbefriedigung erniedrigen könnten. Ergänzend dazu empfiehlt Papst Johannes Paul II. den Ehegatten in seinen Katechesen über die menschliche Liebe im göttlichen Heilsplan (1979-1984) zur Einhaltung dieser kirchlichen Vorgaben »allseitige Beherrschung ihrer selbst und ihres Trieblebens und Enthaltsamkeit«.

Zum Verständnis dieser Thesen muss man sich wohl zunächst vergegenwärtigen, dass sie von sehr alten und in ihrer Organisation absolut dominierenden Männern stammen, die das Gelöbnis einer lebenslangen sexuellen Enthaltsamkeit abgelegt haben und nach ihrem Lebenskonzept über keine persönliche Lebenserfahrung mit Ehe und Familie verfügen. Dies mag zumindest teilweise erklären, weshalb die Päpste und ihre Kardinäle derart strikt auf die Einhaltung ihrer Sittengesetze fixiert sind und ernsthaft ihre Empfehlung zur Enthaltsamkeit als Königsweg der Geburtenkontrolle empfehlen. Dadurch gerät für sie zu sehr aus dem Blickfeld, wie bedrohlich das Bevölkerungswachstum inzwischen für unser Überleben auf diesem Planeten geworden ist und welch wertvollen Beitrag Pille und Kondom weltweit zur Geburtenkontrolle leisten. Für Irritationen sorgt aber auch die Einschätzung, Männer würden durch die Anwendung solcher Verhütungsmethoden die Frauen zu Werkzeugen ihrer Triebbefriedigung erniedrigen. Da erscheint es nur als schwacher Trost, dass die große Mehrheit der Menschen unseres Landes über derart abstruse Thesen nur noch den Kopf schüttelt. Denn es gibt nach wie vor große, von männlicher Dominanz geprägte Entwicklungsländer, in denen die überwiegend ungebildete Bevölkerung sich in hohem Maße an dem orientiert, was die katholische Kirche an Regeln zur Geburtenkontrolle propagiert.

Lassen sich im Hinblick auf die **Umweltpolitik** ähnliche Beobachtungen machen? Im Zentrum steht hier gegenwärtig der Klimaschutz. Stellt man zu diesem Thema die Frage nach der Rolle männlicher Dominanz, so liegt es nahe, eine bestimmte Person in den Mittelpunkt zu rücken: den US-Präsidenten Donald Trump. Er leugnet schlicht den Zusammenhang von CO_2-Ausstoß und Klimawandel mit der These: »Wir Menschen sind daran nicht schuld.« Trump macht sich nicht die Mühe, sich mit der breitfundierten Gegenposition auseinanderzusetzen. Doch das ist uns ja bereits aus Deutschland bekannt, wo sich die AfD ganz ähnlich verhält. Trumps Weigerung, die US-Politik an den Beschlüssen der Pariser Weltklimakonferenz auszurichten, gefährdet das grundlegende Konzept, im Zusammenwirken aller Staaten den Klimawandel in erträglichen Grenzen zu halten. Niemand wird ernsthaft bezweifeln, dass es sich bei Trump um ein Musterexemplar des männlichen Dominanztypen handelt, der sich in seiner Politik primär an ihren populistischen Effekten orientiert und nicht an der Sachkunde ausgewiesener Experten. Sehr bedrohlich erscheint ferner, dass in seiner Nachbarschaft mit dem brasilianischen Präsidenten Bolsonaro ein Bruder im Geiste herangewachsen ist, der den für das Weltklima zentral wichtigen Regenwald zugunsten seiner Großagrarier schrittweise abholzen lässt.

Beide Politiker erscheinen damit als Repräsentanten einer langen Reihe von Männern, die in den Spitzenpositionen von Wirtschaft und Politik der führenden Industriestaaten über Jahrzehnte hinweg die Entscheidungen darüber, wie man mit den Ressourcen dieses Planeten umgeht, primär am höchstmöglichen Profit ausgerichtet haben. »Macht euch die Erde untertan!« (1. Mose 1:28) erscheint danach als ein Bibelspruch, der offenbar als Rechtfertigung dafür angesehen wurde, systematischen Raubbau an den eigentlichen Lebensgrundlagen der Menschheit zu praktizieren. Es muss deshalb mit großem Respekt registriert werden, dass Papst Franziskus mit seiner Enzyklika »Laudato si! – Über die Sorge für das gemeinsame Haus« im Mai 2015 klar Position bezogen hat: Eindringlich weist er darauf hin, dass wir jeden Tag 150 Tier- und Pflanzenarten ausrotten, 86 Mio. Tonnen fruchtbaren Boden verlieren und 150 Mio. Tonnen Treibhausgase emittieren. Gegen diese »Spirale der Selbstzerstörung« fordert er eine »ökologische Umkehr«.

Damit stellt sich die Frage, bei welcher Bevölkerungsgruppe der Papst mit seinen Thesen und der daraus abgeleiteten Forderung nach einem raschen Umstieg von Kohle, Gas und Öl auf erneuerbare Energien besonders viel Zustimmung geerntet hat. Eine Antwort darauf liefert ein kürzlich veröffentlichter internationaler Appell der jungen Klimabewegung. Am 24. Mai 2019 wurden weltweit bei mehr als 1350 Veranstaltungen in 110 Ländern die Menschen dazu aufgerufen, sich für eine Klimapolitik zu engagieren, die die Erderwärmung unter 1,5 Grad Celsius hält. Den Aufruf hatten 41 junge Menschen unterschrieben, die in 18 Ländern die Bewegung »Fridays for Future« organisieren. 70 Prozent waren junge Frauen.[11] Aber auch schon früher wurde die Umweltbewegung primär von Frauen getragen. Nach einem Bericht der taz aus dem Jahr 1994 gab es allerdings einen wichtigen Unterschied zur aktuellen Situation: »Ihre politische Massenbasis finden ökologische Anliegen immer noch mehr bei Frauen als bei Männern. Auch im Arbeitsalltag der Umweltorganisationen bilden sie die Mehrheit und den aktiveren Teil der Mitglieder und Beschäftigten. In den politischen Funktionen und zur Spitze hin reduziert sich ihr Anteil aber fühlbar auf 25 bis 35 Prozent.«[12] Genau das war auch noch 20 Jahre später zu beobachten. Bei der Weltklimakonferenz 2015 in Warschau betrug der Anteil der weiblichen Delegierten lediglich 35 Prozent.[13]

Frauen haben zwar in den letzten 20 Jahren wiederholt versucht, diese Dominanz der Männer in den Führungspositionen des Umweltschutzes und bei den Weltklimakonferenzen zu verändern. So betonte der sogenannte »Ökofeminismus« die Parallelen zwischen der Unterwerfung und Ausbeutung von Frauen/Kindern einerseits und der Natur andererseits durch das patriarchalische Machtverhältnis. Die respektlose Behandlung von Frauen/Kindern wie auch der Natur habe den gleichen Ursprung: das Patriarchat, das beide als Besitz des Mannes definiere.[14] Auch die Zeitschrift EMMA hatte sich frühzeitig in engagierten Artikeln für den Umweltschutz eingesetzt und die These des Ökofeminismus zur Diskussion gestellt[15]. Derartige Grundsatzdebatten stehen allerdings heute bei den Menschen von »Fridays for Future« nicht mehr im Vordergrund. Sie konzentrieren sich auf die Verbreitung ihrer Botschaft und vertrauen offenkundig darauf, dass sie für ihr zentrales Anliegen gerade bei den Frauen besonders starke Unterstützung erhalten.

Aktuelle Umfragen bestätigen diese Erwartung. So hat sich in der Schweiz kürzlich bei einer Studie der ETH Zürich gezeigt, dass Frauen im Vergleich zu Männern die Umwelt bei der Nutzung ihrer Wohnung deutlich weniger belasten. Ihr Stromverbrauch ist bei Einpersonenhaushalten auch unter Berücksichtigung der Wohnungsgröße und des Einkommens um ein Viertel geringer als der von Männern.[16] Zu entsprechenden Einschätzungen war bereits eine Sekundär-Auswertung der Umweltbewusstseinsumfrage 2000 gelangt.

Sie bestätigte die geschlechtsspezifischen Ergebnisse anderer Umweltbewusstseinsstudien in mehrfacher Hinsicht:

- Frauen messen dem Umweltschutz mehr Bedeutung zu als Männer;
- sie zeigen ausgeprägtere Pro-Umwelteinstellungen;
- sie äußern eine höhere emotionale Betroffenheit durch Umweltprobleme;
- sie sind gegenüber den Möglichkeiten der Technik, die Umweltprobleme zu lösen, deutlich skeptischer;
- sie äußern sich deutlich ablehnender hinsichtlich Risikotechnologien wie Gentechnik oder Atomenergie und sind deutlich häufiger der Meinung, seitens der Politik würde zu wenig für den Umweltschutz getan.[17]

Damit bleibt zu klären, welche Rolle die Männer schließlich bei der **Bedrohung durch Gewalt, Terror und Krieg** spielen. Für einen Kriminologen ist es relativ einfach, auf diese Frage eine erste Antwort zu finden. Die Dominanz der Männer bei der Anwendung von Gewalt ergibt sich bereits aus der Polizeilichen Kriminalstatistik. Pro 100 000 ab 14-Jährige in Deutschland lebende Männer registrierte die Polizei im Jahr 2018 368,6 Tatverdächtige der Gewaltkriminalität[18]. Die Gewaltbelastung der Männer übersteigt damit die der Frauen (60,0) um das 6,1-Fache. Überdies zeigt sich ein weiterer klarer Befund: Je schwerer die Gewalttat ausfällt, umso stärker dominieren die Männer. Bei Mord und Totschlag übersteigt ihre Tathäufigkeit die der Frauen um fast das 8-Fache, bei der gefährlichen / schweren Körperverletzung um das 5,5-Fache und bei der einfachen Körperverletzung um das 4,2-Fache. Ein ähnliches Bild ergibt sich im Übrigen im Vergleich vom schweren zum leichten Diebstahl. Beim Wohnungseinbruch dominieren die Männer im Vergleich zu den Frauen mit einer 5,9-fachen Höherbelastung, beim Ladendiebstahl dagegen lediglich um das 1,8-Fache.[19]

Doch wie sieht es bei der Bekämpfung der Gewalt aus? Sind wir hier nicht darauf angewiesen, diese Aufgabe primär kampferprobten Männern mit hohem Gewaltpotenzial zu übertragen? Eine vom KFN im Jahr 2010 durchgeführte Untersuchung hat uns hierzu eine interessante Botschaft übermittelt, die weit über ihr eigentliches Forschungsfeld hinausgeht. Unser Ziel war damals, im Wege einer Befragung von 20 000 Polizistinnen und Polizisten aus zehn Bundesländern aufzuklären, wie es zu schweren Gewalttaten gegen Polizeibeamte kommt und wie man dieses Risiko verringern kann. Ein Teilaspekt der Untersuchung lag bei Einsätzen gegen häusliche Gewalt. Hierbei konnten wir danach unterscheiden, ob es sich bei den eingesetzten Streifenwagenbesatzungen um zwei Männer handelte oder um einen Mann und eine Frau. Letzteres war für die Untersuchung deshalb von besonderem Interesse, weil wir bei unseren das Projekt vorbereitenden Gruppendiskussionen von manchen männlichen Beamten gehört hatten, sie würden bei einem derartigen Einsatz lieber in Begleitung eines männlichen Kollegen in die Wohnung gehen. »Wenn es hart auf hart kommt, fühle ich mich sicherer, wenn da ein kampfstarker Mann an meiner Seite steht.«

Doch die Forschungsergebnisse vermittelten ein anderes Bild: Für einen männlichen Polizeibeamten ergab sich in einem reinen Männerteam ein um 25 Prozent höheres Risiko, bei einem derartigen Einsatz angegriffen und verletzt zu werden (4,5 Prozent zu 3,6 Prozent)[20]. Als ich hierüber einige Monate später im Rahmen einer Podiumsdiskussion mit dem Chef der Polizeigewerkschaft GdP, Rüdiger Malchow, sprach,

brachte dieser seine Interpretation der Daten auf den Punkt:
»Die beste Waffe des Polizisten ist das Wort.« Er stellte darauf ab, dass es bei einem derartigen Einsatz zunächst darauf ankomme, eine kritisch-aggressive Situation zu entschärfen und deeskalierend auf die Konfliktbeteiligten einzuwirken. Wer da primär auf den Einsatz des Schlagstocks und der körperlichen Kraft vertraut, erhöht selber sein Risiko, massiv attackiert zu werden. Und tatsächlich bestätigte sich bei unserer Untersuchung, dass männliche Polizisten in derartigen Auseinandersetzungen zu 70 Prozent häufiger den Schlagstock einsetzen als weibliche (27 zu 15), während Frauen offenkundig stärker auf ihre kommunikative Kompetenz vertrauen.[21]

Darüber hinaus zeigt die Rückfallforschung, dass Männer weit häufiger als Frauen in kriminelle Karriere geraten, die von einer Vielzahl früherer Verurteilungen geprägt sind[22]. Das hat wiederum Auswirkungen auf die verhängten Strafen und trägt neben der höheren Tatschwere erheblich dazu bei, dass Männer 94 Prozent der Strafvollzugsinsassen bilden[23].

Die bisher dargestellten Erkenntnisse zur Gewaltkriminalität lassen sich durchaus auf Terror und Krieg übertragen. Ein Blick in die jüngere Vergangenheit oder die Gegenwart belegt das. Bei den Tätern des 11. September 2001 in New York handelte es sich ebenso wie bei den Tätern der Terrordelikte der letzten Jahre in Belgien, Frankreich und Deutschland fast durchweg um Männer. Die Beispiele belegen, dass männliche Dominanz dann zu einer extremen Gefahr wird, wenn sie mit religiösem Fanatismus einhergeht. Das demonstrieren die Taliban ebenso wie der IS oder Boko Haram. Sollte es beispielsweise den Taliban gelingen, nach einer Übernahme der politischen Macht in Afghanistan schrittweise auch das benachbarte Pakistan zu erobern, wäre erstmals ein islamistischer Gottesstaat im Besitz der Atombombe. Das würde ein weltweit bisher nicht gekanntes Bedrohungspotenzial begründen.

In allen drei Bereichen – dem starken Wachstum der Weltbevölkerung, den Gefahren für Umwelt und Klima und der Bedrohung durch Gewalt, Terror und Krieg – hat sich damit klar bestätigt: Die Probleme sind dort am größten, wo Männer ihre traditionelle Dominanz noch immer ungehemmt ausleben. Doch wir haben es in der Hand, dies grundlegend zu ändern. Frauen müssen weltweit eine gute Schul- und Berufsausbildung erhalten. Nur dann können sie bei der Familienplanung entscheidend mitbestimmen. Ihr starkes Engagement für eine konstruktive Umwelt- und Klimapolitik muss auch bei den internationalen Konferenzen und der Besetzung von Spitzenpositionen in den Organisationen des Umweltschutzes gleichrangig zum Tragen kommen. Wir brauchen Frauen ferner mit ihrer kommunikativen Kompetenz und ihrer pragmatischen Vernunft in gleicher Stärke wie Männer in all den Berufsbereichen, in denen es um die Bekämpfung von Gewalt und Terror und um die Verhütung von kriegerischen Konflikten geht.

Das alles wird jedoch nicht ausreichen, um den aus der Dominanz der Männer erwachsenden Gefahren effektiv und schnell genug begegnen zu können. Von zentraler Bedeutung ist daher, dass Frauen in den Machtpositionen unserer Gesellschaft gleichrangig mit den Männern vertreten sind. Das gilt für Wissenschaft und Medien ebenso wie für Wirtschaft und Politik. Dieses große Ziel wird aber selbst in unserer hoch entwickelten Gesellschaft nur realisierbar sein, wenn die Männer bereit sind, daran konstruktiv mitzuwirken. Frauen geraten nun einmal schon wegen ihrer Funktion als Mutter eher in die

Rolle, in Familie und Haushalt mehr Verantwortung zu übernehmen. Dies wiederum trägt erheblich dazu bei, dass sie sich später und seltener als Männer um Machtpositionen bewerben. Es wird also nicht ausreichen, wenn beispielsweise politische Parteien über die Medien die löbliche Absicht verkünden, bei der Aufstellung von Kandidatenlisten eine echte Gleichrangigkeit von Männern und Frauen anzustreben. Denn das wird erst dann problemlos umgesetzt werden können, wenn im persönlichen Lebensumfeld der in Betracht kommenden Frauen hierfür auch die nötigen Rahmenbedingungen entstehen. Die hier so vielfach kritisierte Dominanz der Männer werden wir erst dann überwinden können, wenn diese selber die emotionale Freiheit entdecken, die aus einer echten Gleichrangigkeit von Männern und Frauen erwächst.

Religion und Gewalt

In jungen Jahren ist Christus für mich eine echte Herausforderung. Die Radikalität seiner Bergpredigt fasziniert mich ebenso wie seine Geschichten mit ihren besonderen Botschaften. Am Beispiel der Ehebrecherin und seiner Frage »Wer wirft den ersten Stein?« wird mir bewusst, wie revolutionär er für die Autoritäten seiner Zeit war. Über den barmherzigen Samariter halte ich im Religionsunterricht einen kleinen Vortrag. Mit 18 Jahren befasse ich mich ernsthaft mit dem Gedanken, Pfarrer zu werden. Doch dann beendet ein massiver Streit mit meinem Religionslehrer diese Überlegungen.

Er möchte uns den theologischen Grundgedanken der Erbsünde vermitteln, also der angeborenen Verderbtheit des Menschen. Nur mithilfe einer christlichen Taufe könne die Gemeinschaft mit Gott wiederhergestellt werden. Deshalb sei bei einem nicht lebensfähigen Baby die Nottaufe unerlässlich. Nur so könne es der ewigen Verdammnis entgehen und in den Himmel kommen. Die letzte Entscheidung über unser Leben nach dem Tod würde dann später im Zuge des Jüngsten Gerichts erfolgen. Ich protestiere heftig: So ein kleines Kind kann doch noch gar keine Sünde begehen. Die Erbsünde ist offenkundig ähnlich wie das Jüngste Gericht eine Erfindung der kirchlichen Dogmatik, um uns Menschen klein zu halten, uns Angst und Schuldgefühle zu *vermitteln und uns so besser beherrschen zu können. Der Pfarrer antwortet, wenn ich das glaube, könne ich ja gleich aus der Kirche austreten. Und damit ist mein Flirt mit der Theologie beendet.*

Die Christusbegeisterung ist mir trotzdem geblieben. Deswegen predige ich ab und zu in Kirchen über seine großartige Botschaft. Aber die Angst vor dem Jüngsten Gericht brauche ich bis heute nicht zur Begründung dafür, mich um ein an Christus orientiertes Leben zu bemühen oder andere hierzu zu motivieren.

Religion und Gewalt bei einheimischen deutschen Jugendlichen

Die vom KFN 2007/2008 durchgeführte Jugendbefragung nutzten wir auch dazu, den Effekt von Religiosität zu messen. Im Mittelpunkt stand dabei die Frage, ob folgende Annahme zutrifft: Je religiöser Jugendliche sind, umso seltener verüben sie Gewalttaten. Dank der großen Zahl von fast 45 000 Befragten hatten wir die Chance, diese Hypothese für ganz unterschiedliche Gruppen zu überprüfen. Wir konnten sowohl nach den verschiedenen Religionen unterscheiden als auch nach Ostdeutschen und Westdeutschen oder einheimischen deutschen Jugendlichen im Vergleich zu jungen Migranten. Sie alle wurden zunächst danach gefragt, ob sie einer religiösen Gemeinschaft angehören. Anschließend haben wir die Religiosität der Neuntklässler anhand von vier Fragen gemessen:

- Wie oft hast Du in den letzten zwölf Monaten gebetet? (Die

Antworten reichten von »Täglich« über »Mehrmals pro Woche« bis hin zu »Nie«.)

- Wie oft hast Du in den letzten zwölf Monaten ein Gotteshaus besucht? (Antworten wie oben)
- Wie wichtig ist Religion für Dich persönlich in Deinem Alltag? (Angeboten wurden vier Antworten zwischen »Sehr wichtig« und »Völlig unwichtig«.)
- Wie wichtig ist Religion bei Deiner Erziehung zu Hause? (Antworten wie oben)

Zum Einstieg konzentriere ich mich auf die Forschungsergebnisse zu einheimischen deutschen Jugendlichen. Entsprechend ihren Antworten auf die vier Fragen ordneten wir sie vier Gruppen zu: nicht religiöse, etwas religiöse, religiöse und sehr religiöse Jugendliche. Für die einheimischen deutschen Neuntklässler aus Westdeutschland ergab die Datenauswertung eine klare Bestätigung der oben entwickelten Hypothese: Je religiöser sie sind, desto niedriger fällt ihre Gewaltrate aus.[1] Sowohl für evangelische als auch katholische Jugendliche ergab sich, dass die nicht religiösen Jugendlichen im Verlauf der letzten zwölf Monate zu 16,3 Prozent mindestens eine Gewalttat begangen hatten. Mit steigender Religiosität sinkt diese Quote bei katholischen und evangelischen Jugendlichen auf sechs bis sieben Prozent.

Die Bedeutung dieser Forschungsbefunde erschließt sich allerdings erst, wenn wir auch berücksichtigen, zu welchem Anteil die Jugendlichen aus beiden christlichen Kirchen tatsächlich religiös sind. Evangelische Jugendliche aus Westdeutschland waren danach bei dieser 2007/2008 durchgeführten Befragung nur zu 16,5 Prozent als religiös oder sehr religiös einzustufen. Bei den jungen Katholiken trifft das auf

26,2 Prozent zu. Die drei zwischenzeitlich in Niedersachsen mit jeweils knapp 10 000 Jugendlichen durchgeführten Repräsentativbefragungen zeigen auf, dass diese Quoten um etwa ein Fünftel gesunken sind. Und auf der anderen Seite hat der Anteil derjenigen, die keiner Religion angehören, von acht auf 17 Prozent zugenommen. Die wiederholt durchgeführten Jugendbefragungen zeigen damit, dass die mit christlichem Glauben verbundene Reduktion von Gewalt insgesamt schwächer wird. Dennoch erscheint es nach wie vor sinnvoll, im Wege einer systematischen Untersuchung aufzuklären, worin sie begründet ist.

Die große Schülerbefragung der Jahre 2007/2008 hatte uns dank der Repräsentativstichprobe von knapp 45 000 Jugendlichen die einmalige Chance eröffnet, zu den hier interessierenden Fragen differenzierte Analysen durchzuführen. Der nachfolgende Überblick vermittelt die zentralen Befunde der Untersuchung. Dabei haben wir jeweils drei Gruppen von einheimischen deutschen Jugendlichen aus Westdeutschland verglichen: erstens diejenigen, die keiner Religion angehören, zweitens diejenigen, die schwach oder nicht religiös sind, und drittens jene Jugendliche, die religiös sind (zusammengesetzt aus sehr religiösen und mittel religiösen Befragten).

- Die niedrigste Rate selbstberichteter Gewalt ergibt sich zu religiösen jungen Katholiken mit ca. zwölf Prozent. Die zahlenmäßig fast dreimal so große Gruppe der schwach/ nicht religiösen katholischen Jugendlichen liegt mit ihrer Gewaltrate bei 17 Prozent. Die evangelischen Jugendlichen erreichen etwas höhere Quoten. Erneut weist die Gruppe der keiner Religion angehörenden Jugendlichen mit knapp ein Fünftel die höchste Gewaltrate auf.[2]

- Beachtung verdient ferner, dass der präventive Effekt christlichen Glaubens sich nicht ergibt, wenn der Anteil von religiösen Katholiken bzw. Protestanten in einem Gebiet sehr niedrig ausfällt. Ihre Gewaltraten unterscheiden sich dann nur wenig von der solcher Jugendlicher, die keiner Religion angehören. Besonders deutlich wird dies, wenn man in die Betrachtung auch ostdeutsche Jugendliche einbezieht, die bei der bundesweiten Jugendbefragung nur zu einem Viertel getauft waren. Hier entfaltete der christliche Glaube keinerlei präventive Wirkung.[3] Ein völlig anderes Bild ergibt sich dagegen, wenn der Anteil religiöser Jugendlicher in einem Gebiet relativ hoch ausfällt (mindestens zwölf Prozent). Insbesondere zu jungen Katholiken zeigt sich dann eine Gewaltrate, die um mehr als die Hälfte unter der der anderen Gruppen liegt (katholische Jugendliche 7,1 Prozent zu nicht religiöse Jugendliche 16,8 Prozent).
- Zur Erklärung dieser Phänomene zogen wir die von Regnerus 2003 entwickelte »moral-community-Hypothese« heran.[4] Hiernach entfaltet der Glaube vor allem dann verhaltenssteuernde Kraft, wenn die Menschen in eine religiöse Gemeinschaft eingebettet sind, in der sie in ihrer Werteorientierung bestärkt werden und in Freizeitaktivitäten Lebensfreude und soziale Beziehungen zu sich prosozial verhaltenden Personen erleben. Ein Beispiel hierfür wäre etwa die aktive Mitgliedschaft in einer Gemeinschaft von katholischen Sankt-Georgs-Pfadfindern.

Damit bleibt eine Frage zu klären: Weshalb entwickelt sich bei katholischen im Vergleich zu evangelischen Kindern und Jugendlichen häufiger eine ausgeprägte Religiosität? Unsere Recherchen erbrachten dazu folgende Erklärungsansätze: Nur bei den jungen Katholiken gibt es bereits im Alter von neun Jahren die festliche Kommunion, die durch einen spezifischen Religionsunterricht intensiv vorbereitet wird. Ferner zeigen die Befragungsdaten, dass die katholische Kirche mit ihrer Jugendarbeit die spezifische Risikogruppe der männlichen, geringer gebildeten Jugendlichen besser erreicht als die evangelischen Gemeinden. Dazu trägt möglicherweise auch bei, dass 9- bis 16-Jährige als Ministranten in den Gemeinden an der Gestaltung von Gottesdiensten aktiv mitwirken zu lassen. Die evangelische Kirche wartet dagegen mit ihrer Einladung an die nachwachsende Generation, in der Gemeinde aktiv zu werden, bis diese als Konfirmanden das 14. Lebensjahr erreichen. Das aber ist ausgerechnet eine Altersphase, in der sich viele in einer Protesthaltung oder zumindest in deutlicher Distanz zur Welt der Erwachsenen befinden und auch deshalb wenig Neigung verspüren, sich für ihre Religion zu öffnen. Und schließlich spielen möglicherweise die drei folgenden Faktoren eine Rolle: Katholische Jugendliche leben häufiger mit beiden leiblichen Eltern zusammen, sie haben seltener durch Umzüge ihre Freundschaftsnetzwerke verloren und sie sind häufiger Mitglied in Sportvereinen.[5]

Religion und elterliche Gewalt bei freikirchlichen Familien

»Wenn es Zeit wird, die Rute anzuwenden, atmen Sie tief ein, entspannen Sie sich und beten Sie: Herr, lass das eine gute Lektion werden. [...] Reißen Sie Ihr Kind nicht herum. Erheben Sie Ihre Stimme nicht. Das Kind sollte die Rute an Ihrem ganzen, ruhigen, überlegten und beherrschten Geist kommen sehen [...]. Wenn Sie sich auf das Kind setzen müssen, um es zu schlagen, dann zögern Sie nicht. Und halten Sie es so lange in dieser Stellung, bis es aufgegeben hat. [...] Manchmal bei älteren Kindern, wenn die Schläge nicht kräftig genug sind, ist das Kind noch aufmüpfig. Wenn das der Fall ist, nehmen Sie sich Zeit zum Erklären und schlagen Sie weiter. Hören Sie mit Ihrer Disziplinierung nie auf, bevor das Kind sich ergeben hat.«

Das Zitat stammt aus dem Buch »To Train Up A Child« des amerikanischen Pfarrers Michael Pearl und seiner Frau Debi. Seine deutsche Ausgabe war zwischen 2008 und 2010 ca. 4000 Mal verkauft worden. Auf Antrag des Deutschen Kinderschutzbundes wurden das Herstellen und der Verkauf des Buches zwar im Jahr 2011 von der Bundesprüfstelle für jugendgefährdende Medien verboten. Es ist dann allerdings – wie ich von Mitgliedern aufgeklärter freikirchlicher Gemeinden erfahren habe – später unter einem anderen Namen erneut in Deutschland vertrieben worden.

Bei einem Vortrag in der Ukraine bin ich 2013 darauf gestoßen, dass dieser Erziehungsratgeber oder solche mit ähnlicher Botschaft auch in anderen Ländern von evangelikalen Gemeinden verwendet werden. Zwei Jahre später hatte ich 2015 während meiner Gastprofessur am John-Jay-College New York Gelegenheit, diese Seite evangelischen Christentums in einem Land kennenzulernen, in dem die evangelikalen Gemeinden keineswegs eine Minderheit darstellen. In vielen Südstaaten gehören ihnen 30 bis 40 Prozent der

Bevölkerung an. In Fernsehgottesdiensten aus dieser Region der USA konnte ich leidenschaftlich auftretende Pfarrer erleben, die genau die Kindererziehung propagierten, die Pfarrer Pearl in seinem eingangs zitierten Ratgeber einfordert. Und ich konnte bereits damals feststellen, dass sich die evangelikalen Christen in den Südstaaten als engagierte Unterstützer des späteren Präsidenten Donald Trump profilierten.

Von den knapp 45 000 Jugendlichen, die wir 2007/2008 befragten, gehörten zwar nur 431 evangelisch-freikirchlichen Gemeinden an. Angesichts der großen Bedeutung, die dieser religiösen Gruppierung in vielen anderen Ländern zukommt, haben wir uns dennoch dazu entschlossen, die Daten dieser Jugendlichen gesondert auszuwerten. Dabei standen zwei Forschungsfragen im Mittelpunkt:

1. Unterscheiden sich Katholiken, Protestanten und Angehörige der evangelischen Freikirchen im Rahmen ihrer Erziehungserfahrungen insbesondere im Hinblick auf die innerfamiliäre Gewalt?
2. Gilt für Katholiken, Protestanten und Angehörige der evangelischen Freikirchen gleichermaßen, dass eine hohe Religiosität einen Schutzfaktor gegen Verhaltensauffälligkeiten und persönliche Fehlentwicklungen darstellt?

Die Datenauswertung beschränkte sich aus den oben genannten Gründen erneut auf die einheimischen deutschen Jugendlichen aus Westdeutschland. Ferner mussten wir dem Umstand Rechnung tragen, dass der Akademiker-Anteil von Vätern und Müttern bei den evangelisch-freikirchlichen Familien mit 44 Prozent erheblich über den Vergleichsquoten der evangelischen und katholischen Familien liegt (34 Prozent bzw. 32 Prozent). Die nachfolgenden Ergebnisse beziehen sich deshalb durchweg auf Familien von Nicht-Akademikern.[6]

- In katholischen Familien geht mit zunehmender Religiosität der Anteil der mit schwerer Gewalt erzogenen Kinder leicht zurück, bei evangelischen Eltern steigt dieser geringfügig an. Für evangelisch-freikirchliche Familien gilt dagegen: Je religiöser die Eltern sind, desto häufiger setzen sie schwere Gewalt ein (nicht religiöse Familien: 7 Prozent, sehr religiöse Familien: 26 Prozent).
- Zum Anteil der völlig gewaltfrei erzogenen Kinder zeigt sich nur für evangelisch-freikirchliche Familien: Je religiöser sie sind, umso stärker sinkt der Anteil der gewaltfrei erzogenen Kinder (nicht religiöse Familien: 56 Prozent, sehr religiöse Familien: 21 Prozent).

Angesichts der Besonderheiten der evangelisch-freikirchlichen Familien stellt sich die Frage, weshalb bei ihnen mit steigender Religiosität die Bereitschaft derart ansteigt, die Kinder zu schlagen. Ein erster Ansatzpunkt ist hier möglicherweise ihre Sonderstellung im Vergleich zu den beiden großen christlichen Kirchen. Sie finanzieren sich nicht über die vom Staat eingezogene Kirchensteuer, sondern leben von dem, was ihnen die Gemeindemitglieder freiwillig geben. Dies fördert ein hohes Zusammengehörigkeitsgefühl und die Entstehung eines starken sozialen Netzwerkes. Da solche Gemeinden zudem nicht von den dogmatischen Vorgaben der großen evangelischen »Mutterkirche« abhängig sind, kann sich so eine Eigenständigkeit entwickeln, die zu einer gewissen Abschottung vom »Mainstream« der gesellschaftlichen Entwicklungen beiträgt.

Unter solchen Bedingungen bleiben diese Gemeinden eher von den kirchlichen Traditionen geprägt, die über zwei Jahrtausende hinweg die Vorstellungen von christlicher Kindererziehung maßgeblich bestimmten. Und das ist die klare Botschaft, die uns das Alte Testament vermittelt: »Wer seine Rute schont, der hasst seinen Sohn; wer ihn aber lieb hat, der züchtigt ihn bei Zeiten« (Sprüche 13, Vers 14). Zudem: »Rute und Strafe gibt Weisheit; aber ein Knabe, sich selbst überlassen, macht seiner Mutter Schande« (Sprüche 29,15). Dem folgend gibt ein Vers aus dem mittelalterlichen Frankreich den Rat: »Besser schlägst Du Dein Kind, wenn es noch klein ist, als dass Du es als Erwachsener hängen siehst.« Dahinter steht der Glaube an eine angeborene Verderbtheit und Erbsünde des Menschen. Sie hat über Jahrtausende hinweg in vielen Religionen die Aussagen zur Kindererziehung geprägt. Dadurch konnte der Spruch »Kindern den Teufel aus dem Leib prügeln« zu einer programmatischen Aussage werden, die große Macht entfaltet hat.

Doch wie ist es zu erklären, dass sich vor allem in nord- und mitteleuropäischen Ländern inzwischen eine völlig andere Erziehungspraxis entwickelt hat? Die Frage wird von Steven Pinker in seinem mich sehr beeindruckenden Buch »Gewalt – eine neue Geschichte der Menschheit« (2011) anhand einer historischen Analyse beantwortet. Danach haben erst im Zeitalter der Aufklärung neue Sichtweisen zur Erziehung von Kindern einen schrittweisen Wandel der pädagogischen Grundüberzeugungen eingeläutet. Ein Beispiel bietet hier der französische Philosoph und Humanist Michel de Montaigne. 1662 formulierte er: »Von der Rute habe ich bisher keine andere Wirkung gesehen, als dass sie Kinder zu Kriechern oder zu immer verstockteren Bösewichten machte.«[7] Drei Jahrzehnte später folgte ihm 1692 der englische Philosoph John Locke in seinem Werk »Gedanken über Erziehung«. Er widersprach dem Konzept der angeborenen Verderbtheit, die man durch Prügel bekämpft: »Kinder sind wie weißes Papier oder wie Wachs, das man positiv und negativ gestalten und formen kann.«[8] Und 70 Jahre später setzte Jean-Jacques Rousseau dem christlichen Begriff der Erbsünde den der kindlichen Unschuld entgegen: »Kinder sollten die Chance erhalten, ihre Kreativität zu entfalten, um im Rahmen einer gewaltfreien Erziehung selber aus ihren Erfahrungen schrittweise zu lernen.«[9]

Doch damit waren die Philosophen dem herrschenden Geist ihrer Zeit weit vorausgeeilt. Es dauerte mehr als 200 weitere Jahre, bis sich ihre Botschaft, ausgehend von Schweden, zunächst in einer Reihe von europäischen Ländern schrittweise durchsetzen konnte. Die Besonderheit der evangelischen Freikirchen in Deutschland ebenso wie in den USA, in Brasilien, der Ukraine oder anderen Ländern liegt also darin begründet, dass sie offenbar in der Entwicklung ihrer Erziehungspraktiken stehen geblieben sind. Aufgrund ihrer strikten Orientierung an dem, was sich im Alten Testament zur Kindererziehung findet, halten sie noch immer an dem autoritär strengen Erziehungsstil fest, der bis zum 19. Jahrhundert generell anzutreffen war. Damit stellt sich die Frage, wie es sich auswirkt, dass die Erziehungsstile aus religiösen Gründen derart unterschiedlich ausfallen.

Oben hatte ich bereits dargestellt, welche ausgeprägten Divergenzen sich im Hinblick auf selbstberichtete Gewalt ergeben, wenn man nach der Religiosität unterscheidet. Auch zu den evangelischen Jugendlichen hatte sich ein hoch signifikanter und deutlich ausgeprägter Befund gezeigt: Je religiöser sie sind, desto stärker geht die Quote der selbstberichteten

Gewalt zurück.[10] Zu den evangelisch-freikirchlichen Jugendlichen bieten die Daten im Vergleich der Gruppen nur geringe und teilweise nicht signifikante Unterschiede[11]. Die Befunde haben uns nicht überrascht. Der kriminalpräventive Effekt der christlichen Religiosität wird hier von der destruktiven Kraft des elterlichen Schlagens überlagert.

Noch deutlicher wird dies, wenn man den Effekt der Religiosität im Hinblick auf die Lebenszufriedenheit der Jugendlichen untersucht. Zu den katholischen Jugendlichen ist hier ein klarer Zusammenhang erkennbar: Je religiöser die Jugendlichen sind, umso höher fällt ihre Lebenszufriedenheit aus. Sie steigt von einem Drittel bei den nicht religiösen auf gut die Hälfte bei den sehr religiösen Neuntklässlern. Bei evangelischen Jugendlichen ist dieser Zusammenhang etwas schwächer ausgeprägt. Bei evangelisch-freikirchlichen Jugendlichen zeigt sich wie erwartet eine insgesamt schwächere Lebenszufriedenheit, die zudem mit steigender Religiosität nicht zunimmt.

Damit hat unsere Untersuchung etwas klar bestätigt, was bereits in dem Film »Das weiße Band« überzeugend demonstriert wurde: Der in vielen evangelisch-freikirchlichen Gemeinden praktizierte, sehr autoritär-repressive Erziehungsstil wirkt sich auf die betroffenen Kinder und Jugendlichen als schwere Belastung aus. Er reduziert ihre Lebensfreude und gefährdet ihre Entwicklung. Eines muss freilich eingeräumt werden: Es ist uns trotz intensiver Bemühungen nicht gelungen, die 2007/2008 durchgeführte Studie bundesweit zu wiederholen. Weder das Bundesinnenministerium, als der frühere Geldgeber, noch das Bundesjugendministerium zeigten in den letzten beiden Jahren Interesse an aktuellen Erkenntnissen zu Jugendlichen in Deutschland. Wir können deshalb nicht ausschließen, dass die evangelischen Eltern aus Freikirchen ihre Erziehungspraxis auch wegen der wachsenden öffentlichen Kritik zumindest teilweise geändert haben.

Religion, Gewalt und islamischer Extremismus bei jugendlichen Migranten

November 2000. Am KFN haben wir durch unsere Anfang 1998 und Anfang 2000 in Hannover und anderen Städten durchgeführten Schülerbefragungen neue Erkenntnisse zum Thema »Importierte Machokultur« gewonnen. Wir konnten aufzeigen, dass hiervon türkischstämmige Jugendliche am stärksten betroffen sind und auch deshalb am häufigsten zuschlagen. Die Universität Göttingen lädt mich ein, hierüber einen Vortrag zu halten. Der große Hörsaal ist rappelvoll. In der ersten Reihe sitzt der Imam der Göttinger Moschee. Er wird mir vom Veranstalter vorgestellt. Im Stillen denke ich mir: »Das wird also nachher in der Diskussion einer meiner Gegner sein.« Doch dann kommt es ganz anders.

Mein Vortrag enthält insbesondere aus der Sicht türkischstämmiger Zuhörer durchaus provokative Forschungsbefunde. So spreche ich über die hohe Rate innerfamiliärer Gewalt durch türkische Männer und die Folgen, die daraus bei ihren Söhnen entstehen. Die Kultur der Ehre ist ebenso ein Thema wie das niedrige Bildungsinteresse türkischer Eltern. Eine der ersten Wortmeldungen kommt anschließend von dem Imam. Er bedankt sich in nahezu perfektem Deutsch für meine empirisch so überzeugend belegten Thesen. Was folgt, ist die eigentliche

Überraschung: Er lädt mich dazu ein, in seiner Moschee den Vortrag noch einmal zu halten – zugespitzt auf das Thema »Der Import türkischer Machokultur nach Deutschland und wie man sie überwinden kann«.

Vier Wochen später habe ich in einer vollbesetzten Moschee erhebliche Mühe, durch die große Menge von Frauen und Männern überhaupt mein Rednerpult zu erreichen. Meine Ansprache wird vollständig ins Türkische übersetzt. Mithilfe von großen Schaubildern erläutere ich unsere Forschungsbefunde. Anschließend gibt es ein paar Verständnisfragen. Dann bin ich erst einmal außen vor. Die eigentliche Debatte entzündet sich unter den Zuhörerinnen und Zuhörern. Es bilden sich kleine Gruppen, die heftig miteinander diskutieren. Ab und zu kommt jemand zu mir und vergewissert sich, dass er meine Thesen richtig verstanden hat. Nach etwa 40 Minuten gibt es eine weitere Überraschung: Die Frauen haben auf Einladung des Imams Essen mitgebracht und die Männer große Mengen von Mineralwasser. Die Veranstaltung endet in freundlicher Atmosphäre mit guten Gesprächen.

Anschließend darf ich zwei Journalisten türkischer Zeitungen Interviews geben, die über diesen Abend ausführlich berichten. Kurze Zeit später werde ich vom türkischen Fernsehen dazu eingeladen, in der größten Talkshow des Landes über unsere Forschungserkenntnisse zu sprechen. Dabei werde ich teilweise heftig angegriffen und sogar als Nazi beschimpft. Doch es gibt zwei wortstarke Verteidiger: einen türkischen Unternehmer und Cem Özdemir, den Politiker der Grünen. Beide machen das Fernsehpublikum darauf aufmerksam, dass ich doch nur der Übermittler von Botschaften bin, die türkischstämmige Jugendliche auf unseren Fragebögen dokumentiert haben.

Zu der Frage, wie sich die Religion bei muslimischen Jugendlichen auf ihre Einstellungen und Verhaltensweisen auswirkt, liegen zum einen die Befunde aus der großen bundesweiten Schülerbefragung der Jahre 2007/2008 vor. Zum anderen wird nachfolgend auch eine neue Studie einbezogen, die Dirk Baier im Herbst 2019 abgeschlossen hat. In dem von uns gemeinsam 2010 veröffentlichten Forschungsbericht konnten wir noch klar bestätigen, welcher präventive Effekt von der Religiosität christlicher Jugendlicher ausgeht. Ausdruck hierfür ist der Befund, dass von den nichtreligiösen Neuntklässlern 21,8 Prozent im Laufe der letzten zwölf Monate mindestens eine Gewalttat begangen hatten, von den sehr religiösen dagegen nur 12,4 Prozent. Bevor ich darstelle, was sich bei einem entsprechenden Vergleich gestützt auf aktuelle Daten für die jungen Muslime zeigt, möchte ich noch einen Aspekt unserer früheren Untersuchung hervorheben, der auch heute Beachtung verdient: Im Vergleich von christlichen und muslimischen Jugendlichen hatten sich 2007/2008 deutliche Unterschiede zur Religiosität ergeben, wenn man nach dem Geschlecht und der Schulbildung unterscheidet.

Bei christlichen Mädchen zeigten sich im Vergleich zu den Jungen deutlich höhere Religiositätswerte. Bei den jungen Muslimen war es umgekehrt. Dies hängt damit zusammen, dass die muslimischen Jungen häufiger als Mädchen eine Moschee besuchten (Jungen zu 42,6 Prozent mindestens einmal pro Woche, Mädchen zu 21,5 Prozent). Im Hinblick auf den Schulbesuch zeigte sich ferner bei christlichen Jugendlichen, dass mit steigendem Bildungsniveau auch die Religiosität zunimmt; Gymnasiasten waren deutlich religiöser als Hauptschüler. Bei den muslimischen Jugendlichen war es umgekehrt – höhere Bildung geht hier tendenziell mit schwächer ausgeprägter Religiosität einher. [12]

Rückblickend soll ferner noch einmal auf einen Befund eingegangen werden, der junge Migranten aus muslimischen Ländern deutlich von den einheimischen deutschen Jugendlichen unterscheidet. Er betrifft die Akzeptanz Gewalt legitimierender Männlichkeitsnormen, die wir mit acht Aussagen gemessen haben. Hier zwei Beispiele: »Ein Mann, der nicht bereit ist, sich gegen Beleidigungen mit Gewalt zu wehren, ist ein Schwächling.« »Als Vater ist ein Mann das Oberhaupt der Familie und darf sich notfalls auch mit Gewalt durchsetzen.« Männliche Jugendliche aus der Türkei, aus arabischen Ländern und aus dem früheren Jugoslawien akzeptierten diese Normen bei unserer bundesweiten Befragung zu 23,9 Prozent bis 30,5 Prozent uneingeschränkt, einheimische deutsche Jungen aus Westdeutschland hingegen nur zu 4,6 Prozent. Prüft man für beide Gruppen ergänzend die Bedeutung der Religiosität, so zeigen sich deutliche Unterschiede. Bei einheimischen deutschen Jugendlichen sinkt sowohl bei den katholischen als auch bei den evangelischen Befragten mit steigender religiöser Bindung die Zustimmung zu den Männlichkeitsnormen[13]. Zu den jungen Muslimen hat sich ein gegenteiliger Befund ergeben: Die Akzeptanz entsprechender Normen erhöht sich im Vergleich von nicht religiösen zu sehr religiösen Jugendlichen signifikant.

Es erscheint allerdings an dieser Stelle nötig, noch einmal auf zwei Aspekte aufmerksam zu machen, die die christlichen Kirchen in Deutschland betreffen. Zum einen ist die katholische Kirche bis heute von männlicher Dominanz geprägt. Den Frauen wird nach wie vor der Zugang zum Beruf des Priesters verwehrt. Zum anderen haben beide Kirchen über lange Zeit in ihren Trauformeln die Dominanz der Männer als Grundprinzip der christlichen Ehe eingefordert. Hierzu nachfolgend eine persönliche Erinnerung.

1951: Ich bin sieben Jahre alt. In der Kirche eines benachbarten Dorfes findet eine Trauung statt. Ich sitze auf dem Schoß meiner Mutter und bin schon ganz aufgeregt, weil ich nachher beim Auszug des Hochzeitspaares vorneweg Blumen streuen darf. Der Pfarrer fragt die Braut, ob sie damit einverstanden sei, ihrem Mann Gehorsam zu leisten und ihm überallhin zu folgen, wo auch immer er im Leben hingeht. Sie bejaht das. Und ich flüsterte meiner Mutter ins Ohr: »Aber du gehorchst doch dem Vati gar nicht.« Sie antwortet mir: »Ja, weil wir beide das für Blödsinn halten. Da ist die Kirche doch noch sehr rückständig.«

Bei der Suche nach Erklärungen für den oben dargestellten Befund, dass sehr religiöse muslimische Jugendliche die Normen der Machokultur signifikant häufiger für richtig halten als nicht religiöse, muss man den soziokulturellen Hintergrund beachten, in dem ihre Familien aufgewachsen sind. Hier spielt eine gewichtige Rolle, dass es in den Herkunftsländern der muslimischen Jugendlichen zu der Zeit, in der ihre Großväter und möglicherweise auch noch ihre Väter dort aufwuchsen, vielfach keine rechtsstaatlichen Verhältnisse mit einer funktionstüchtigen Polizei gab. Bedrohungen für Eigentum und Sicherheit der eigenen Sippe konnten also von den unmittelbaren Vorfahren der in Deutschland lebenden muslimischen Familien oft nur dadurch abgewehrt werden, dass die Männer sich bewaffneten, dass ferner eine ihr Verhalten prägende Kultur der Ehre den Zusammenhalt in der Sippe gewährleistete und dass sie durch kampfstarkes Auftreten gewalttätige Übergriffe verhinderten. Die in Deutschland wenig hilfreiche Machokultur vieler Muslime hatte also in der früheren Heimat durchaus Bedeutung für Ansehen, sozialen Erfolg und Sicherheit[14].

Zu der Frage, welcher Stellenwert in diesem Kontext dem Islam zukommt, hat nun Dirk Baier 2019 eine neue Untersuchung vorgelegt. Sie beruht zum einen auf den beiden niedersächsischen Jugendbefragungen der Jahre 2015 und 2017 mit insgesamt 19 576 Neuntklässlern, zum anderen konnte er eine Befragung von 8317 17- und 18-Jährigen aus der Schweiz mit einbeziehen.[15] Nachfolgend werden primär die Befunde zu den jungen Muslimen aus Niedersachsen dargestellt. Für den Schwerpunkt seiner Datenanalyse – den Zusammenhang zwischen Religiosität, Gewalt und Extremismus bei muslimischen Jugendlichen – hat sich Baier auf die 1020 Befragten Niedersachsens konzentriert, die zu ihrer Religion »muslimisch« angekreuzt hatten.

Die Jugendlichen wurden ferner danach befragt, welche Staatsangehörigkeit sie selbst bzw. ihre Eltern haben und wo sie selbst bzw. ihre Eltern geboren wurden. Nach den Ergebnissen handelt es sich bei jedem Zweiten von ihnen um türkischstämmige Jugendliche. Die anderen kommen aus Nordafrika, aus arabischen Ländern sowie aus dem ehemaligen Jugoslawien und aus asiatischen Ländern. Die große Mehrheit der befragten jungen Muslime ist in Deutschland geboren. Die höchste Quote erreichten hier türkischstämmige Jugendliche mit 95,5 Prozent. Ferner verfügen 69,3 Prozent der jungen Muslime über die deutsche Staatsangehörigkeit. Wie schon bei vergleichbaren früheren Schülerbefragungen des KFN wurde es als Gewalt gewertet, wenn die Jugendlichen im Verlauf der letzten zwölf Monate mindestens einmal eine Köperverletzung oder einen Raub begangen hatten.

Im Ergebnis zeigt sich zwar mit zunehmender Religiosität ein leichter Anstieg des Gewaltverhaltens, die muslimische Religiosität hat sich jedoch weder in Niedersachsen noch in der Schweiz als eigenständiger Verstärkungsfaktor der Gewalt erwiesen. Gleichwohl gibt es einen deutlichen Unterschied zu den im ersten Abschnitt dieses Kapitels dargestellten Erkenntnissen: Während die christliche Religiosität bei katholischen und evangelischen Jugendlichen in Westdeutschland als Schutzfaktor gegen Gewalt erscheint, gilt dies im Hinblick auf die muslimische Religiosität nicht.

Eine Frage ist damit noch ungeklärt: Gibt es einen Zusammenhang zwischen der Religiosität junger Muslime und ihrer Zustimmung zu fundamentalistischen und extremistischen Einstellungen? Am KFN nutzten wir die niedersächsische Jugendbefragung 2015 erstmals dazu, jungen Muslimen zu diesem Themenbereich spezifische Fragen zu stellen. Angesichts der interessanten Befunde wurde die Datenerhebung zwei Jahre später im Rahmen der Jugendbefragung 2017 wiederholt. Hierdurch konnte Dirk Baier in seiner 2019 durchgeführten Untersuchung auch auf die Frage eingehen, ob einerseits mit steigender Religiosität muslimischer Jugendlicher ihre Integration beeinträchtigt wird und ob andererseits die Zustimmung zu extremistischen Einstellungen steigt.

Als Indikator für strukturelle Integration wertete er zunächst die Daten dazu aus, ob die Jugendlichen das Abitur anstreben. Hier zeigte sich im Vergleich der drei Gruppen (geringe, mittlere und starke Religiosität) kein signifikanter

Unterschied. Ein anderes Bild ergab sich zur sozialen Integration, die mittels der Frage gemessen wurde, ob man mindestens einen deutschen Freund hat. Schwach religiöse Jugendliche bejahten diese Frage zu 85,4 Prozent, mittelreligiöse zu 69,9 Prozent und hoch religiöse nur noch zu 58,1 Prozent. Offen bleibt damit freilich, wie diese Daten zu interpretieren sind. Sie können bedeuten, dass muslimische Jugendliche sich mit steigender Religiosität in ihre Welt zurückziehen und sich von deutschen Jugendlichen eher fernhalten. Denkbar ist jedoch auch die gegenteilige Interpretation: ein Rückzugsverhalten der jungen einheimischen Deutschen gegenüber der als fremd empfundenen Religiosität muslimischer Jugendlicher.

Auch zum Integrationsmerkmal der Identifikation mit Deutschland hat sich ein signifikanter Befund ergeben: Schwach religiöse Jugendliche bejahen zu 39,5 Prozent ein Zugehörigkeitsgefühl im Hinblick auf Deutschland. Dieses sinkt über 25,3 Prozent (mittelreligiöse) auf 19,7 Prozent bei den hoch religiösen Jugendlichen. Entsprechende Unterschiede zeigen sich ferner im Hinblick auf extremistische Einstellungen. In der nachfolgenden Auswahl der von Baier vorgelegten Befunde wird nach den gering religiösen und sehr religiösen Jugendlichen unterschieden, weil die Ergebnisse der mittleren Gruppe durchweg zwischen den beiden Extremen liegen.

Die Daten belegen, dass muslimische Jugendliche mit steigender Religiosität verstärkt zu fundamentalistischen Einstellungen tendieren. Je religiöser sie sind, umso deutlicher sprechen sie sich für die den Ehebruch und Homosexualität hart bestrafende Scharia aus und umso eher halten sie den Islam für die einzig wahre Religion und bewerten Menschen mit anderen

Aussagen	gering religiös (in Prozent)	sehr religiös (in Prozent)
Es ist die Pflicht jedes Muslims, Ungläubige zu bekämpfen und den Islam auf der ganzen Welt zu verbreiten.	7,7	24,6
Die islamischen Gesetze der Scharia, nach denen zum Beispiel Ehebruch oder Homosexualität hart bestraft werden, sind viel besser als die deutschen Gesetze.	10,3	43,3
Muslimen ist es erlaubt, ihre Ziele notfalls auch mit terroristischen Anschlägen zu erreichen.	1,1	4,2
Der Islam ist die einzige wahre Religion; alle anderen Religionen sind weniger wert.	13,0	58,5
Gegen die Feinde des Islam muss mit aller Härte vorgegangen werden.	8,0	20,7
Ich kann mir gut vorstellen, selbst für den Islam zu kämpfen und mein Leben zu riskieren.	11,9	41,6
Gesamtwert zu allen insgesamt neun extremistischen Einstellungen	**2,7**	**16,6**

Tabelle 7: Religiosität muslimischer Jugendlicher und islamisch-extremistische Einstellungen

Religionen als Ungläubige, die es zu bekämpfen gilt. Es entsteht der Eindruck, dass der häufige Besuch von Moscheen bei ihnen sowohl die Intoleranz als auch eine aggressive Einstellung gegenüber Andersgläubigen oder nicht religiösen Menschen fördert. Hinzu kommt eine mit steigender Religiosität wachsende Bereitschaft, zur Verteidigung des Islam Gewalt einzusetzen. Zwar sind es von den sehr religiösen Jugendlichen lediglich 4,2 Prozent, die den islamistischen Terror explizit befürworten. Doch mit 41,6 Prozent erklären sich zehnmal so viele dazu bereit, für den Islam zu kämpfen und hierbei ihr Leben zu riskieren. Berücksichtigt man dann noch, dass mit steigender Religiostät sowohl die Zahl der deutschen Freunde als auch das Gefühl der Zugehörigkeit zu Deutschland deutlich sinken, so erscheint eine Folgerung naheliegend: Je häufiger junge Muslime ihre Moschee besuchen, desto stärker entfremden sie sich von unserer Kultur.

Die Daten stehen damit im klaren Wiederspruch zu der Geschichte aus der Göttinger Moschee, von der ich zu Beginn dieses Textes berichtet habe. Hierfür bietet sich zunächst eine einfache Erklärung an: Der für unsere Kultur so aufgeschlossene, deutschsprachige Imam, der mich im Jahr 2000 zu dem Vortrag eingeladen hatte, ist dort schon lange nicht mehr tätig. Dahinter steht offenbar eine Entwicklung, von der mir in den letzten Jahren mehrfach türkische Unternehmer berichteten: die systematische Auswechslung von langjährig in Deutschland tätigen Imamen. Da es sich bei ihnen um türkische Staatsbeamte handelt, sind sie verpflichtet, der Anordnung der türkischen Religionsbehörde Diyanet Folge zu leisten. Von einem ausgewiesenen Türkei-Experten habe ich hierzu ergänzende Informationen erhalten. Auf die Nennung seines Namens verzichte ich, da er weiterhin die Türkei ohne Angst davor besuchen möchte, wegen seiner Äußerungen Repressalien ausgesetzt zu werden.

Seines Erachtens verfolge Präsident Erdogan mit dieser Strategie sowohl ein politisches als auch ein religiöses Ziel. Bei den in den Jahren seit 2013 nach Deutschland und in andere europäische Länder entsandten Imamen handele es sich fast durchweg um Mitglieder der in der Türkei mit absoluter Mehrheit herrschenden AKP. Diese Imame hätten den Auftrag, die »Auslandstürken« emotional stark an die Türkei zu binden und sie religiös auf den von Präsident Erdogan propagierten Kurs einer konservativ orientierten Staatsreligion zu bringen. Seit 2016 sei es zudem ihre Aufgabe, bei den immer häufiger werdenden deutsch-türkischen Konflikten in ihren Moscheen klar die Position Erdogans zu vertreten.

Als Beispiele nannte der Experte die rechtsstaatswidrigen Verhaftungen der Journalisten Can Dündar und Deniz Yücel oder die von Deutschland 2016 ausgesprochenen Verbote von Wahlkampfauftritten türkischer Politiker. Hierdurch seien besonders die türkischen DITIB-Moscheen zu Orten geworden, an denen stark polarisiert werde. Der Islamverband DITIB werde von der türkischen Religionsbehörde Diyanet gesteuert, die direkt Präsident Erdogan unterstellt sei. Eine parallele Entwicklung sei auch bei den IGMG-Moscheegemeinden (Islamische Gemeinschaft Milli Görüş) zu beobachten. Die IGMG sei Teil der vom türkischen Politiker Erbakan gegründeten politisch-religiösen Bewegung Milli Görüş. Deren Ziel sei eine politische Ordnung auf der Grundlage eines sehr konservativen Islam.

Unter Erdogan, dem geistigen Ziehsohn Erbakans, seien DITIB und Milli Görüş eng zusammengerückt. So entsende Diyanet türkische Imame auch an IGMG-Moscheen. In Niedersachsen sei SCHURA, der zweite große islamische Verband neben DITIB, inzwischen von Milli Görüş dominiert. Dies alles habe dazu beigetragen, dass Präsident Erdogan bei seiner 2017 erfolgten Wiederwahl mit 62 Prozent in Deutschland ein weit besseres Ergebnis erzielen konnte als in der Türkei. Auf der anderen Seite sei beispielsweise in Niedersachsen zu beobachten, dass in einem Teil der DITIB-Moschee-Gemeinden gegen diese ständige Bevormundung durch den DITIB-Bundesvorstand und die dahinterstehende Religionsbehörde Diyanet starker Protest entstanden ist. Dies habe schließlich dazu geführt, dass der niedersächsische Landesvorstand von DITIB Ende 2018 zurücktrat.

Wie bewerteten die türkischstämmigen Jugendlichen vor diesem Hintergrund die oben dargestellten Feststellungen? Bereits bei dem ersten Statement gibt es einen klaren Unterschied zwischen beiden Gruppen: Von den nicht aus der Türkei stammenden jungen Muslimen stimmten die gering religiösen lediglich zu 1,2 Prozent der These zu, es sei ihre Pflicht, Ungläubige zu bekämpfen. Auch bei den sehr religiösen Jugendlichen liegt die Quote mit 16,6 Prozent noch relativ niedrig. Bei den türkischen Jugendlichen lauten die Vergleichsdaten dagegen 12,2 Prozent zu 32,6 Prozent. Deutliche Divergenzen zeigen sich ferner hinsichtlich der Feststellung »Ich kann mir gut vorstellen, selbst für den Islam zu kämpfen und mein Leben zu riskieren«. Dem stimmten die gering religiösen sonstigen Muslime zu 7,5 Prozent zu, die sehr religiösen zu 35,2 Prozent. Bei den türkischstämmigen Jugendlichen erhöhen sich die Vergleichswerte auf 16,3 und 48,0 Prozent. Vor allem aber ergibt sich ein deutlicher Unterschied, wenn man vergleicht, was sich als Gesamtwert im Hinblick auf alle neun von Baier erhobenen islamisch-extremistischen Einstellungen ergeben hat. Von den gering religiösen Jugendlichen, die nicht aus der Türkei stammen, stimmten 0,5 Prozent solchen Einstellungen zu, von den sehr religiösen 11,9 Prozent. Zu den türkischstämmigen Jugendlichen ergaben sich hingegen erneut mit 4,9 Prozent (gering religiös) und 21,3 Prozent (sehr religiös) wesentlich höhere Zustimmungswerte.

Beachtliche Differenzen zeigen sich schließlich ebenfalls im Vergleich der Integrationswerte. Von den schwach religiösen Jugendlichen haben beide Gruppen zu 85 Prozent mindestens einen deutschen Freund. Mit steigender Religiosität sinkt diese Quote bei den »sonstigen Muslimen« auf 64 Prozent, bei den türkischstämmigen Jugendlichen auf 53 Prozent. Ein noch stärkerer Unterschied ergibt sich im Hinblick auf die emotionale Zugehörigkeit zu Deutschland: Von den schwach religiösen »sonstigen Muslimen« identifizieren sich 37 Prozent mit Deutschland. Bei den sehr religiösen Muslimen sinkt dieser Wert auf 22 Prozent. Zu den türkischstämmigen Jugendlichen lauten die Vergleichsquoten 48 und 19 Prozent. Der Abstand beider Gruppen erhöht sich also um nahezu das Doppelte. Dabei ist zu beachten, dass auch die sehr religiösen türkischstämmigen Jugendlichen zu 95 Prozent in Deutschland geboren sind und zu 85 Prozent über einen deutschen Pass verfügen. Dennoch fühlen sich vier Fünftel von ihnen emotional nicht mit Deutschland verbunden.

Die niedersächsischen Daten bieten damit eine erste Bestätigung für die oben aufgestellte These, nach welcher der beschriebene Wandel der türkischen Moscheekultur erhebliche Auswirkungen auf die sehr gläubigen jungen Besucher hat. Ein klarer Beweis ist das allerdings nicht. Hierfür müssten bundesweit angelegte Untersuchungen durchgeführt werden, in die auch weitere Gruppen von Moscheebesuchern und die dort tätigen Imame einbezogen werden. Deshalb ist die Frage schwer zu beantworten, welche Maßnahmen die deutsche Politik auf der Ebene des Bundes, der Länder und der Kommunen ergreifen kann, einer Islamisierung muslimischer Jugendlicher entgegenzuwirken. Eine Konsequenz wird allerdings vor dem Hintergrund der hier vorgetragenen Ergebnisse schon jetzt empfohlen: Sowohl DITIB als auch SCHURA sollte nicht mehr länger bei den auf Landesebene eingerichteten Beiräten für den islamischen Religionsunterricht und bei den Fakultäten für islamische Theologie als zentraler Kooperationspartner herangezogen werden.

Eine Erkenntnis vermittelt die von Dirk Baier vorgelegte Studie jedenfalls: Je besser die jungen Muslime in Bildung und Gesellschaft integriert sind, umso weniger tendieren sie zu extremen und fundamentalistischen Einstellungen. Hier eröffnet sich ein weiter Spielraum, um den skizzierten Problemen zu begegnen.

Zu den dargestellten Forschungsbefunden von Dirk Baier habe ich mit der an der Universität Zürich als Privatdozentin tätigen Dr. Elham Manea gesprochen. Sie lehrt dort als Islamwissenschaftlerin unter anderem in den Bereichen Politischer Islam und Radikalisierung sowie Gender und Politik im arabischen Raum. Frau Manea ist Mitbegründerin der liberalen Ibn-Rushd-Goethe-Moschee in Berlin. 2018 ist im Kösel-Verlag ihr Buch »Der alltägliche Islamismus. Terror beginnt, wo wir ihn zulassen« erschienen.

Interview mit der Islamwissenschaftlerin Elham Manea

Pfeiffer: Frau Manea, wie beurteilen Sie die Befunde, nach denen bei jungen Muslimen mit steigender Religiosität die Akzeptanz islamistischer Aussagen steigt?

Manea: Zunächst möchte ich betonen, dass nicht alle muslimischen Religionslehren zu Radikalisierung oder Extremismus führen. Wie Sie an mir sehen können, bedeutet religiös zu sein für Muslime nicht, extrem zu sein. Das bringt uns zu den von Ihnen gewonnenen Erkenntnissen. Sehr oft spiegeln die Ideologie und damit die religiösen Lehren der Moscheen nämlich die ihrer ursprünglichen Länder wider. Ganz gleich, ob das Geld aus der Türkei oder aus einem Golfstaat kommt, ist die Art des Islam, die in diesen Moscheen propagiert wird, oft von einer Ideologie des politischen Islam geprägt – d. h. einer fundamentalistischen Lesart der Religion, die darauf besteht, dass der Islam Staat *und* Religion ist und damit ein Modell für eine politische, soziale und religiöse Ordnung darstellt. Wenn das in einer Moschee gelehrt wird, wird der Religionsunterricht als Instrument genutzt, um Kinder und Jugendliche bewusst zu indoktrinieren. Die empirischen Daten Ihrer Studie sprechen dafür, dass das zumindest teilweise geschehen ist.

Pfeiffer: Wie erklären Sie die Unterschiede, die sich im Vergleich der türkischstämmigen zu den anderen jungen Muslimen zeigen?

Manea: Die Ergebnisse begründen meine Sorge, dass den Jugendlichen in türkischen Moscheen unter der Leitung von DITIB und Milli Görüş vielfach eine Form des politischen Islam vermittelt wird. DITIB und die Religionsbehörde Diyanet haben einen allmählichen Wandel zur religiös-nationalistischen Ideologie der AKP erlebt. Milli Görüş war ohnehin entsprechend orientiert. Obwohl die AKP den türkischen Säkularismus politisch eigentlich akzeptiert hatte, hat sie in den letzten fünf bis zehn Jahren konsequent daran gearbeitet, ihn in der Gesellschaft zu untergraben. Wie ich in meinem Buch dargelegt habe, hat sich die AKP unter Leitung von Erdogan von der Ideologie der muslimischen Bruderschaft inspirieren lassen. Die Art und Weise, wie die Muslimbrüder Kinder und Jugendliche an das Leben von Mohammed und an den Koran heranführen, ist aber von einem extremistischen Islam geprägt. Ich habe deshalb die Befürchtung, dass die von DITIB und Milli Görüş geleiteten Moscheen zunehmend religiöse Indoktrination praktizieren.

Pfeiffer: Welche Konsequenzen sollte man Ihres Erachtens aus diesen Erkenntnissen ableiten?

Manea: Die von Ihnen vorgelegten Befunde sind ein deutliches Alarmsignal. Sie zeigen, dass ein dringender Bedarf an weiteren systematischen Untersuchungen besteht. Diese Studien sollten länderübergreifend in Deutschland, Österreich und der Schweiz erforschen, welchen Einfluss die vom politischen Islam geprägten Organisationen wie DITIB und Milli Görüş auf die hier lebenden Muslime – insbesondere auf Kinder und Jugendliche – haben. Schon zum jetzigen Zeitpunkt dürfte allerdings klar sein: Die genannten Organisationen haben freie Hand bei der Kontrolle türkischer Moscheen in Deutschland. Deshalb dürfen ihnen und allen anderen mit dem politischen Islam verbundenen Dachorganisationen nicht noch zusätzlich Mitwirkungsrechte beim islamischen Religionsunterricht an Schulen und bei den islamischen Fakultäten an Hochschulen eingeräumt werden. Auf Ausbildung und Arbeit der Religionslehrerinnen und -lehrer in Deutschland dürfen DITIB, Milli Görüş und andere entsprechend geprägte Dachorganisationen keinen Einfluss haben.

Sexuelle Gewalt gegen Kinder durch katholische Priester

Über den sexuellen Missbrauch durch Priester der katholischen Kirche hat es in den letzten acht Jahren in Deutschland und weltweit große Debatten gegeben. Auch ich hatte Anfang 2013 Anlass, mich daran zu beteiligen. Unser 2011 mit der Deutschen Bischofskonferenz vereinbartes Forschungsprojekt über das Missbrauchsgeschehen in der katholischen Kirche war geschei-

tert. Auslöser hierfür war, dass die Bischofskonferenz das Projekt mit uns nach einem vielversprechenden Start nur realisieren wollte, wenn wir ihr ein Zensurrecht an unseren Veröffentlichungen und Kontrolle über unsere Personalentscheidungen einräumen.

Ende März 2019 hat der Chefredakteur der ZEIT Giovanni di Lorenzo mit mir ein Interview geführt, in dem wir einerseits auf diesen alten Konflikt zurückblickten und andererseits grundsätzlich erörterten, was hier in der katholischen Kirche falsch gelaufen ist und wie sie diese tiefgreifende Krise bewältigen könnte. Das Interview wurde am 17. April in der Osterausgabe der ZEIT auf zwei Seiten veröffentlicht. Über das ursprünglich mit der Bischofskonferenz vereinbarte Projekt und dessen Verlauf haben wir in der Buchreihe des KFN ferner einen ausführlichen Bericht veröffentlicht[16]. Was veranlasst mich also, trotz dieser verschiedenen Publikationen und öffentlich geführten Debatten in diesem Buch noch einmal auf die mit der katholischen Kirche geführte Auseinandersetzung einzugehen? Es sind die aktuellen Entwicklungen des Jahres 2019. Sie zeigen einerseits, dass es in der katholischen Kirche erfreuliche Bewegung gibt. Sie dokumentieren andererseits jedoch auch, wie wenig manche Spitzenkräfte dazugelernt haben.

Ein von der katholischen Kirche nach wie vor nicht gelöstes Problem hat der Hildesheimer Bischof Heiner Wilmer am 12. Juni 2019 in einem mit Matthias Drobinski geführten Interview in der Süddeutschen Zeitung angesprochen. Dort brachte er klar zum Ausdruck, dass die Kirche sich zu seinem Bedauern vor allem als Moralinstitution profiliert habe, in deren Zentrum die Sexualmoral stehe: »Wir haben zehn Gebote, nicht nur das sechste. Wir haben die Kirche zu einer Moralinstitution verkommen lassen; im Fokus ist, was unter der Bettdecke passieren darf und was nicht.« Als Beispiel dafür, was eigentlich in den Blickpunkt der Kirche geraten müsste, nennt er die Fragen: Gibt es gerechte Kriege, eine gerechte Verteilung der Güter und eine Gerechtigkeit zwischen den Generationen?

Die Ergebnisse der vom John-Jay-College, New York, durchgeführten Untersuchung zum sexuellen Missbrauch in den USA dokumentieren klar, wohin das geführt hat: Hiernach waren in der Phase des stärksten Missbrauchs lediglich fünf Prozent der priesterlichen Täter echte Pädophile. Alle anderen hatten eigentlich andere sexuelle Zielobjekte, nämlich Frauen oder Männer, die sie jedoch in dem damals extrem prüden Amerika der Sechziger- und Siebzigerjahre nicht erreichen konnten. In ihrer Fixierung auf Sexualmoral war die katholische Kirche in den USA besonders erfolgreich darin gewesen, in den Frauen die Überzeugung zu verankern, dass es gewissermaßen eine Todsünde sei, Sexualität außerhalb einer ehelichen Beziehung zu leben. Hinzu kam, dass Homosexualität strafbar war. Im Ergebnis führte beides dazu, dass Priester, die mit dem Zölibat überfordert waren, nur äußerst begrenzte Möglichkeiten hatten, ihre eigentlichen Wunschpartner zu erreichen. Die Folge war, dass sie sich ersatzweise an Kindern vergingen. Im Hinblick auf die Hochphase des Missbrauchsgeschehens registrierten die Wissenschaftler des John-Jay-College insgesamt 8 bis 9 Prozent der amerikanischen Priester als Beschuldigte des Missbrauchs. Je liberaler die Sexualmoral in der Folgezeit wurde, desto seltener wurden die amerikanischen Kinder Opfer sexueller Gewalt. Am Ende dieser Entwicklung reduzierte sich diese Gefahr auf die kleine Gruppe der genuinpädophilen Priester, die auf Kinder fixiert sind.[17]

Diese Entwicklung hat sich ebenso in Deutschland zugetragen. Bei unserer schon mehrfach erwähnten, im Jahre 2011 durchgeführten Repräsentativbefragung von 10 000 Personen zwischen 16 und 40 Jahren hatten fast 500 der Befragten angegeben, dass sie in ihrer Kindheit sexuell missbraucht worden sind. Lediglich eine einzige davon nannte als Täter einen katholischen Priester. Das hat uns nicht wirklich überrascht. Auch in Deutschland lag der Höhepunkt des Missbrauchs in den Fünfziger- bis Siebzigerjahren, als Homosexualität noch strafbar war und die Sexualmoral es den Frauen extrem erschwerte, sich auf eine sexuelle Beziehung zu einem katholischen Priester einzulassen. Aber auch dies wandelte sich: 1969 wurde beispielsweise die Strafbarkeit der Homosexualität unter Männern abgeschafft. Schrittweise veränderte sich die Sexualmoral mit der Folge, dass die Priester, die sich nicht an den Zölibat halten wollten, zunehmend Chancen hatten, ihre erwachsenen Wunschpartner zu finden.

Im Ergebnis reduzierte sich damit auch bei uns die Gefahr für Kinder, Opfer der sexuellen Gewalt eines Priesters zu werden, auf die kleine Gruppe der pädophilen Männer. Damit sind jedoch Priester – anders als früher – nicht mehr gefährlicher als andere Männer, mit denen die Kinder außerhalb der Familie in persönlichen Kontakt kommen, wie etwa Sporttrainer, Erzieher oder der Nachbar. Doch warum war und ist die katholische Kirche bis heute nicht in der Lage, sich auf diese Interpretation des bei ihr zu Tage getretenen Missbrauchsproblems einzulassen? Die Antwort liegt auf der Hand: Die Kirche hätte dann zugeben müssen, dass sie mit ihrer Fixierung auf die von ihr entwickelte und streng eingeforderte Sexualmoral selber eine Hauptursache des priesterlichen Missbrauchs gesetzt hat. Das scheint sie bis heute zu überfordern.

Der als strenge Verpflichtung ausgestaltete Zölibat ist offenkundig Hauptgrund für die umfassenden Missbrauchsskandale innerhalb der katholischen Kirche. Er verlangt von Priestern, Bischöfen und Kardinälen gleichermaßen, dass sie etwas praktizieren, was gegen die menschliche Natur ist. Der Mensch ist nun einmal ein auf Fortpflanzung angelegtes Wesen. Damit das auch tatsächlich geschieht, ist dieser Vorgang auf lustvolle Weise ausgestaltet. Wer sich zur sexuellen Enthaltsamkeit verpflichtet, verzichtet damit auf Erfahrungen, die anderen Menschen viel Freude bereiten. Daraus entfaltet sich eine spezifische Dynamik, zu der die von der katholischen Kirche geforderte strenge Sexualmoral erheblich beigetragen hat. Wenn man sich schon selber im Dienst der Kirche die Erfahrung gelebter Sexualität versagen muss, tendiert man offenbar eher dazu, den Gläubigen für ihr Sexualleben Einschränkungen aufzuerlegen. Die für die katholische Kirche typische Fixierung auf ihre strenge Sexualmoral ist auch eine Folge des Zwangs zum zölibatären Leben. Und gleichzeitig ist daraus das im vorangegangenen Kapitel bereits kritisierte Verbot von Pille und Kondom erwachsen und damit zusammenhängend die Blindheit dafür, welche bevölkerungspolitischen Probleme hieraus erwachsen.

Bis heute hat es die katholische Kirche nicht geschafft, sich aus diesem selbst geschaffenen Dilemma zu befreien. Dabei liegt die Lösung des Problems gar nicht so fern. Bischof Heiner Wilmer hat sie in seinem in der SZ veröffentlichten Gespräch mit Matthias Drobinski selber skizziert: »Die freiwillige Ehelosigkeit hat auch heute eine Strahlkraft und ein Leuchten. Ich wäre dafür, den Zölibat noch stärker zum Leuchten zu bringen, indem er nicht einfach für alle Geistlichen verpflichtend ist.« Es wäre ein wahrer Befreiungsschlag, wenn sich die Kirche hierzu durchringen könnte. Ein Priester, der freiwillig auf Familienleben völlig verzichtet und dadurch viel Zeit und Kraft dafür gewinnt, sich seinen seelsorgerischen Aufgaben zu widmen, wird diese Aufgabe aus innerer Überzeugung mit großer Intensität wahrnehmen. Bei seiner Gemeinde wird er hierfür viel Anerkennung und positive Zuwendung erfahren. Doch auch derjenige wird respektiert werden, der den anderen Weg geht und dadurch zwangsläufig neben seiner priesterlichen Tätigkeit auch auf familiäre Prioritäten achten muss.

Die Kirche könnte selber dazu beitragen, sich auf eine derartig grundlegende Reform einzulassen. Sie sollte dann allerdings etwas realisieren, was wir ihr im Rahmen der Vorbereitung für unser Forschungsprojekt bereits 2011 vorgeschlagen hatten: die anonyme Befragung einer Zufallsauswahl von etwa 5000 aktiven Priestern. Dies könnte der Kirche aus mehreren Gründen zu wichtigen Einsichten verhelfen: Erstens müsste die Kirche sich dann mit der extremen Arbeitsüberlastung der Priester auseinandersetzen sowie mit den Konsequenzen, die daraus für deren Arbeit als Seelsorger erwachsen. Zweitens würde sie auf diese Weise eine ehrliche Rückmeldung der Priester dazu erhalten, wie sie ihre Vorgesetzten und die Personalführung durch die jeweilige Bistumsverwaltung erleben. Drittens könnte geklärt werden, ob der Klerikalismus, also die Arroganz kirchlicher Machtausübung, wirklich ein Förderfaktor des Missbrauchs ist. Und viertens würde endlich Transparenz dazu entstehen, wie die Priester mit dem Zölibat umgehen.

Es könnten sich diejenigen offenbaren, die sich mit Freude auf die Ehelosigkeit eingelassen haben und das als positive Erfahrung erleben. Man würde aber auch erfahren, ob Priester beispielsweise heimlich Kinder haben und wie sie die daraus erwachsenen Probleme bewältigen. Und solche Priester, die mit dem Zölibat überfordert sind, hätten endlich die Möglichkeit, die Wahrheit darüber zu offenbaren, wie sie ihre Sexualität leben und welche Last es für sie ist, das verbergen zu müssen. Denn das ständige Lügen zu diesem Punkt vergiftet die Kirche von innen her. Die Befragung würde also zu einem zentralen Aspekt priesterlichen Lebens Transparenz ermöglichen.

Zu diesem Thema der kirchlichen Transparenz durfte Kardinal Marx am 23. Februar 2019 auf Einladung von Papst Franziskus bei einer Veranstaltung mit Kirchenführern aus der ganzen Welt einen der Hauptvorträge halten. Mit beeindruckender intellektueller und rhetorischer Prägnanz legte er dar, weshalb Transparenz kirchlichen Handelns für die Bewältigung des kirchlichen Missbrauchsgeschehens unverzichtbar ist.[18] Dies soll nachfolgend anhand einiger Zitate dokumentiert werden:

- »Der sexuelle Missbrauch von Kindern und Jugendlichen ist in nicht geringem Grad auf den Missbrauch von Macht im Bereich der Administration zurückzuführen. In dieser Hinsicht hat die Administration nicht zur Erfüllung der Mission der Kirche beigetragen, sondern im Gegenteil: Sie hat diese verschleiert, diskreditiert und möglich gemacht.«
- »Dokumente, die die schrecklichen Taten hätten beschreiben und die Verantwortlichen benennen sollen, wurden zerstört oder nicht einmal erstellt. Statt der Täter wurden die Opfer reglementiert und ihnen wurde Schweigen auferlegt. Die festgelegten Prozeduren und Prozesse für die Verfolgung von Vergehen wurden mit Absicht nicht eingehalten, stattdessen annulliert oder außer Kraft gesetzt. Die

Rechte der Opfer wurden wirksam niedergetreten und den Launen von Individuen überlassen.«

- »Handlungen der Administration werden transparent, wenn diese verständlich sind und wenn nachverfolgbar ist, wer was getan hat, wann, warum und wofür und was beschlossen und zurückgewiesen und aufgetragen wurde. Auf diese Weise können Menschen transparente Administration erfahren, Irrtümer und Fehler im Administrationshandeln aufdecken und sich gegen solche Handlungen zur Wehr setzen.«

- »Nachweisbarkeit und Transparenz erscheinen nicht einfach aus heiterem Himmel. Sie sind eine dauernde Aufgabe, deren Erfüllung durch die Hilfe relevanter Experten von außerhalb der Kirche unterstützt werden kann.«

All diesen Aussagen kann man eigentlich nur zustimmen. Kardinal Marx benennt klar, was in der Vergangenheit im Umgang mit Missbrauchsopfern und der Öffentlichkeit falsch gelaufen ist, und er entwickelt ein überzeugendes Programm dafür, wie man in Zukunft handeln sollte. Und trotzdem befiel mich beim Lesen dieses Textes ein starkes Unbehagen. Warum versteckt Kardinal Marx seine eigene Verantwortung und die seiner Kollegen hinter dem neutralen Begriff der »Administration«? Warum spricht er nicht von »Wir«? Die Spitze jeder kirchlichen Verwaltung ist schließlich in jedem Bistum der vom Papst ernannte Bischof, Erzbischof, Kardinal. So wurden die Entscheidungen darüber, wie mit einem als Missbrauchstäter überführten Priester zu verfahren ist, doch nicht von einem untergeordneten Verwaltungsmitarbeiter getroffen, sondern von der Spitze der Administration, also vom Bischof und seinem Generalvikar.

Nach dieser Rede über die Notwendigkeit von Transparenz stellt sich überdies eine Frage: Weshalb steht das eigene Handeln von Kardinal Marx im klaren Widerspruch zu all dem, was er in Rom propagiert hat? Warum hat er selber bis heute verhindert, dass es zum Missbrauchsgeschehen in der von ihm geleiteten Erzdiözese München und Freising die Transparenz gibt, die er in Rom so wortstark einforderte? Wieso hat er 2012 entscheidend dazu beigetragen, das auf Transparenz des innerkirchlichen Missbrauchsgeschehens angelegte Forschungsprojekt des KFN zum Scheitern zu bringen?

Hier zunächst die Fakten: Im Jahr 2011 hatte das von mir geleitete KFN mit der Deutschen Bischofskonferenz, genauer: mit dem Verband der Diözesen Deutschlands (VDD), einen Vertrag zur Erforschung des Missbrauchsgeschehens in der katholischen Kirche abgeschlossen. Dem vertraglich vereinbarten Beirat gehörten auch drei Vertreter von Bistümern an. Einer davon war der Generalvikar Beer aus der von Kardinal Marx geleiteten Erzdiözese München und Freising. Gleich bei dem ersten Treffen des Beirats machte Beer eines unmissverständlich klar: Er würde in Zukunft an den Sitzungen dieses Gremiums nur teilnehmen, wenn dem Beirat nachträglich Entscheidungsgewalt über alle Fragen der Projektrealisierung und der späteren Veröffentlichungen eingeräumt würde. Angesichts der Zwei-Drittel-Mehrheit der von der Bischofskonferenz entsandten Vertreter war damit klar, was Herr Beer anstrebte: die vollständige Kontrolle über das Projekt. Auf Rückfrage von mir bestätigte er, dass dies kein Alleingang von ihm sei, sondern dass Kardinal Marx ihn damit beauftragt habe, dieses Ziel zu verfolgen. Sicherheitshalber rief ich anschließend den Kardinal an. Er wollte jedoch mit mir nicht über Inhalte diskutieren, sondern stellte lediglich klar, dass

Herr Beer die Erzdiözese vertrete und in seinem Namen handele.

Herrn Beers Vorschlag wurde im Beirat nur vom Generalvikar der Diözese Regensburg, Herrn Dr. Fuchs, unterstützt. Der Leiter des Beirats, Bischof Ackermann, und die anderen Kirchenvertreter schlossen sich dem nicht an. Daraufhin verließen Herr Beer und Herr Fuchs das Gremium und kündigten an, dass sich ihre Bistümer an dem Projekt nicht weiter beteiligen würden. Doch im Hintergrund arbeitete die Erzdiözese München und Freising mit Erfolg daran, ihr Konzept in der Bischofskonferenz durchzusetzen. Von ihrem Generalvikar Beer ging am 07. Mai 2012 beim Geschäftsführer der Bischofskonferenz, Pater Dr. Langendörfer, ein Schreiben ein, mit dem eine grundlegende Änderung des Forschungsvertrages als Bedingung für die Realisierung des Projekts gefordert wurde.

Die Kirche beanspruchte plötzlich die Kontrolle über die aus dem Forschungsvorhaben entstehenden Forschungstexte: »Über die Veröffentlichung der im Rahmen der Untersuchung erstellten Berichte, insbesondere Art und Umfang der Vorstellung der Untersuchungsergebnisse gegenüber der Öffentlichkeit, entscheiden VDD und KFN gemeinsam. Ist eine Einigung nicht möglich, unterbleibt die Veröffentlichung.« Ferner verlangte der VDD für jede wissenschaftliche Veröffentlichung der Forschungsergebnisse die »ausdrückliche, vorherige, schriftliche Zustimmung durch den VDD«. In seinem Antwortschreiben an mich akzeptierte Pater Langendörfer im Namen der Bischofskonferenz den Münchner Vorschlag. Doch weshalb beanspruchten Kardinal Marx und sein Generalvikar auf einmal für den VDD die radikale Kontrolle über das Forschungsprojekt? Wollten sie unser Projekt mit dem unerfüllbaren Wunsch nach Zensur zu Fall bringen? Erst die Struktur des späteren Nachfolgeprojekts hat uns die Augen dafür geöffnet, was das eigentliche Ziel der Aktion war: Es ging vor allem um das Verhindern von Transparenz.

Wir hatten mit dem VDD vereinbart, dass die Datenerhebung in jeder Diözese mit Hilfe von pensionierten Richtern und Staatsanwälten vorgenommen wird, die von uns sorgfältig auf ihre Aufgabe vorbereitet wurden. Hierdurch wäre für jedes Bistum ein gesonderter Datensatz entstanden. Dies hätte uns in die Lage versetzt, anhand der Akten von Missbrauchstätern im Detail zu klären, wie man mit Opfern und Tätern umgegangen ist. Hat man beispielsweise versucht, die Opfer von einer Anzeige bei der Polizei abzuhalten? Hat man die Täter durchweg aus dem Dienst als Priester entfernt? Oder hat man sie mit einer Ermahnung weiterarbeiten lassen? Hat man die einer Tat überführten Priester in andere Gemeinden oder gar in eine andere Diözese versetzt, wo sie weiterhin als Priester tätig sein durften? Sind aus den schuldigen Priestern so Rückfalltäter geworden? In all diesen Fragen wären zu jedem Bistum aus den Akten die verfügbaren Daten von den pensionierten Juristen erhoben worden.

Zwar wären wir nicht in der Lage gewesen, allein im Wege der Aktenanalyse zu ermitteln, wer genau jeweils die Verantwortung dafür hatte, dass ein als Missbrauchstäter überführter Priester anschließend in der Gemeinde oder an einem anderen Ort weiterhin als Priester tätig sein konnte und welche Folgen das hatte. Doch wir hätten die Verantwortung der jeweiligen Bistümer für derartige Vorgänge offengelegt. Hierzu hätte es Transparenz gegeben. Dies wurde jedoch offenkundig als eine massive Bedrohung eingeschätzt. Da war es dann nur konsequent, dass die Bischofskonferenz im Vertrag mit unseren

Nachfolgern genau diese Transparenz ausgeschlossen hat. Die gesamte Datenerhebung aus den Akten der Diözesen wurde durch eigene Kräfte organisiert. Das Wissenschaftler-Team erhielt einen fertigen Datensatz, der es ausschloss, einzelnen Bistümern für etwaige Fehler die Verantwortung aufzubürden. Unsere Nachfolger konnten nicht mehr ermitteln, wie die einzelnen Diözesen mit den Tätern umgegangen waren und wie sie die Betreuung der Opfer organisiert hatten. Damit war die Kirche fein raus. Durch eine clevere Vertragsgestaltung hat sie bei dem Nachfolgeprojekt vermieden, dass ihre Mitverantwortung bei der Entstehung von Rückfalltaten transparent wird.

Ausgerechnet Kardinal Marx hat dies zu verantworten, der in Rom zum Thema Transparenz seine besondere Rede halten durfte. Im Jahr 2010 hatte seine Erzdiözese im Übrigen die Rechtsanwältin Westphal damit beauftragt, eine grundlegende Untersuchung zum Missbrauchsgeschehen im Verantwortungsbereich des früheren Kardinals Ratzinger und späteren Papstes Benedikt durchzuführen. Der 350 Seiten umfassende Forschungsbericht ist bis heute der Öffentlichkeit nicht in anonymisierter Form vorgelegt worden. Auch das widerspricht klar der Forderung von Kardinal Marx nach Transparenz. Mit seinem Verhalten hat er damit ein weiteres Mal die Glaubwürdigkeit seiner Kirche untergraben und erheblich dazu beigetragen, dass die Zahl der Kirchenaustritte von Katholiken im letzten Jahr mit ca. 48 000 mehr als doppelt so hoch ausgefallen ist wie bei der evangelischen Kirche. Angesichts der von ihm organisierten Intransparenz der Missbrauchsforschung können die offenen Fragen nur noch dann geklärt werden, wenn man in den einzelnen Bistümern das Versäumte nachholt. Zum Glück gibt es Bischöfe in Deutschland, die genau das ermöglichen.

Bürgerstiftungen als Motor für soziale Gerechtigkeit und Gewaltprävention

März 1995: Wieder einmal besuche ich unsere engen Freunde in New York: Susan Herman und Jeremy Travis. Sie leitet damals die Opferhilfe der Stadt. Er ist seit Kurzem stellvertretender Polizeipräsident New Yorks. Wie immer nutze ich die Tage bei ihnen, um mich über aktuelle soziale Entwicklungen in der Stadt zu informieren, mir interessante Praxisprojekte anzuschauen und mit den beiden darüber zu diskutieren, ob es neue Ideen gibt, die ich nach Deutschland mitnehmen könnte. Dieses Mal bin ich durch den Besuch bei zwei großartigen Projekten der Opferhilfe auf einen ungewöhnlich großzügigen Geldgeber gestoßen: die Community-Foundation von New York. Jeremy und Susan erklären mir, wie diese inzwischen über mehr als eine Milliarde Dollar verfügende Gemeinschaftsstiftung durch das Engagement einer großen Zahl von Bürgern vor mehr als 70 Jahren entstanden ist. Beide machen mir Mut, diese Idee nach Deutschland zu importieren. Ich besuche die Community-Foundation und erhalte dort kluge Ratschläge für die Gründung einer derartigen Stiftung.

Wieder zu Hause angekommen, lässt mich die Idee nicht mehr los.

Im März 1996 laden wir drei Freunde zum Abendessen ein. Ich erläutere die Idee eines Zusammenschlusses von Zeitrei-

chen, Ideenreichen und Geldreichen Hannovers. Dann frage ich, ob unsere Gäste bereit wären, so wie wir mit 5000 DM einzusteigen und beim nächsten Treffen eine weitere Person mitzubringen, die möglicherweise mitmachen würde. Beides findet Zustimmung. Bald sind wir zu acht. Ein paar Wochen später wollen 16 Personen an der Gründung der Bürgerstiftung mitwirken. Dann gibt Peter Hübotter, Architekt und ehrenamtlich Vorsitzender des Niedersächsischen Heimatbundes, der Hannoverschen Allgemeinen Zeitung ein Interview. Dadurch wächst unsere Zahl auf 31 Gründungsstifter. Mit ca. 150 000 DM wagen wir den Start.

Nun brauchen wir eine Satzung. In langen Diskussionsabenden einigen wir uns schrittweise auf ein relativ einfaches Grundkonzept: Die Gründungstifter, also Personen, die mindestens 3000 DM eingebracht haben, bilden die Stiftungsversammlung. Diese legt die Stiftungszwecke fest (Förderung von Projekten in den Bereichen Jugend, Kultur und Soziales) und wählt den Stiftungsrat. Der ist zum einen dafür zuständig, den Vorstand zu wählen, und hat zum anderen die Funktion eines Aufsichtsrates. Der Vorstand hat wiederum die Aufgabe, entsprechend der Satzung eigene Projekte der Bürgerstiftung zu gestalten oder ähnliche Vorhaben anderer Organisationen zu fördern. Nun müssen wir nur noch die Stiftungsaufsicht von unserer Satzung überzeugen. Das nimmt dann viel Zeit in Anspruch, weil es diesen Stiftungstyp bisher in Deutschland nicht gibt. Im Spätherbst 1997 dürfen wir schließlich mit unserer Arbeit beginnen.

Wenn wir heute, 22 Jahre später, auf diese Startphase der Bürgerstiftung Hannover zurückblicken, gibt es wirklich Anlass zu großer Freude. Das Engagement hat sich in doppelter Hinsicht gelohnt: Zum einen konnten wir bis zum Ende des Jahres 2018 in der Region Hannover 970 Projekte mit insgesamt 4,3 Millionen Euro fördern. Die Stiftung verwaltet inzwischen ein Gesamtvermögen von 20,2 Millionen Euro und hat überdies 3,6 Millionen Euro an Spenden eingeworben. Zum anderen hat sich das in Hannover entwickelte Grundkonzept der Bürgerstiftung bundesweit verbreitet. Es gibt inzwischen 409 solcher Bürgerstiftungen. Der Bundesverband der Stiftungen Deutschlands hat dies zum Anlass genommen, den Stifterpreis 2019 den insgesamt 30 000 Menschen zu verleihen, die sich bundesweit in Bürgerstiftungen zusammengeschlossen haben.

Doch wie ist diese Entwicklung zu erklären? Was hat die Menschen um die Jahrtausendwende dazu veranlasst, in ganz Deutschland plötzlich Bürgerstiftungen zu gründen? Zum Verstehen dieses Phänomens möchte ich auf einen Vortrag zurückkommen, den ich im Juni 2000 auf Einladung des nordrhein-westfälischen Ministerpräsidenten Clement hielt. Meine These lautete, diese neuen Bürgerstiftungen seien auch eine Antwort auf eine Krise unserer politischen Kultur. Hierzu stellte ich einleitend drei Thesen auf.

Erstens zweifelte ich an der Funktion der Parteien, die politische Willensbildung des Volkes zu strukturieren. Sie würden es nicht mehr schaffen, Spitzenkräfte des Kulturlebens, der Wirtschaft, der Wissenschaft, der Selbstständigen oder der sozialen Einrichtungen als aktive Parteimitglieder zu integrieren. »Angesichts der immer komplexer werdenden Probleme und des rasanten gesellschaftlichen Wandels braucht man aber interdisziplinäre Fachkompetenz, um die richtigen Antworten entwickeln zu können. Daran fehlt es den Parteien mit der Folge, dass ihre programmatischen Aussagen hinter dem aktuellen Stand von Praxiserfahrungen und wissenschaftlichen Erkenntnissen vielfach zurückbleiben.«

Zweitens: »Nicht nur die Abteilungsleiter, sondern zunehmend auch die Referatsleiter und Referenten werden in den Ministerien und kommunalen Behörden danach ausgesucht, ob sie Mitglied der Partei sind, der der jeweilige Minister oder Behördenchef angehört. Der Aspekt der fachlichen Eignung tritt dadurch nicht selten in den Hintergrund. Darunter leidet wiederum die Kooperationsbereitschaft solcher Mitarbeiter, denen die jeweilige parteipolitische Orientierung fremd ist. Zudem entstehen so nach jedem Machtwechsel erhebliche Loyalitätskonflikte. All dies schwächt die Leistungskraft der öffentlichen Verwaltung.«

Drittens kritisierte ich die Parlamente: »›Zu viele unserer Abgeordneten haben ihre Laufbahn im Landtag und Bundestag gleich nach Abschluss ihrer Berufsausbildung begonnen (oder haben nicht einmal das vorzuweisen).‹ In Ermangelung einer eigenen Berufserfahrung ›geraten sie auf diesem Weg in eine mit dem Alter wachsende Abhängigkeit von ihrer Partei. Denn wenn sie von dieser nicht wieder als aussichtsreicher Listenkandidat aufgestellt werden, droht ein extremer sozialer Abstieg. Das aber schränkt die persönliche Kreativität und die politische Gestaltungskraft ein. Als Folge dieser Entwicklung gibt es in den Parlamenten zu wenig gestandene, unabhängige Persönlichkeiten, oder anders gesagt: zu viele Parteiindianer, zu wenig Bürgerhäuptlinge.‹«

Ministerpräsident Clement reagierte mit unverhohlenem Ärger auf meine Kritik an Parteien, Ministerien und Parlamenten. Er war so durchdrungen von seiner sozialdemokratisch geprägten Staatsverliebtheit, dass er der Grundidee einer nachhaltigen Stärkung der Zivilgesellschaft wenig abgewinnen konnte. Doch die Menschen sahen dies zunehmend anders. In Gesprächen mit Stifterinnen und Stiftern ist mir immer wieder etwas vermittelt worden: Sie erinnerten sich an früher, als sie noch glaubten: »Die da oben machen das meist schon ganz richtig. Und wenn es mal nicht so gut läuft, wählen wir eben die Opposition.« Doch dann seien Zweifel aufgekommen, ob es wirklich reiche, alle vier Jahre zur Urne zu gehen und zwischendurch Leserbriefe zu schreiben. Beobachtungen von sozialen Ungerechtigkeiten, von Missständen im Kulturbereich, von ärgerlicher Passivität oder Fehlentscheidungen verschiedener Behörden hätten ihnen klargemacht, dass sie nicht länge nur zuschauen und herumkritisieren wollten.

Die Idee der Bürgerstiftung konnte vor 22 Jahren also auch deshalb so erfolgreich starten, weil es diese latente Unzufriedenheit mit »denen da oben« gab. Das Protestieren reichte den Menschen nicht mehr. Die Devise lautete nun: Hören wir auf mit dem Jammern darüber, was Politik und Behörden falsch machen oder zu wenig im Blickfeld haben. Fragen wir uns lieber, was wir selber für die Gemeinschaft tun können. Die Idee der Bürgerstiftung traf also auch deshalb auf fruchtbaren Boden, weil es diese wachsende Freude der Menschen an dem gemeinsamen Gestalten von etwas politisch Sinnvollem gab – und dies unabhängig davon, ob irgendwelche öffentlichen Geldgeber Bereitschaft zeigen, derartige Ideen mit Steuergeldern zu fördern.

In der Startphase der Bewegung kam etwas hinzu, was für uns von entscheidender Bedeutung war: Ein Milliardär kann eine gemeinnützige Stiftung gründen, ohne mit irgendeinem Journalisten zu reden. Er braucht nur die Genehmigung der zuständigen Behörde. Bürgerstiftungen sind dagegen auf die Medien angewiesen. Sie suchen nach kreativen, sozial engagierten Mitstreitern, die in den Projekten oder in der Zentrale mitarbeiten möchten, die das nötige Geld einbringen, die mit ihrem Namen für die Sache einstehen. Und sie finden sie auch über Zeitungsartikel, Radioberichte und Fernsehbeiträge.

Wir waren in unserer Startphase von den lokalen Medien großartig unterstützt worden. Doch wir hatten ja noch ein weiteres Ziel: Wir wollten die Idee der Bürgerstiftung in ganz Deutschland verbreiten. Glücklicherweise fanden sich auch hierfür bald engagierte Helfer. Das begann mit der FAZ, die mit mir 1978 ein großes Interview zur Idee der Bürgerstiftung führte. Bald darauf folgten ZDF und der Deutschlandfunk. Dies hatte zur Folge, dass ich bundesweit zu Vorträgen eingeladen wurde. Insgesamt konnte ich so 71 Mal an Gründungsveranstaltungen von Bürgerstiftungen mitwirken.

Angesichts dieser ermutigenden Erfahrungen entstand 2012 mit Unterstützung des Bundesverbands der Stiftungen eine ganz besondere Werbeaktion. Ich entschloss mich dazu, im Rahmen einer großen Fahrradtour von dem an der Ostsee liegenden Wismar über Düsseldorf bis nach München insgesamt 35 Bürgerstiftungen zu besuchen. Zum einen konnte ich so von den mit mir radelnden Menschen für Projekte der von mir besuchten Bürgerstiftungen Spenden einwerben. Zum anderen war es Ziel der Aktion, überall mit Vorträgen und Interviews die Idee der Bürgerstiftung zu verbreiten. Hierzu nutzte ich überall fünf Argumente für das Mitstiften[1]:

- **Jede Bürgerstiftung arbeitet nur in ihrer Heimatregion und stärkt so das Lebensumfeld der Menschen.**
  Mit ihren Projekten investiert sie in die Zukunft der Kinder und Jugendlichen und unterstützt kulturelle, soziale und umweltbezogene Initiativen, die den dort lebenden Menschen zugutekommen.

- **Bürgerstiftungen wirken nachhaltig.**
  Ihr Stiftungsvermögen bleibt dauerhaft erhalten. Nur die Kapitalerträge und Spenden werden zur Förderung von Projekten eingesetzt. Die Verwaltungskosten bleiben dank des hohen ehrenamtlichen Engagements gering.

- **Wer in einer Bürgerstiftung mitwirkt, wächst in ein Netzwerk von engagierten Menschen hinein.**
  Man lernt Bürgerinnen und Bürger als Mitstreiter für bestimmte Ziele kennen, erlebt die Freude des gemeinsamen, sinnvollen Gestaltens, gewinnt neue Freunde und erhöht so seine persönliche Lebensqualität.

- **Bürgerstiftungen kann man sein Geld anvertrauen.**
  Sie respektieren die mit den Zustiftungen und Spenden verbundenen Verwendungswünsche, garantieren Transparenz von Einnahmen und Ausgaben und werden von Finanzamt und Stiftungsaufsicht überwacht.

- **Bürgerstiftungen sind die modernen Kraftzentren der Zivilgesellschaft.**
  Besonders gilt dies, wenn sich in ihnen nicht nur Privatpersonen engagieren, sondern auch Unternehmen und Vereine, Wissenschaftler und Journalisten, Banken und Spar-

kassen. Aus dem Zusammenwirken von Kompetenz und Finanzkraft, von Ideen und ehrenamtlichem Engagement erwächst soziales Kapital.

Für mich persönlich lieferte diese Fahrradtour die große Belohnung für all das, was wir in den 15 Jahren zuvor an Kraft in den Aufbau der Bewegung investiert hatten. Es war eine Riesenfreude, auf den 1500 Kilometern täglich auf Menschen zu treffen, die mir mit großer Begeisterung von ihren Projekten berichteten und davon, was ihnen die Mitarbeit in ihrer Stiftung bereits an spannenden, sozialen Erfahrungen vermittelt hatte. Und immer wieder wurde deutlich: Bei sehr vielen Vorhaben von Bürgerstiftungen geht es darum, für benachteiligte Menschen ein Stück soziale Gerechtigkeit zu verwirklichen. Dazu nachfolgend ein Beispiel aus der Arbeit der Bürgerstiftung Hannover, das zugleich zur Prävention von Jugendgewalt beitragen konnte:

Der achtjährige Mehmet ist Sohn kurdischer Eltern, die 2001 aus der Türkei geflohen waren und als Asylbewerber anerkannt wurden. Mehmet ist hoch motiviert, schnell gut Deutsch zu lernen und sich in die Grundschulklasse zu integrieren. Doch seine Eltern können ihm dabei kaum helfen. Zum Glück gibt es seit 2003 das vom Buchhändler Otto Stender gegründete Projekt des Vereins Mentor e.V. Dessen Mitglieder geben für solche Migrantenkinder kostenlos Nachhilfe beim Lesenlernen und Erledigen der Schularbeiten. Otto Stender hatte es dank engagierter Unterstützung durch die Medien innerhalb kurzer Zeit geschafft, 500 Mentoren zu finden. Als ihre Zahl später auf über 2000 anstieg, gelang es ihm, den Unternehmer Dirk Roßmann für das Konzept zu begeistern. Dieser finanziert inzwischen die bundesweite Arbeit des Vereins in mehr als 80 Städten und Landkreisen.

Das KFN konnte durch seine in Hannover mehrfach durchgeführten Repräsentativbefragungen am Beispiel der türkischstämmigen Jugendlichen überprüfen, ob deren Bildungsintegration sich auch dank des Mentor-Projekts gut entwickelt hat. Zwischen 1998 und 2013 hat sich danach die Quote der türkischstämmigen Jugendlichen, die das Gymnasium besuchen, von 8,7 auf 26,9 Prozent erhöht, während gleichzeitig der Anteil jener, die zur Hauptschule oder zur Sonderschule gehen, von 47 auf 15 Prozent sank. Ferner ging die Quote derjenigen türkischen Jugendlichen, welche die sogenannten »Gewalt legitimierenden Normen der Machokultur« akzeptieren, von 41 auf 19 Prozent zurück. Und schließlich mündeten all diese Veränderungen in einer Abnahme der selbstberichteten Gewalt von 31 auf 13 Prozent. Offenkundig hat der Verein Mentor e. V. bei den türkischstämmigen Jugendlichen in Hannover einen erheblichen Beitrag zur Gewaltprävention dieser Gruppe geleistet.

Vor sieben Jahren konnte ich bei der Fahrradtour und bei verschiedenen Treffen von Bürgerstiftungen erleben, auf welch unterschiedliche Weise diese versuchen, den Menschen mit den von ihnen geförderten Projekten Lebensfreude und positive Erfahrungen zu vermitteln. Nachfolgend möchte ich das anhand von einigen Beispielen verdeutlichen:

- **»Max geht in die Oper« – Bürgerstiftung Halle.** 14 aufgeregte Kinder und 13 Paten schauen im nt-Hoftheater das Märchen vom Sterntaler. Das war im Dezember 2010. Seitdem hat die Bürgerstiftung mehr als 300 Kulturpatenschaften ins Leben gerufen. Die Grundidee des Projekts ist einfach. Die Bürgerstiftung organisiert solche Patenschaften für Grundschulkinder. Gemeinsam mit ihrem ehrenamtlichen Kulturpaten besuchen die Kinder innerhalb eines halben Jahres vier Kulturveranstaltungen – sei es eine Aufführung im Puppentheater, in der Oper, ein Konzert oder einen Kinofilm. Die Ausflüge begeistern sowohl die Kinder als auch die Paten. Fast immer verlängern diese ihre Patenschaft auf ein Jahr. Einige Paten der ersten Stunde sind dem Projekt bis heute treu geblieben und begleiten inzwischen ihr sechstes oder siebtes Patenkind.

- **»Spielen Lernen« – Bürgerstiftung Berlin.** Ein Kooperationsprojekt soll zum Modell werden. Initiiert von einer Berliner Hebamme, konzeptionell von der Bürgerstiftung umgesetzt und in enger Zusammenarbeit mit dem Kinder-, Jugend-Gesundheitsdienst richtet sich das Projekt an Eltern mit besonderem Beratungs- und/oder Betreuungsbedarf. Und dies ab der Schwangerschaft bis zum dritten Lebensjahr des Kindes. Ziel ist es, die Beziehung zwischen der Bezugsperson und dem Säugling durch eine stabile Bindung zu fördern. Denn ohne Bindung keine Bildung! Bindung hat viel mit Vertrauen in sich selbst und in sein Gegenüber zu tun. In den Gruppen wird die Psychomotorik der Kinder genutzt, um Vertrauen in das eigene Können durch das positive Feedback der Bezugsperson zu stärken. So erleben beide Seiten ein positives Erlebnis, was die Beziehung stärkt.
- **»[You:sful]-Lernen durch Engagement« – Bürgerstiftung Hamburg.** Die Idee: Bei Kindern und Jugendlichen sollen durch ihr Engagement in konkreten Projekten Handlungskompetenz und Selbstbewusstsein gefördert werden. Die seit 2009 von der Bürgerstiftung ermöglichten Projekte

sind dabei so unterschiedlich wie die Schulklassen, die sie organisieren. Zweitklässler arbeiten mit Feuereifer im Sachkundeunterricht mit, weil sie einen naturwissenschaftlichen Experimente-Parcours für die benachbarte Kita gestalten möchten. Oder aber das Oberstufenprofil »Medien und Gesellschaft« berät das Bezirksamt zur jugendgerechten Stadtplanung. Seine empirische Basis ist dabei eine von den Schülerinnen und Schülern organisierte Umfrage zur Nutzung von Parks und Plätzen, die sie an den Schulen des Stadtteils durchführen. »Ich werde gehört, ich kann etwas verändern!« – diese grundlegende demokratische Erfahrung nehmen die Schülerinnen und Schüler aus dem Projekt mit.

- **»Musikpatenschaften« – Bürgerstiftung Hannover.** Der neunjährige Karl träumt davon, in einer Blaskapelle mitmachen zu dürfen. Doch den Eltern fehlt das Geld für den Ankauf einer Trompete und für den Unterricht. Unsere Mitstifterin Sabine Hartmann will das ändern. Über die Presse wirbt sie dafür, dass uns Menschen von ihnen nicht weiter benötigte Musikinstrumente kostenlos zur Verfügung stellen. Und sie setzt sich dafür ein, unentgeltlich oder auch gegen Bezahlung engagierte Instrumentallehrer zu finden. Aus der Idee wird ein Riesenerfolg. Seit 1999 haben inzwischen 400 Kinder und Jugendliche dank der Förderung der Bürgerstiftung von diesem Projekt »Musikpatenschaften« profitiert und konnten so an das aktive Musizieren herangeführt werden.

- **»Die Insel« – Begegnungsort für Kinder und Eltern in Trennungssituationen. Bürgerstiftung Heidelberg.** Gegenwärtig wachsen etwa 30 Prozent der Kinder in Heidelberg überwiegend oder ausschließlich bei einem Elternteil auf. Für Kinder ist es nach einer Trennung oder Scheidung der Eltern eine große Belastung, wenn einer der Elternteile in eine andere Stadt zieht und sie danach, meist an Wochenenden, zwischen den Wohnorten der Eltern pendeln müssen. Hier setzt das Projekt »Die Insel« an. Dank einer großzügigen Spende und organisatorisch getragen durch das Luise-Schäffler-Heim stellt die Bürgerstiftung Heidelberg seit Dezember 2018 eine freundlich eingerichtete Wohnung zur Verfügung. Sie ermöglicht es Eltern, mit ihren Kindern wieder an einem guten Ort gemeinsam Zeit zu verbringen. Seit dem Start des Projekts wird es überaus intensiv genutzt.

Zum Abschluss dieses Kapitels möchte ich dem 2014 verstorbenen Karl Konrad Graf von der Groeben danken. Er hatte in der Startphase unserer Bürgerstiftung Hannover ganz zentral dazu beigetragen, dass wir schnell und erfolgreich starten und unser Konzept bundesweit verbreiten konnten. 1997 hatte er von mir einen Vortrag zum Thema der Prävention von Jugendgewalt gehört. Auf die Frage eines Zuhörers, wer meine Projektideen finanzieren sollte, hatte ich kurz das Konzept der Bürgerstiftung vorgestellt. Danach kam ein eindrucksvoller Herr auf mich zu. Strahlender Blick, viel Wärme, eine starke Persönlichkeit. Er stellt sich als Graf von der Groeben vor und fragte, ob ich ihm über diese Idee einer Bürgerstiftung etwas zuschicken könnte. Zufällig hatte ich einen Text dabei. Eine Woche später lud er mich zum Abendessen nach Hamburg ins Hotel Atlantik ein. Dort überreichte er mir zum Start unseres Gesprächs einen kleinen Brief, in dem er sich verpflichtete, die Bürgerstiftung Hannover und unsere Aktivitäten zur bundesweiten Verbreitung unseres Stiftungskonzeptes mit 400 000 DM zu fördern.

Ab diesem Abend standen wir im stetigen Kontakt. Zu ihm und seiner Frau entwickelte sich eine enge, freundschaftliche Beziehung. Einige Monate später lud er mich zu seinem achtzigsten Geburtstag ein. Dort bat er mich und zwei andere Personen, die von ihm für ihre gemeinnützigen Vorhaben ebenfalls große Beträge erhalten hatten, die Gäste seines Geburtstages kurz über das zu informieren, was wir dank seiner Förderung realisieren konnten. Danach ergriff er das Wort: »Ich möchte Euch, liebe Verwandte und Freunde, darüber informieren, warum ich mich dazu entschlossen habe, diese Projekte und viele weitere zu unterstützen. Ihr wisst alle, dass ich als Unternehmer großen Erfolg gehabt habe. Rückblickend möchte ich dazu etwas anmerken: Es war keine Schande, durch meine Arbeit reich zu werden. Aber heute ergänze ich: Es wäre eine Schande, reich zu sterben. Meine Familie ist bestens versorgt. Deshalb plane ich nun, all das, was sich bei mir an Wohlstand angehäuft hat, für sinnvolle gemeinnützige Projekte auszugeben. Es ist mir eine große Freude, erleben zu dürfen, was ich mit diesem Geld jetzt Sinnvolles in Gang bringen kann. Mit warmer Hand geben ist so viel schöner als mit kalter Hand.«

Gerechtigkeit und Zuwendung für Opfer der Gewalt

November 2000. Ich sitze in Leipzig im Taxi auf dem Weg zum Bahnhof. Mein Handy klingelt. Dran ist Sigmar Gabriel, Ministerpräsident Niedersachsens. Wir hatten uns einige Monate vorher über eine Sachverständigenanhörung im niedersächsischen Landtag kennengelernt. Rückblickend vermittelt mir dieser Anruf eine immense Bereicherung meines Lebens an Erfahrungen und Gestaltungsmöglichkeiten. Sigmar Gabriel fragt mich nämlich, ob ich in seinem Kabinett Justizminister werden möchte. Ich sage, im Prinzip Ja, und ergänze, das hänge aber auch von den Inhalten ab. Wir verabreden uns zu einem Gespräch. Bei diesem Treffen möchte ich von ihm wissen, ob er mir die Möglichkeit einräumt, als Justizminister drei mir wichtige Ziele zu realisieren. Erstens geht es mir um den Aufbau einer leistungsstarken Hilfe für die Opfer von Gewalt. Zweitens möchte ich gerne die Zuständigkeit für die Kriminalprävention und den Aufbau eines Landespräventionsrates. Und schließlich kündige ich an, in allen Gerichtszweigen die Mediation als Alternative zur herkömmlichen Prozessgestaltung erproben zu wollen (»Schlichten statt Richten«). Gabriel ist mit allen drei Arbeitsschwerpunkten einverstanden und freut sich besonders über meinen Plan, eine starke Opferhilfe aufzubauen. Daraufhin nehme ich sein Angebot an.

2001 lade ich engagierte Mitarbeiter des Justizministeriums

und erfahrene Praktiker aus der Strafjustiz und des Weißen
Rings dazu ein, gemeinsam das Konzept für eine Stiftung Opfer-
hilfe Niedersachsen zu erarbeiten. Gabriel hat mir hierfür zum
einen ein Startkapital von einer Million Euro zugesagt und zum
anderen für jeden der elf Landgerichtsbezirke Niedersachsens
die Finanzierung für eine Person, die hauptamtlich Opferhilfe
leistet. Anfang 2002 beginnt die Stiftung mit ihrer Arbeit. Bis
2018 hat sie ca. 25 000 Anträge von Opfern bearbeitet und über
10,8 Millionen Euro für Opferhilfe ausgegeben. Nachfolgend
wird zunächst einer dieser vielen Fälle geschildert, mit denen
sich die Stiftung auseinandergesetzt hat. Nach Darstellung ihrer
Arbeitsweise wird ergänzend berichtet, welche Hilfe in dem kon-
kreten Fall geleistet werden konnte.

Frau Müller wird wieder einmal von ihrem Mann massiv
geschlagen. Dieses Mal ist es so schlimm, dass sie gemeinsam mit ihren beiden Söhnen (fünf und sieben Jahre alt) in
das Frauenhaus flüchtet und dann erst einmal ihren Arzt auf-
sucht. Der behandelt ihre Verletzungen und stellt außerdem
fest, dass bei ihr eine Gürtelrose ausgebrochen ist. Sie wird für
sechs Wochen krankgeschrieben und erhält dadurch Kranken-
geld. Das hilft vorübergehend, weil ihr Mann sich über Monate
hinweg weigert, ihr Unterhalt zu zahlen oder ihr Kleidung
oder Sachen für die Kinder herauszugeben. Im Frauenhaus
erfährt sie, dass sie dort maximal 16 Wochen leben darf und
sucht deshalb sofort in der Kleinstadt nach einer Wohnung.
Sie möchte am Ort bleiben, damit die Kinder ihre vertrau-
ten sozialen Netzwerke in Kindergarten und Schule behalten
können. Aber weil sie von den Behörden wegen des ihrem
Mann und ihr gemeinsam gehörenden Hauses als vermögend
eingestuft wird, sehen diese sich zunächst außerstande, Frau

Müller mit Kaution / Miete und Umzugshilfe zu unterstützen oder ihr sonstige Leistungen anzubieten. Bei der Polizei hat sie ihren Mann angezeigt.

Für Gewaltopfer ist es wichtig, dass sie bei der Polizei auf mitfühlende Menschen treffen, die ihnen zunächst einmal zuhören und Ratschläge dafür geben, auf welche Weise sie Hilfe bekommen können. Diese Rolle der Polizei hat jedoch noch keine lange Tradition. Früher sahen die ermittelnden Beamten im Opfer eigentlich nur den Zeugen, den man als Beweismittel benötigt, um die Aufklärung des Falles erfolgreich abschließen zu können. Dann jedoch ist es hier vor 30 bis 40 Jahren schrittweise zu einem Wandel gekommen. Der Weiße Ring hat daran ebenso mitgewirkt wie die Medien und die Wissenschaft. Die Leiden der Opfer sind zunehmend in das Blickfeld geraten. In Niedersachsen hat das dazu beigetragen, dass ich vor 17 Jahren viel Unterstützung dabei erhielt, die Stiftung Opferhilfe zu gründen. Ihr Arbeitskonzept beruht von Beginn an auf vier Elementen:

- Ein wichtiger Partner der Stiftung Opferhilfe ist die niedersächsische Polizei. Sie hat den ersten Kontakt zu den Gewalttopfern und hat es deshalb übernommen, diese darüber zu informieren, kennengelernt sie sich wenden können, falls sie Leistungen der Opferhilfe in Anspruch nehmen möchten. Ein Flugblatt für die Opfer enthält die Namen der hauptamtlichen Opferhelfer und die Adresse ihres Büros.
- Die Aufgabe der hauptamtlichen Kräfte besteht in den elf regionalen Opferhilfebüros zunächst darin, mit den Opfern jeweils ein ausführliches Gespräch zu führen. Auf dieser Grundlage entwickeln sie Vorschläge für die Stiftung, wie

durch schnelle Hilfen aktuelle Probleme des Opfers gelöst werden können. Hierbei geht es vor allem um die Erstattung von Kosten für die zur Betreuung und zur psychischen Stabilisierung des Opfers notwendigen Maßnahmen. Alle seit 2003 nachfolgenden Justizministerinnen und Justizminister haben sich mit großem Engagement um den Ausbau der Stiftung bemüht. Heute verfügt sie mit 26,5 Planstellen über mehr als doppelt so viele hauptamtliche Mitarbeiter als noch zu ihrem Start. Hinzu kommt, dass alle in den Opferhilfebüros tätigen Personen inzwischen für ihre Aufgaben eine spezielle Fortbildung an der Alice-Salomon-Hochschule absolviert haben, die mit dem Zertifikat »Fachberater Opferhilfe und psychosoziale Prozessbegleitung« abgeschlossen wird.

- Gleich nach der Gründung der Stiftung wurde in jedem der elf Landgerichtsbezirke ein aus Bußgeldern gespeister Opferfonds eingerichtet. Insgesamt konnten dadurch seit 2002 im Durchschnitt pro Jahr 555 000 Euro eingenommen werden. Einschließlich der Zinsen und Spenden standen damit in 17 Jahren für die Opferhilfe knapp 10,8 Millionen Euro zur Verfügung.

- In jedem Landgerichtsbezirk gibt es einen dreiköpfigen, ehrenamtlich tätigen Vorstand der regionalen Opferhilfe. Er setzt sich aus jeweils einem örtlichen Vertreter des Weißen Rings sowie einem Strafrichter und einem Staatsanwalt zusammen. Der Vorstand entscheidet über die von den regionalen Opferhilfebüros vorgeschlagenen Maßnahmen, mit denen die Gewaltopfer unterstützt werden sollen. Im Verlauf der 17 Jahre konnte so in ca. 25 000 Verfahren Opferhilfe geleistet werden. Im Durchschnitt wurden hierbei pro Fall etwa 430 Euro aufgewendet. Das Spektrum reicht von 0 Euro, weil finanzielle Soforthilfe nicht nötig erscheint, bis hin zu ca. 10 000 Euro, wenn etwa zum sofortigen Schutz des Opfers aufwendige Maßnahmen erforderlich erscheinen.

Was ist nun konkret in dem oben geschilderten Fall geschehen? Das in dem Landgerichtsbezirk eingerichtete Opferhilfebüro leiste Frau Müller zunächst finanzielle Soforthilfe. Dadurch war sie in der Lage, für sich und ihre Kinder die nötigen Ausgaben des Alltags zu bezahlen, bis die zuständige Behörde nach dem Opferentschädigungsgesetz mit staatlichen Mitteln half. Außerdem unterstützte das Opferhilfebüro Frau Müller dabei, ergänzende Leistungen nach dem SGB II zu beantragen, hier also die Beratungshilfe für einen Rechtsanwalt, und die Therapie für die Kinder und die Mutter bei der Krankenkasse. Da Frau Müller nicht in der Lage war, die anfallenden Ratenzahlungen für das Haus zu leisten, entschloss sie sich, in eine Mietwohnung zu ziehen. Die Stiftung finanzierte die Kaution auf Darlehensbasis. Vor allem aber war die für Frau Müller zuständige Opferhelferin gerade in der ersten Zeit nach der Flucht aus dem gemeinsamen Haus eine wichtige Ansprechpartnerin, der sie ihre Sorgen anvertrauen konnte.

Zu unserer Überraschung hat das Konzept der Opferhilfe Niedersachsen bisher kein anderes Bundesland dazu veranlasst, ebenfalls eine derartige Stiftung zu gründen. Umso wichtiger erscheint es, dass wir gegenwärtig auf Bundesebene vor einer politischen Entscheidung stehen, die eine grundlegende Verbesserung des Systems der Opferhilfe zur Folge haben könnte. Die Bundesregierung hat den Entwurf eines Gesetzes für ein Soziales Entschädigungsrecht (SER) vorgelegt, das die

Opferhilfe grundlegend verbessern würde. Aber noch ist keineswegs klar, ob der große Wurf die Hürde der Gesetzgebung durch Bundestag und Bundesrat nehmen wird. So ist zum jetzigen Zeitpunkt im Herbst 2019 höchst unsicher, ob die Große Koalition noch so lange halten wird, bis das Gesetzgebungsverfahren abgeschlossen ist. Nicht auszuschließen ist ferner, dass der Bundesrat aus Kostengründen zentralen Elementen des SER-Entwurfes seine Zustimmung verweigert.

Bei den nun schon über viele Jahre laufenden Bemühungen, den Gesetzentwurf voranzubringen, durfte ich phasenweise beratend mitwirken. Dadurch ist mir bewusst geworden, welch starkes Engagement dazugehört, bei so einem großen Vorhaben Rückschläge hinzunehmen, wieder von vorn anzufangen und trotz aller Widerstände nie das Ziel einer grundlegenden Verbesserung der Opferhilfe aus den Augen zu verlieren. Ich möchte deshalb drei Personen hervorheben: den früheren Abteilungsleiter und jetzigen Staatssekretär Dr. Rolf Schmachtenberg, der diesen Gesetzentwurf von Beginn an bis in die kleinsten Details hinein mitgestaltet hat, sowie die beiden ihm zur Seite stehenden Bundestagsabgeordneten Peter Aumer (CSU) und Dr. Matthias Bartke (SPD), die mit großem Einsatz an der Entstehung des Gesetzentwurfes mitgewirkt haben und nun dafür kämpfen, dass er die Hürden der Gesetzgebung nimmt. Ich sehe mit Sorge, dass diese drei Gesetzesmacher scheitern können, obwohl das Produkt ihrer gemeinsamen Arbeit nicht nur den Gewaltopfern helfen würde, sondern auch starke Effekte der Gewaltprävention erwarten ließe.

Doch worum geht es hier im Detail? Der Grundgedanke ist folgender: Wenn der Staat schon nicht verhindern kann, dass ein Mensch Opfer einer Gewalttat wird, so muss er ihm doch zumindest den entstandenen Schaden ausgleichen. Und er muss alles dafür tun, dass das Gewaltopfer medizinisch gut versorgt wird und wieder ins Leben zurückfinden kann. Im vergangenen Jahr hat der Staat hierfür mehr als 300 Millionen Euro ausgegeben. Dann ist ja alles in bester Ordnung, könnte man meinen. Das ist es aber leider nicht. So großzügig der Staat ist, wenn er den Anspruch erst einmal anerkannt hat, so schwierig ist häufig der Weg dorthin. Das bisherige Opferentschädigungsrecht basiert auf dem alten Kriegsopferrecht und atmet noch den Geist der Fünfzigerjahre. Es ist zu eng angelegt und im Verfahren viel zu umständlich und langwierig. Daher bedarf es nun nach Auskunft des Bundesministeriums für Arbeit und Soziales sechs grundlegender Neuerungen:

- Der Gewaltbegriff wird erweitert. Bisher werden nur körperliche Schäden anerkannt, in Zukunft auch **psychische Schäden.** Auch die Opfer von Mobbing, Cybermobbing, Menschenhandel und Stalking können nach dem neuen SER Ansprüche geltend machen.
- Eng damit zusammen hängt die Einführung von Traumaambulanzen. Die Erfahrung zeigt, dass die durch Gewalttaten verursachten psychischen Traumata häufig gravierender sind als alle anderen Auswirkungen der Tat. Das Entscheidende bei einer Traumabehandlung ist aber, dass sie sofort erfolgt. Je später sie beginnt, desto schwieriger wird der Heilungsprozess und desto größer ist die Gefahr einer chronischen Schädigung. Deswegen werden die **Traumaambulanz-Behandlungen als »schnelle Hilfen«** angeboten. Jedes Opfer hat sofort nach der Gewalttat einen Anspruch auf fünf psychotherapeutische Behandlungssitzungen. Sofern Bedarf besteht, sind nach den fünf Sitzungen noch weitere zehn möglich.

- Die bürokratischen Abläufe der Opferentschädigung waren bisher von außen schwer nachzuvollziehen. Deswegen wird nun ein Fallmanagement eingeführt. Opfer von schweren Straftaten erhalten einen »Lotsen«, der sie durch das bürokratische Antragsverfahren führt.

- Bei Fällen sexueller Gewalt führen unklare Beweislagen sehr oft dazu, dass die Opfer sich als Antragsteller emotional stark einbringen und am Ende als frustrierte Verlierer dastehen. Hier soll nun eine »Beweiserleichterung« für Abhilfe sorgen. Danach sind Tatsachen dann ausreichend glaubhaft gemacht, wenn nach einer Gesamtwürdigung aller Umstände besonders viel für sie spricht.

- Die **Geldleistungen** an Opfer und Hinterbliebene werden deutlich erhöht. Zudem wird die bisher nicht vorgesehene Möglichkeit der **Einmalzahlung** eingeführt.

- Menschen, die in Deutschland Opfer einer Gewalttat wurden, erhalten die Leistungen des Gesetzes **unabhängig von ihrer Staatsangehörigkeit**.

Der Gesetzentwurf wäre damit ein großer Schritt in Richtung auf ein Ziel, das Susan Herman in ihrem mich begeisternden Buch im Jahr 2010 als »Parallel Justice for the Victims of Crime« gefordert hat. Was sie im Hinblick auf die US-amerikanische Strafjustiz diagnostiziert, gilt im Grunde auch für unser System der Strafverfolgung. Die Chancen der Gewaltopfer, die nötige Unterstützung zu erhalten, sind nach wie vor zu stark davon abhängig, ob es der Strafjustiz gelingt, den Täter zu verurteilen. Als Zeugen oder als Nebenkläger im Gerichtssaal haben Opfer zwar durchaus die Möglichkeit, Einfluss auf das Verfahren zu nehmen. Aber in der Mehrheit der angezeigten Fälle von Gewalt kommt es gar nicht zu einer

Verurteilung, weil die Taten nicht aufgeklärt werden konnten oder weil die Staatsanwaltschaft oder später das Gericht angesichts lückenhafter Ermittlungsergebnisse das Verfahren eingestellt hat. Herman fordert deshalb zu Recht ein eigenständiges Bemühen des Staates, den Bedürfnissen der Opfer gerecht zu werden.[1]

Zur Begründung verweist sie dabei auch auf ein Argument, das in der sozialpolitischen Diskussion um das SER bisher kaum beachtet wird. Gerechtigkeit für das Opfer ist zugleich Kriminalprävention. Dabei ist dieser Zusammenhang eigentlich offenkundig. Hier im Buch wurde er bereits mehrfach angesprochen. Ein Beispiel ist die hilflose Ohnmacht des kleinen Jürgen Bartsch, der der Gewalt seiner Eltern und seiner Erzieher ausgeliefert war. Und auch die Befunde zu solchen Jugendlichen, die in ihrer Kindheit von den Eltern viel Gewalt einstecken mussten und dann als 14- bis 17-Jährige zurückschlugen, sind ein deutlicher Beleg. Aus frustrierten Opfern werden Täter, die die Hemmungen verloren haben, ihrerseits Gewalt einzusetzen.

Wem jedoch Gerechtigkeit in dem Sinne widerfährt, dass das ihm zugefügte Unrecht als solches anerkannt wird und er im Rahmen des Möglichen Wiedergutmachung erhält, ist eher bereit, auf Rache zu verzichten. Susan Herman beruft sich hier auf amerikanische Forschungsergebnisse, nach welchen sich als bester Prädiktor für zukünftige Jugendkriminalität eine vorangegangene Erfahrung als Opfer einer Straftat erwiesen hat.[2] Auf einen entsprechenden Zusammenhang verweisen aber auch unsere Erkenntnisse aus der bundesweiten Jugendbefragung der Jahre 2007/2008. Von allen jugendlichen Gewaltopfern haben 32,7 Prozent selber eine

Gewalttat verübt, von den männlichen Gewaltopfern sind es sogar 40,7 Prozent[3]. Auch diese Befunde deuten darauf hin, dass die von Herman geforderte Gerechtigkeit für Opfer den durchaus intendierten Nebeneffekt der Gewaltprävention hat.

Eines muss freilich einschränkend klargestellt werden. Nach dem Gesetzentwurf sollen alle in den ersten fünf Punkten angesprochenen Neuregelungen erst ab dem Jahr 2024 in Kraft treten. Eine Begründung wird hierfür nicht genannt. Aber etwas liegt auf der Hand. Da die Länder die Kosten des Gesetzes zu tragen haben, sind Bundesregierung und Bundestag auf deren Zustimmung im Bundesrat angewiesen. Man darf vermuten, dass es der extrem späte Termin des Inkrafttretens den Bundesländern erleichtern soll, dem Gesetz zuzustimmen. Aber wäre das wirklich eine kluge Entscheidung? Zweifel erscheinen aus mehreren Gründen angebracht.

So ist es zwar durchaus üblich und auch vernünftig, neue gesetzliche Regelungen zeitlich ein paar Monate oder sogar ein Jahr später in Kraft treten zu lassen. Der Hauptgrund ist, dass es Zeit braucht, die Menschen gründlich über das zu informieren, was in Zukunft gelten soll. Zudem müssen auch die jeweils betroffenen Behörden ihre Mitarbeiter mit Fortbildungsmaßnahmen auf das vorbereiten, was hier auf sie zukommt. Und schließlich ist es oft nötig, ergänzend zu dem Bundesgesetz Verordnungen und Ausführungsbestimmungen zu erlassen, damit die neuen Regelungen praktisch umgesetzt werden können. Für all das würden allerdings normalerweise zwölf Monate ausreichen. Die drei zusätzlichen Jahre sollen es den Ländern offenkundig erleichtern, die bittere Pille der befürchteten Mehrkosten zu schlucken.

Aber werden diese überhaupt in der Höhe entstehen, wie man es unterstellt? Die Frage erscheint deshalb berechtigt, weil die Einrichtung der Traumaambulanzen als »schnelle Hilfe« beachtliche Einsparungen erwarten lässt. Menschen, die bisher durch eine Gewalttat ein schweres Trauma erlitten haben und keine Traumatherapie erhielten, werden dadurch vielfach so beeinträchtigt, dass sie ihr Leben lang darunter leiden. Dies zeigt eine mit mehr als 30 000 Menschen durchgeführte kanadische Studie, die sich mit den Folgen nicht behandelter posttraumatischer Belastungsstörungen (PTBS) auseinandergesetzt hat. Patienten mit PTBS erkranken mehr als doppelt so häufig an Rückenschmerzen, mehr als dreimal so häufig an Migräne und mehr als viermal so häufig an einer chronisch obstruktiven Lungenerkrankung (COPD). Die Kosten, die diese Erkrankungen mit sich bringen, übersteigen die Kosten einer Traumatherapie um ein Vielfaches[4]. In jüngerer Zeit zeigen zudem Erkenntnisse aus modernen Traumatherapien, wie etwa die Methode des EMDR oder Klopftechniken, dass die Einbeziehung des Körpers beachtliche Fortschritte bringt. Gerade bei schweren Gewalterfahrungen, wie sie häufig bei Veteranen anzutreffen sind, haben diese Methoden zu beachtlichen Rückgängen der PTBS-Symptomatik geführt.[5]

Die neuen Regelungen des SER eröffnen die Perspektive, diese Erfahrungen neuer Therapieansätze für die Opferhilfe zu nutzen. Die Menschen sollen in die Lage versetzt werden, sowohl die materiellen als auch die psychischen Folgen der Gewalttat erheblich schneller und grundlegender zu bewältigen, als ihnen das bisher möglich war. Der Gesetzgeber will der Gefahr entgegenwirken, dass die betroffenen Menschen den Status des Opfers verinnerlichen und sich davon nicht mehr lösen können. Die schnellen Hilfen und auch die Option der Einmalzahlung sollen sie dazu befähigen, den Blick nach vorn zu richten und ihr Leben wieder in den Griff zu bekommen. Je schneller und umfassender ihnen das gelingt, umso mehr wird als Folge davon auch der Sozialstaat entlastet, wenn die Zahl der lebenslangen Opferrenten dadurch deutlich abnimmt. Niemand ist freilich gegenwärtig in der Lage, genau zu beziffern, wie groß der dadurch entstehende Einsparungseffekt ausfallen wird. Dabei erscheint es durchaus möglich, hierzu wichtige Basisdaten zu erarbeiten. Voraussetzung wäre hierfür allerdings, dass Bund und Länder sich darauf einigen, die lange Wartezeit bis zum geplanten Inkrafttreten des SER sinnvoll zu nutzen.

Ich plädiere dafür, in Niedersachsen, Hamburg und Sachsen-Anhalt ab dem Jahr 2021 im Rahmen eines von der Forschung begleiteten Modellversuchs praktisch zu erproben, wie sich das Gesetz auswirkt. Für Niedersachsen spricht, dass es durch seine oben dargestellt Stiftung über breite Erfahrungen der Opferhilfe und über bereits eingearbeitete Fachkräfte verfügt, die man bei der Umsetzung des SER-Programms sehr gut nutzen könnte. Ferner erscheint es sinnvoll, auch einen der drei Stadtstaaten einzubeziehen, um die besonderen Bedingungen eines solchen Ballungsgebietes im Projekt berücksichtigen zu können. Und schließlich spricht viel dafür, das zu Niedersachsen benachbarte Sachsen-Anhalt in das Projekt zu integrieren, um die besonderen Bedingungen der neuen Bundesländer ebenfalls erfassen zu können.

Die aus dem Projekt erwachsenden Mehrkosten sollten m. E. von Bund und Ländern gemeinsam getragen werden, weil die dadurch gewonnenen Erkenntnisse und Praxiserfahrungen dazu beitragen würden, die Implementation des neuen Gesetzes wesentlich schneller und effektiver zu verwirklichen.

Auf etwas muss allerdings schon heute aufmerksam gemacht werden. Die Umsetzung des SER kann nur gelingen, wenn die Polizei bundesweit hierauf sorgfältig vorbereitet wird. Sie ist nun einmal die erste staatliche Instanz, die sich mit der Gewalttat und ihren Folgen für das betroffene Opfer auseinandersetzt. Es wird deshalb ihre Aufgabe sein, die Gewaltopfer insbesondere über das zu informieren, was das SER an schnellen Hilfen anbietet. Nur auf diese Weise kann sichergestellt werden, dass die jetzt ermöglichten Traumatherapien möglichst bald nach der Tat zum Einsatz kommen. Bei Fällen sexueller Gewalt setzt das beispielsweise voraus, dass die die Vernehmung des Opfers durchführenden Polizeibeamtinnen und -beamten in der Lage sind, die vom SER vorgesehene Beweiserleichterung praktisch umzusetzen. Ferner wird es Aufgabe der Polizei sein, die Opfer darüber zu informieren, wohin sie sich wenden sollten, wenn sie die vom Gesetz vorgesehenen Hilfen in Anspruch nehmen möchten. Das alles kann aber nur gelingen, wenn die Innenministerkonferenz hierfür ein Programm entwickelt, das in der Aus- und Fortbildung von Polizeibeamtinnen und -beamten zum Tragen kommt. Sollte es zu der oben angeregten Erprobung des SER in den drei Bundesländern kommen, wäre es eine wichtige Aufgabe der Begleitforschung, die wichtige Funktion der Polizei bei der Implementation des Gesetzes sorgfältig zu evaluieren.

Damit bin am Ende dieser Reise durch die Erfahrungen und Erkenntnisse eines langen Berufslebens als Kriminologe angelangt. Gerechtigkeit und Zuwendung lauten die beiden Begriffe der letzten Kapitelüberschrift, mit denen ich versucht habe, mich mit den Leiden der Gewaltopfer und ihren Bedürfnissen konstruktiv auseinanderzusetzen. Die sozialpädagogische Zuwendung der Opferhelfer hat damit hier die »Liebe« aus dem Titel des Buches ersetzt. Aber im Kern geht es um dieselbe Antwort: Menschen, die sich in einer existenziellen Krise befinden, weil sie Opfer von Gewalt wurden, brauchen ein von Empathie getragenes Gegenüber, das ihnen zuhört und ihnen taugliche Hilfen anbieten kann.

Doch was bedeutet in diesem Kontext Gerechtigkeit? Noch einmal möchte ich auf das zurückkommen, was Margot Käßmann in ihrem Buch »Mehr als Ja und Amen« formuliert hat. Sie äußert sich sowohl zum inhaltlichen Ziel der Gerechtigkeit als auch zu dem Verfahren, mit dem gerechtes Geben den Menschen vermittelt wird. »Bei Zuteilung von Hilfen kann es nicht darum gehen, dass alle das Gleiche bekommen.« Käßmann macht deutlich, dass es darauf ankommt, dem Menschen zu geben, was er persönlich zum Leben braucht. »Es geht nicht darum, Güter und Geld zu verteilen, sondern darum, dass Menschen ermöglicht wird, sich zu beteiligen, dabei zu sein, mitzumachen, nicht ausgegrenzt zu werden.«

Gerechtigkeit ist damit das Lebenselement einer solidarischen Gemeinschaft, die sich darum kümmert, dass jeder einerseits einen Entfaltungsspielraum bekommt und andererseits lernt, die Bedürfnisse der anderen zu respektieren. Und schließlich äußert sich Käßmann zum richtigen Weg, der zu diesem Ziel hinführt: »Gerechtigkeit erfolgt nicht durch Almosen geben, das einen anderen herablassend wie ein Objekt behandelt, sondern indem ich den anderen gerecht werden will. Hier ist Haltung gefragt.« Als ich das las, wurde mir bewusst, dass Margot Käßmann all denen wirklich etwas zu sagen hat, die sich um Opferhilfe bemühen. Gestützt auf ihren Glauben, vermittelt sie uns Maßstäbe dafür, mit welchem Ziel und auf welche Weise wir den Opfern von Gewalt gerecht werden können. Wenn der Staat sich daran orientiert, gilt auch für ihn, was im Alten Testament in den Sprüchen 14, Vers 34, zu lesen ist: »Gerechtigkeit erhöht ein Volk.«

Danksagung

So ein Buch konnte ich nicht allein schreiben. Ich bin ein auf Dialog angelegter Mensch. Mein Kopf arbeitet am besten, wenn er durch Widerspruch oder zumindest durch alternative Sichtweisen richtig in Fahrt kommt. Außerdem benötigte ich zu vielen Themen aktuelle Daten. Und schließlich sind meine handwerklichen Fähigkeiten, einen Text zu produzieren, immer noch ausbaufähig. Ich war also von der ersten Seite an auf Hilfe angewiesen.

Ich beginne mit meiner Frau Anna Maier-Pfeiffer, die jeden Entwurf eines Kapitels als Erste las und mich mit kritischen Fragen und klugen Anregungen immer wieder dazu motivierte, meine Thesen zu überprüfen, andere Formulierungen zu wählen und neue Aspekte einzubeziehen. Herzlichen Dank, liebe Anna, für die tolle Hilfe. Daneben gab es mehrere Menschen, die mich zu Inhalt und Struktur des Buches unterstützten. Dirk Baier, mit dem ich seit 15 Jahren eng zusammenarbeite und freundschaftlich verbunden bin, war mir ein wichtiger Ratgeber und half mit spannenden Daten und klugen Interpretationsangeboten. Niklas Schulte unterstützte mich mit guten Ideen und konstruktiven Vorschlägen beim Entwerfen einer Gliederung des Buches und half mit gründlicher Vorarbeit zu wichtigen Themen. Thomas Hestermann begeisterte mich mit seiner kreativen Medienforschung. Thomas Mößle brachte sich immer ein, wenn ich zu spezifischen Fragen seine Hilfe benötigte. Und Mareike Döring unterstützte mich optimal mit Recherchen, Daten und Texten zu einem meiner Lieblingsthemen – den Gefahren, die aus der Dominanz der Männer erwachsen.

Eberhard Mecklenburg vom KFN und Helmut Becker vom Bundeskriminalamt standen mir immer dann mit großem Engagement zur Seite, wenn es darum ging, anhand der PKS oder anderer Datensätze aktuelle Analysen durchzuführen und meine Sonderwünsche zu erfüllen. Eine besondere Rolle hatte ferner die Jurastudentin Lina Fränzel. Gestützt auf ihren klugen Kopf und ihre hohe Sprachbegabung ersetzte sie im gesamten Buchmanuskript das süddeutsche Perfekt durch das korrekte Imperfekt, vermittelte viele kreative Anregungen zur besseren sprachlichen Gestaltung und betrieb umfassende Hintergrundrecherchen. Meine Schwester Regine Pfeiffer, frühere Englischlehrerin, sorgte mit ihrer Übersetzung einer Rede von Kardinal Marx dafür, dass ich ihm auch insoweit kritisch begegnen konnte. Die drei Studentinnen Janina Meister, Fania Neumann und Jule Sperrle sowie Melanie Pfeffer vom KFN unterstützten mich mit hilfreichen Literaturrecherchen und kümmerten sich mit großer Sorgfalt um Fußnoten und Literaturverzeichnis. Zudem standen mir mit Christine Schiller und Birgit Bergmann zwei starke Frauen zur Seite, die meine Diktatstimme aus alten Zeiten bestens kannten und verlässlich dafür sorgten, das Buch zu Papier zu bringen.

Aber auf einmal musste ich feststellen, dass der Text um 30 Seiten zu lang geworden war und geriet auch deshalb in Stress, weil der Abgabetermin immer näher rückte. Doch da konnte ich mich auf alte Freunde verlassen. Edda Schneider und Frank Woesthoff machten mir unmissverständlich klar, was ich streichen sollte. Dirk Rossmann und Martin Kind hielten unbeirrt daran fest, dass eine gute Skatrunde die perfekte Entspannung bietet und ich danach kreativ und schnell auf alle Probleme die richtige Antwort entwickeln werde. Und sie hatten Recht.

Für mich war es eine große Freude, mit diesen engagierten Menschen zusammenzuarbeiten. Ich danke allen hier genannten Personen sehr herzlich für ihre Unterstützung beim Schreiben dieses Buches.

Anmerkungen

Fußnoten zu Kapitel 3: Der Rückgang der Sexualmorde – eine beispielhafte Geschichte

1 Baier et al, 2011; Baier et al, 2017
2 Moor, 2003, S. 59
3 Miller, 1980, S. 232 ff.
4 Miller, 1980, S. 242 f.
5 Moor, 2003, S. 25
6 Moor, 2003, S. 114
7 Moor, 2003, S. 144
8 Mooi 1971
9 Brocher, in Moor, 1972, S. 15
10 Baier et al, 2011
11 Pfeiffer/Baier/Kliem, 2018. S. 37
12 Baier/Pfeiffer 2014, S. 113 ff.
13 Hellmann, 2014, S. 104
14 Stadler et al, 2012, S. 54
15 Wetzels, 1997, S. 200 ff.
16 Pfammater et al, 2012, S. 17 ff.
17 Pfammatter et al, 2012, S. 19; Horvath/Simmonds, 1991; Martin et al, 2000; Norcoss/Wampold, 2011.
18 Pfammatter/Junghahn/Tschacher, 2012 17 ff.
19 Meyer et al, 1991, S. 33 ff. i. V. m. den aktuell für 2018 mitgeteilten Therapeutenzahlen
20 Diese These vertritt die Dt. Gesellschaft für Psychiatrie und Psychotherapie (DGPPN) in einem 2018 herausgegebenen Dossier (Psychische Erkrankungen in Deutschland. Schwerpunkt Versorgung, S. 22), unter Hinweis darauf, dass nach internationalen Meta-Analysen bis zu 90 Prozent der Suizide auf psychische Erkrankungen zurückzuführen sind.

Fußnoten zu Kapitel 4: Weniger Hiebe – mehr Liebe

1 Jung, 1977, S. 10 ff.

2 Über diesen Vorgang sind wir nur deshalb informiert, weil 2013 Kjelll Ake anlässlich der neuen Herausgabe ihres Redetextes hierüber informiert hat und weil ferner in einer von Jens Andersen veröffentlichten Biografie Astrid Lindgrens nachzulesen ist, was damals im Herbst 1978 anlässlich der Verleihung des Friedenspreises abgelaufen war.

3 Lindgren, 2017 S. 25

4 Deutscher Kinderschutzbund, Bundesverband e. V., 2010

5 Schwindt et al, 1990, S. 246

6 Bundesratssitzung 15.10.1993: http://dipbt.bundestag.de/dip21/brp/661.pdf#P.452

7 Götzer, Deutscher Bundestag 12. Wp. Plenarprotokoll 12/219. S. 19026

8 Beckmann et al 2017, S. 1 ff.

9 Durrant 2018, S. 64 ff.

10 Baier/Pfeiffer 2014, S. 117 ff.

11 Baier/Pfeiffer 2014, S. 113 ff.

12 Baier/Pfeiffer 2014, S. 113 ff.

13 Entwicklung aus dem Gleichberechtigungsgesetz vom 18. Juni 1957

14 Bundesgesetzblatt Teil 1 1976, Nr. 67, S. 1421, § 1356, Abs. 2

15 Schwarzer 1977, S. 3

16 Baier/Pfeiffer 2014, S. 134

17 Mößle et al 2014, S. 21

18 Mößle et al 2014, S. 21

19 Mößle et al 2014, S. 21

20 Mößle, 2012, S. 174 ff.

21 Rehbein/Baier 2013, S. 118 ff.

22 Rehbein/Baier 2013, S. 118 ff.

23 Rehbein/Baier 2013, S. 118 ff.

24 Mößle, 2012, S. 174 ff.; Rehbein/Baier 2013, S. 118 ff.; Rehbein/Kleimann/Mößle, 2009

25 Pfeiffer/Beckmann 2016, S. 197 ff.

Fußnoten zu Kapitel 5: Wie hat sich der Wandel der elterlichen Erziehung ausgewirkt?

1 Pfeiffer/Beckmann 2016, S. 197 ff.

2 Gershoff 2002

3 Teicher, 2002

4 Dedovic et al 2009; Whittle et al 2013

5 Lim/Radur/Rubia, 2014.

6 Rubia et al, 2013; Zhang/Li, 2012

7 Baier et al 2018

8 Den Trend bestätigt auch der 2019 von der BZGA veröffentlichte Alkoholsurvey 2018 im Hinblick auf die 12- bis unter 18-Jährigen. Weil hier die verschiedenen Altersgruppen aber weniger differenziert dargestellt worden sind, konnten sie für den nachfolgend dargestellten Längsschnittvergleich nicht herangezogen werden.

9 680 zu 241 Strafgefangenen, jeweils pro 100 000 der Bevölkerung; Pfeiffer, 2015, S. 28 f.

10 121 zu 1; Pfeiffer, 2015, S. 28 f.

11 501 zu 128, wobei in Deutschland im Jahr 2018 pro 10 Millionen der Bevölkerung 13 Schusswaffentötungen registriert wurden.

12 Beispiele hierfür sind etwa die Report-Sendung vom 18.12.2018 oder das Medienecho über eine im Juni 2019 vorgelegte Studie der Bertelsmann-Stiftung.

13 Pfeiffer/Baier/Kliem, 2018, S. 31 ff.

14 Pfeiffer/Baier/Kliem, 2018, S. 43

15 Wilmers et al 2002, Seite 149 ff.; Baier/Pfeiffer 2011

16 Pfeiffer/Baier/Kliem 2018, Seite 54

17 Pfeiffer, 2015, S. 15 ff.

18 Renz-Polster H., 2019, S. 55

19 Albert 2015, S. 243

20 Pfeiffer 2015

21 680 zu 241 Strafgefangenen, jeweils pro 100 000 der Bevölkerung; Pfeiffer, 2015, S. 28 f.

22 121 zu 1; Pfeiffer, 2015, S. 28 f.

23 501 zu 128, wobei in Deutschland im Jahr 2018 pro 10 Millionen
der Bevölkerung 13 Schusswaffentötungen registriert wurden.

Fußnoten zu Kapitel 6:
Je schwerer die Gewalt – umso stärker ihr Rückgang

1 Hellmann/Pfeiffer, 2015
2 Rückgang 662 172 Taten auf 316 953 Taten (Statistik KFN)

Fußnoten zu Kapitel 7: Vergewaltigung

1 Hellmann/Pfeiffer 2015
2 Ronen Steinke: »Als die Vergewaltigung in der Ehe noch straffrei
   war«, SZ vom 4.7.2017
3 Hellmann/Pfeiffer 2015
4 Pfeiffer 1983, S. 88 ff.
5 Ellrich/Baier/Pfeiffer 2012, S. 50 ff.
6 Hierzu bereits Groth, 1979, S. 60 f., 84.; Marneros 2007, S. 320;
   Schneider 1994, S. 96 f.
7 Dern 2011, S. 143 ff.; Schwendinger 1983, S. 141 ff.
8 Hellmann/Pfeiffer 2015
9 Hellmann/Pfeiffer 2015
10 Das Jahr 2017 wurde wegen der ab diesem Jahre geltenden
    Neuregelung des Vergewaltigungstatbestandes nicht in die
    Berechnungen einbezogen.

Fußnoten zu Kapitel 8: Wenn das Zuhause zum Tatort wird. Kindestötungen und schwere Gewalt gegen Frauen

1 Zähringer, 2015; Höynck/Behnsen/Zähringer, 2015
2 Haug/Zähringer 2017, S. 35
3 Pfeiffer, 2011, S. 14 ff.
4 Pfeiffer/Thoben 2013, S. 12 ff.
5 www.deutscherpraeventionstag.de

Fußnoten zu Kapitel 9: Ungerechtigkeit erzeugt Kriminalität. Gerechtigkeit und Fairness zahlen sich aus.

1 Pfeiffer, 1985, S. 117 ff.
2 Pfeiffer, 1985, S. 233 ff.
3 Pfeiffer, 1985, S. 242 ff., 312 ff.
4 Pfeiffer, 1985, S. 253
5 Pfeiffer 1985, S. 285
6 Pfeiffer, 1985, S. 307 ff.
7 Pfeiffer, 1985, S. 305 ff.
8 Becker, 1963, S. 34 ff.
9 Sack, 1968, S. 431 ff.; Sack, 1972, S. 3 ff.
10 Colquitt et al 2013; Nagin & Telep 2017, Tyler 2017
11 Colquitt et al 2013; Nagin & Telep 2017, Tyler 2017
12 Pfeiffer, 1985, S. 268
13 Bundesgesetzblatt Teil I 1990, Nr. 46, S. 1853
14 Pfeiffer/Baier/Kliem, 2018, S. 7 ff.
15 Müller 2013
16 Höynck 2013, S. 409 ff.; Heinz 2013, S. 411 ff.
17 Paternoster et al 1997
18 Paternoster et al 1997, S. 163 ff.
19 Baier/Bergmann/Mößle, 2012.
20 Baier/Bergmann/Mößle 2012, S. 22 ff.
21 Pfeiffer/Farren, 2019, S. 23 ff.

Fußnoten zu Kapitel 10: Gewalt, Medien und die AfD
Gefühlte Kriminalitätstemperatur und Realität

1 Baier et al, 2011 S. 31 ff.
2 Baier et al, 2011 S. 41 ff.
3 Baier et al, 2011 S. 41 ff.
4 Baier et al, 2011 S. 31 ff.
5 Baier et al, 2011 S. 125 ff.
6 Pfeiffer/Windzio/Kleimann 2004, S. 415 f.
7 Hestermann 2012
8 Baier et al, 2011, S. 92 ff.
9 Baier et al 2011, S. 151
10 Baier et al, 2011, S. 145 ff.
11 Hestermann & Hoven 2019
12 AfD LT-Fraktion Rheinland-Pfalz, PM 10.07.2018
13 AfD LT-Fraktion Rheinland-Pfalz, PM 03.05.2018
14 AfD LV-Sachsen-Anhalt, PM 08.06.2018
15 AfD LT-Fraktion Baden-Württemberg, PM 03.09.2018
16 AfD LV-Thüringen, PM 23.09.2018
17 AfD LT-Fraktion Schleswig-Holstein, PM 13.09.2018
18 AfD-Fraktion im Abgeordnetenhaus v. Berlin, PM 14.03.2018
19 AfD LT-Fraktion Rheinland-Pfalz, PM 04.09.2018
20 AfD BT-Fraktion, PM 08.08.2018
21 AfD LT-Fraktion Baden-Württemberg, PM 03.09.2018
22 Pfeiffer et al, 2005, S. 77
23 AfD Parteiprogramm 2016, S. 48

Fußnoten zu Kapitel 11:
Migration, Flüchtlinge und Gewalt

1 Pfeiffer et al, 2005, S. 30 ff.

2 Pfeiffer et al, 2005, S. 30 ff.

3 Pfeiffer et al, 2005, S. 30 ff.; Straftaten gegen § 92 AuslG und AsylVerfG werden nicht einbezogen, weil sie fast nur von Nichtdeutschen begangen werden.

4 Straftaten gegen § 92 AuslG und AsylverfG werden nicht einbezogen, weil sie fast nur von Nichtdeutschen begangen werden.

5 Pfeiffer et al, 2005, S. 32.

6 Von 30 188 auf 29 377; vgl. Pfeiffer et al, 2005, Tab. 4a) S. 121 f.

7 Pfeiffer et al, 2005, S. 95 f.

8 Pfeiffer et al 2005, S. 45 ff.

9 Pfeiffer et al 2005, S. 45 ff.

10 Pfeiffer et al, 2005

11 Pfeiffer, 2014, S. 18; Bergmann et al, 2017 S. 42 ff.

12 Pfeiffer/Baier/Kliem 2018 S. 31 ff.

13 BKA, Bundeslagebild 2018, S. 13 ff.

14 Bei der Konstellation Max gegen Moritz beträgt sie nur ca. 13 %, steigt aber auf 27 %, wenn Max von Mehmet attackiert wird. Beim Aufeinandertreffen von Mehmet und Mustafa liegt die Anzeigequote nur bei 10 %. Wird aber Mustafa vom russischen Igor angegriffen, steigt sie auf 28 %. Vgl. Pfeiffer/Baier/Kliem 2018 S. 75.

15 Köllisch, 2004, S. 26 ff.; Mansell/Albrecht, 2003; Wetzels et al, 2001. Vgl. ferner hierzu Naplava, 2018, S. 337

16 Die absoluten Zahlen der Asylbewerber sind von 23 232 auf 19 184 zurückgegangen.

17 Die Zahl der Tatverdächtigen hat sich hier zwischen 2016 und 2018 von 45 931 auf 48 603 erhöht.

18 Zu der Gruppe von Ausländern, die als Schüler/Studenten, als ausländische Arbeitnehmer oder Gewerbetreibende über einen gesicherten Aufenthaltsstatus verfügen, haben die Tatverdächtigenzahlen der Gewalt dagegen zwischen 2014 und 2017 um

13,6 Prozent abgenommen. Gerne hätte ich auch für 2018 die entsprechenden Daten überprüft. Aber sie werden von den Ländern ohne Angabe von Gründen seit 2018 nicht mehr gesondert ausgewiesen.

19 Nach Tabelle 61 der Polizeilichen Kriminalstatistik (PKS) des Jahres 2018 beträgt die Gesamtzahl der sonstigen nicht deutschen Tatverdächtigen des Totschlags 615. 104 von ihnen werden dabei eines vollendeten Totschlags beschuldigt; bei den deutschen Tatverdächtigen lauten die Vergleichsdaten 1097 und 252.

20 Nach Tab. 61 der PKS stehen 29 vollendeten Tötungsdelikten 328 versuchte Fälle von Mord und Totschlag gegenüber.

21 Nach Tab. 61 der PKS

22 https://www.welt.de/vermischtes/article179874194/ Benachteiligung-in-Schulen-Murat-bekommt-fuer-dasselbe-Diktat-eine-schlechtere-Note-als-Max.html

Fußnoten zu Kapitel 12: Gefährdet die Dominanz der Männer das Überleben der Menschheit?

1 https://www.dsw.org/zu-beginn-des-neuen-jahres-leben-7-674-575-000-menschen-auf-der-erde/

2 Vereinte Nationen, World Population Prospects: W 2017 Revision.

3 https://www.deutschlandfunk.de/wmo-klimareport-2018-wetterextreme-als-migrations-ausloeser.676. de.html?dram:article_id=444951

4 Der Geschlechterparitätsindex wird als Quotient der Einschulungsrate der Mädchen und der Jungen in der Sekundarstufe ermittelt. Dies soll am Beispiel von Benin demonstriert werden. 2017 besuchten in diesem Land 53 Prozent der Jungen und 40 Prozent der Mädchen die Sekundarstufe. 40 geteilt durch 53 ergibt dadurch den Geschlechterparitätsindex von 0,75.

5 Angola, Benin, Elfenbeinküste, Guinea, Niger, Südsudan, Togo und die Zentralafrikanische Republik

6 Kamerun, Liberia und Mali

7 Äthiopien, Eritrea, Kenia, Malawi, Marokko, Mauretanien, Sierra Leone, Südafrika

8 Algerien, Botswana, Libyen, Namibia, Simbabwe, Tunesien

9 Dieser Quote liegen nur die Daten von vier Ländern zugrunde. Aus Libyen und Tunesien fehlen die entsprechenden Angaben.

10 Canning et al 2015, S. 12 f.

11 SZ 24.05.2019, S. 11

12 Mechthild Janssen: Frauenmacht? taz, 03.12.1994, Ausgabe 4484, S. 6.

13 Sandra Kirchner, 2016

14 Mellor 1997

15 Louis 1995, S. 72–75

16 https://ethz.ch/de/news-und-veranstaltungen/eth-news/news/2019/02/wie-einkommen-und-einstellung-den-treibhausgas-ausstoss-beeinflussen.html

17 Empacher, 2000.

18 Die Zahl der männlichen Tatverdächtigen lag 2018 bei 150 527, die der Frauen betrug 25 187.

19 PKS 2018 Sonderauswertung des Bundeskriminalamts zur Tatverdächtigenbelastungsziffer von Männern und Frauen für verschiedene Delikte.

20 Ellrich/Baier/Pfeiffer, 2012, S. 101 ff.

21 Ellrich/Baier/Pfeiffer, 2012, S. 101 ff.

22 Jehle et al 2016, S. 51 ff.

23 https://www.destatis.de/DE/Themen/Staat/Justiz-Rechtspflege/Tabellen/strafgefangene.html

Fußnoten zu Kapitel 13: Religion und Gewalt

1 Baier et al 2010, S. 109 ff.
2 Baier et al 2010, S. 109 ff.
3 Baier et al 2010, S. 114 ff.
4 Regnerus 2003, S. 523 ff.
5 Baier et al 2010, S. 109 ff.; Pfeiffer & Baier 2012, S. 222 ff.
6 Baier et al 2010, 109 ff.
7 Montaigne 1962
8 Locke 1963
9 Rousseau 1762/1989
10 Pfeiffer/Baier 2012, S. 222 ff.
11 Pfeiffer/Baier 2012, S. 222 ff.
12 Baier et al 2010, S. 109 ff.
13 Baier et al 2010, S. 112.
14 Ensmann et al. 2004; Pfeiffer/Baier, 2010.
15 Baier, 2019
16 Fernau/Hellmann 2014
17 Terry et al 2011
18 Marx 2019

Fußnoten zu Kapitel 14:
Bürgerstiftungen als Motor für soziale Gerechtigkeit und Gewaltprävention

1 Pfeiffer 2012, S. 14 ff.

Fußnoten zu Kapitel 15:
Gerechtigkeit und Zuwendung für Opfer der Gewalt

1 Herman 2010, S. 4 ff.
2 Herman 2010, S. 3
3 Baier et. al 2009, S. 67
4 Sareen, 2007, S. 242 ff.
5 Shapiro, 2014 S. 71 ff.; Chen et. al. 2015, S. 443 ff.

Literaturverzeichnis

Alan Guttmacher Institute (AGI) (1995): Hopes and Realities: Closingthe Gap Between Women's Aspirations and Their Reproductive Experiences, New York

Albert, M., Hurrelmann, K., Quenzel, G., & TNS Infratest, S. (2015): Jugend 2015. 17. Shell Jugendstudie. Frankfurt: Fischer Taschenbuch Verlag.

Baier, D., Bergmann M.C. & Mößle T. (2012): Gewalt unter Inhaftierten im niedersächsischen Justizvollzug

Baier, D., Kemme, S., Hanslmaier, M., Doering, B., Rehbein, F., & Pfeiffer, C. (2011): Kriminalitätsfurcht, Strafbedürfnisse und wahrgenommene Kriminalitätsentwicklung: Ergebnisse von bevölkerungsrepräsentativen Befragungen aus den Jahren 2004, 2006 und 2010. KFN-Forschungsbericht Nr. 117. Hannover: KFN.

Baier, D. & Pfeiffer, C. (2014): Elterliches Erziehungshandeln im Geschlechtervergleich. In Mößle, T., Pfeiffer, C., & Baier, D. (Eds.). (2014): Die Krise der Jungen: Phänomenbeschreibung und Erklärungsansätze. Baden-Baden: Nomos Verlagsgesellschaft mbH. S. 113–144

Baier, D., Pfeiffer, C., Rabold, S., Simonson, J. & Kappes, C. (2010): Kinder und Jugendliche in Deutschland: Gewalterfahrungen, Integration, Medienkonsum. Zweiter Bericht zum gemeinsamen Forschungsprojekt des Bundesministeriums des Innern und des KFN. KFN-Forschungsbericht Nr. 109. Hannover: KFN.

Baier, D., Pfeiffer, C., Simonson, J. & Rabold, S. (2009): Jugendliche in Deutschland als Opfer und Täter von Gewalt. Erster Forschungsbericht zum gemeinsamen Forschungsprojekt des Bundesministeriums des Innern und des KFN. KFN-Forschungsbericht Nr. 107. Hannover: KFN.

Becker, H.S. (1963): Outsiders. New York: The Free Press of Glencoe.

Beckmann, L., Bergmann, M.C., Fischer, F., & Mößle, T. (2017): Risk and Protective Factors of Child-to-Parent Violence: A Comparison Between Physical and Verbal Aggression. Journal of Interpersonal Violence, 1–26. https://doi.org/10.1177/0886260517746129

Bergmann, M.C., Baier D., Rehbein F. & Mößle T. (2017): Jugendliche in Niedersachsen. Ergebnisse der Niedersachsensurveys 2013 und 2015. KFN-Forschungsbericht Nr. 131. Hannover: KFN.

Brocher, T. (1972): Einleitung zu Moor, P.: Das Selbstportrait des Jürgen Bartsch. Fischer Taschenbuchverlag, Frankfurt.

Bulatao, R. A. (1998): The value of family planning programs in developing countries.

Bundesgesetzblatt Teil I 1976, Nr. 67

Bundeskriminalamt 2019: Kriminalität im Kontext von Zuwanderung. Bundeslagebild 2018.

Bussmann, K.-D. (2005): Reportüber die Auswirkungen des Gesetzes zur Ächtung der Gewalt in der Erziehung. Vergleich der Studien von 2001/ 2002 und 2005. Eltern-, Jugend-und Expertenbefragung. Hrgg. vom Bundesministerium der Justiz, Berlin.

Bussmann, K.-D. (2005): Ergebnisbericht zur Studie 2005: Auswirkungen des Gesetzes zur Ächtung der Gewalt in der Erziehung. Eltern-, Jugend-und Expertenstudie. Halle/Saale

Bussmann, K.-D., Erthal, C., Schroth A. (2010): Effects of banning corporal punishment in europe. A 5 Nation Comparison. In: Durrant J. E. & Smith A. B. (Eds.): Global Pathways to abolishing physical punishment: realising children's rights. S. 299 – 322.

Canning, D. J., Jobanputra, S. R. & Yazbeck, A. S. (2015): Africa's Demographic Transition: Dividend or Disaster?

Chen L., Zhang G., Hu M. & Liang X. (2015): Eye movement desensitization and reprocessing versus cognitive-behavioral therapy for adult posttraumatic stress disorder: systematic review and meta-analysis. J. Nervous Mental Dis. 203, 443 – 451. 10.1097/NMD.0000000000000306

Colquitt, J. A., Scott, B. A., Rodell, J. B., Long, D. M., Zapata, C. P. & Conlon, D. E. (2013): Justice at the Millennium, a Decade Later: A Meta-Analytic Test of Social Exchange and Affect-Based Perspectives. Journal of Applied Psychology, 98, 199–236.

Dern, H. (2011): Profile sexueller Gewalttäter – Theoretische Grundlagen und praktische Anwendung der Operativen Fallanalyse. Stuttgart: Richard Boorberg Verlag.

Deutscher Kinderschutzbund, Bundesverband e. V. (2010): Gewaltfreie Erziehung. Entwicklungen und Tendenzen – 10 Jahre § 1631 BGB.

Deutsche Stiftung Weltbevölkerung: DSW news letter, Nr. 21 Januar 1997, Männer und Familienplanung – Die vergessenen 50 %.

Deutsche Stiftung Weltbevölkerung: Auf dem Weg in eine neue Welt – Hannover 1998.

Deutsche Stiftung Weltbevölkerung: 6 Milliarden – Weltbevölkerungsbericht 1999.

Dolan, B. (2007): Soul searching: A brief history of the mind/body debate in the neurosciences. Neurosurgical focus. 23. E2. 10.3171/foc.2007.23.1.2.

Durrant, J. E. (2018): The Global Movement to End All Corporal Punishment of Children. In Lenzer, G. (Ed.) Ending violence against children: Making human rights real. S. 64–85.

Dumont Du Voitel, W. (1994): Macht und Entmachtung der Frau: eine ethnologisch-historische Analyse. Frankfurt/Main.

Drennan M. (1998): Reproductive Health. New Perspectives on Men's Participation. Popul Rep J. 1998 Oct;(46):1–35.

Ellrich K., Baier D. & Pfeiffer C. (2012): Polizeibeamte als Opfer von Gewalt. Ergebnisse einer Befragung von Polizeibeamten in 10 Bundesländern. Interdisziplinäre Beiträge zur Kriminologischen Forschung, Band 41.

Empacher, C. (2000): Zielgruppen ökologischen Konsumverhaltens. Ökologisches Wirtschaften, 2/2000, S. 10-12.

Fernau, S. & Hellmann, D. F. (Hrsg.) (2014): Sexueller Missbrauch Minderjähriger durch katholische Geistliche in Deutschland. 1. Aufl. Baden-Baden: Nomos (Interdisziplinäre Beiträge zur kriminologischen Forschung, 45).

Fukuyama, F. (1998): Women and the evolution of world politics. In Foreign Affairs 77, no. 5 (1998): 24–40

Gershoff, E. T. (2002): Corporal Punishment by Parents and Associated Child Behaviors and Experiences: A Meta-Analytic and Theoretical Review. Psychological 2002, Vol. 128, Nr. 4, S. 539 –579.

Göbel, A. (2005): Vom Elterlichen Züchtigungsrecht zum Gewaltverbot. Verfassungs- Straf- und Familienrechtliche Untersuchung zum § 1631 Abs. 2 BGB.

Groth, A. N. (1979): Men who rape – the psychology of the offender. New York: Plenum Press.

Haug, M. & Zähringer, U. (2017): Tötungsdelikte an 6-bis 13-jährigen Kindernin Deutschland. Eine kriminologische Untersuchung anhand von Strafverfahrensakten (1997 bis 2012). KFN-Forschungsbericht Nr. 134. Hannover: KFN.

Heinz, W. (2013): Schluss mit der Sozialromantik! Ein Jugendrichter zieht Bilanz. Anmerkungen zum Buch von Andreas Müller. In ZJJ (4), S. 411–417

Heinz, W., Spieß, G & Storz, R. (1988): Prävalenz und Inzidenz strafrechtlicher Sanktionierung im Jugendalter.

Hellmann, D. F. (2014): Repräsentativbefragung zu Viktimisierungserfahrungen in Deutschland. KFN-Forschungsbericht Nr. 122. Hannover: KFN.

Hellmann D. F. & Pfeiffer C. (2015): Epidemiologie und Strafverfolgung sexueller Gewalt gegen Frauen in Deutschland. In Monatsschrift für Kriminologie 2015, 98. Jahrgang, Heft 6, S. 527 – 542

Hellmann D. F. & Pfeiffer C. (2013): Epidemiologie und Strafverfolgung sexueller Gewalt gegen Frauen in Deutschland. in: Monatsschrift für Kriminologie 2013, S. 527 ff.

Herman, S. (2010): Parallel Justice for Victims of Crime. Washington, DC: National Center for Victims of Crime

Hestermann, T. (2012): Von Lichtgestalten und Dunkelmännern: Wie die Medien über Gewalt berichten. 10.1007/978-3-531-18991-8.

Hestermann, T. & Hoven, E. (2019): Kriminalität in Deutschland im Spiegel von Pressemitteilungen der Alternative für Deutschland (AfD). In Kriminalpolitische Zeitschrift 2019, Heft 3, S. 127–139

Hilman-Geideck, U. & Schmidt, H. (1996): Betretenes Schweigen: über den Zusammenhang von Männlichkeit und Gewalt. Mainz.

Horvath, A. O. & Simmonds, B. D. (1991): Relation between working alliance and outcome in psychotherapy: A meta-analysis. Journal of Consulting and Clinical Psychology 38, S. 139–149

Höynck, T. (2013): Schluss mit der Sozialromantik! Ein Jugendrichter zieht Bilanz. Anmerkungen zum Buch von Andreas Müller. In ZJJ (4), S. 409–411

Höynck, T., Behnsen, M., & Zähringer, U. (2015): Tötungsdelikte an Kindern unter 6 Jahren in Deutschland: Eine kriminologische Untersuchung anhand von Strafverfahrensakten (1997–2006). Wiesbaden: Springer VS.

Jehle, J.-M., Albrecht, H.-J., Hohmann-Fricke, S. & Tetal, C. (2016): Legalbewährung nach strafrechtlichen Sanktionen. Eine bundesweite Rückfalluntersuchung 2010 bis 2013 und 2004 bis 2013. Bundesministerium der Justiz und für Verbraucherschutz. Berlin 2016

Jung, H. (1977): Das Züchtigungsrecht des Lehrers.

Kiefl, W. (2003): Die unbequemen Opfer, in: Fuchs, M./Luecke, J. (Hrsg.), Devianz und andere gesellschaftliche Probleme.

Kirchner, S. (2016): Vertane Chancen für Gleichberechtigung.

Köllisch, T. (2004): Anzeigeverhalten und die polizeiliche Registrierung von Jugenddelinquenz. Ein theoretisches Modell und empirische Untersuchungen zu sozialen und sozialökologischen Determinanten des Opferverhaltens. Dissertation. Freiburg i. Br.

Lindgren A. (2017): Niemals Gewalt. Rede anlässlich der Verleihung des Friedenspreises des Deutschen Buchhandels 1978.

Locke, J. (1693): Some Thoughts Concerning Education. (1 ed.). London.

Louis, Ch. (1995): Frauen, Natur und Moral. In EMMA 1995, Heft 5, S. 72–75

Mansel, J. & Albrecht, G. (2003): Die Ethnie des Täters als ein Prädiktor für das Anzeigeverhalten von Opfern und Zeugen: Die private Strafanzeige als Form der Konfliktregulierung. Soziale Welt. 339–372. 10.2307/40878419.

Marneros, A. (2007): Sexualmörder, Sexualtäter, Sexualopfer – Eine erklärende Erzählung. Bonn: Psychiatrie-Verlag.

Martin, D. J., Garske, J. P., Davis, M. K. (2000): Relation of the Therapeutic Alliance With Outcome and Other Variables: A Meta-Analytic Review. Journal of consulting and clinical psychology. 68. 438-50.10.1037/0022-006X.68.3.438.

Marx, R. (2019): Transparency as a Community of Believers. Speech at the International Conference of Presidents of Bishops' Conferences »On the Protection of Minors in the Church«, Vatican, 23 February 2019

Mellor, M. (1997): Feminism and Ecology. New York

Meyer A.-E., Richter R., Grawe K., Graf v. d. Schulenburg J.-M. & Schulte, B. (1991): Forschungsgutachten zu Fragen eines Psychotherapeutengesetzes im Auftrag des Bundesministeriums für Jugend, Familie, Frauen und Gesundheit. Hamburg: Universitätskrankenhaus Hamburg-Eppendorf.

Miller, A. (1980): Am Anfang war Erziehung. Suhrkamp, Frankfurt am Main. 1. Auflage

Montaigne, M. de (1962): Oeuvres Complètes. Textes établis par Albert Thibaudet et Maurice Rat, Paris: Gallimard.

Mooi, P. (1971): Zwischen Recht und Rechenschaft. Der neue Bartsch-Prozeß – Welchen Sinn könnte er haben? DIE ZEIT 1971, Heft 15

Moor, P. (2003): Jürgen Bartsch: Selbstbildnis eines Kindermörders. Rowohlt Taschenbuch. 3. Auflage

Mößle Th. (2012): »dick, dumm, abhängig, gewalttätig?« Problematische Mediennutzungsmuster und ihre Folgen im Kindesalter. Ergebnisse des Berliner Längsschnitt Medien

Mößle, Th. & Lohmann, A. (2014): Entwicklung akademischer Leistungen im Geschlechtervergleich. In Mößle, T., Baier, D. & Pfeiffer, C. (2014): Die Krise der Jungen. Phänomenbeschreibung und Erklärungsansätze. S. 113–144

Müller, A. (2013): Schluss mit der Sozialromantik! Ein Jugendrichter zieht Bilanz. Verlag Herder

Nagin, D. S., Telep, C. Nun W. (2017): Procedural Justice and legal compliance. Annual Review of Law and Social Science 13, 1.1-1.24

Naplava T. (2018): Jugendliche Intensiv- und Mehrfachtäter. In: Dollinger B., Schmidt-Semisch H. (eds) Handbuch Jugendkriminalität. Springer VS, Wiesbaden

Norcross, J. (2011): Psychotherapy Relationships That Work. Oxford University Press

Paternoster, R., Brame, R., Bachman, R., & Sherman, L. (1997): Do Fair Procedures Matter? The Effect of Procedural Justice on Spouse Assault. Law & Society Review, 31(1), 163-204. doi:10.2307/3054098

Pfammatter, M., Junghan, U. M. & Tschacher, W. (2012): Allgemeine Wirkfaktoren der Psychotherapie: Konzepte, Widersprüche und eine Synthese. Psychotherapie 17. Jahrg. 2012, Bd. 17, Heft 1, S. 17–31

Pfeiffer, C. (1985): Kriminalprävention im Jugendgerichtsverfahren

Pfeiffer, C. (2011): Starthilfe ins Familienglück. Der Modellversuch Pro Kind. In Centaur 3, S. 14 ff. und Centaur 5, S. 14 ff.

Pfeiffer, C. (2012): Bürgerstiftungen bewegen – bewegen Sie (sich) mit. *Centaur*. (3), 14–17.

Pfeiffer, C. (2014): Zuwanderung – Bedrohung oder Chance? Centaur 9, S. 16 ff.

Pfeiffer, C. (2015): The Abolition oft the Parental Right to Corporal Punishment in Sweden, Germany and Other European Countries. A Model for the United States and Other Democracies. KFN-Forschungsbericht Nr. 28. Hannover: KFN.

Pfeiffer, C., Adam, H. J. & Albrecht, H.-J. (1986): Jugendrichter und Jugendstaatsanwälte in der Bundesrepublik Deutschland. Kriminologische Forschungsberichte aus dem Max-Planck-Institut für ausländisches und internationales Strafrecht. Freiburg.

Pfeiffer, C. & Baier, D. (2013): Christliche Religiosität und elterliche Gewalt. In: Kriminologie – Kriminalpolitik – Strafrecht. Festschrift für Hans-Jürgen Kerner zum 70. Geburtstag

Pfeiffer, C. & Baier, D. (2012): Prävention durch Religion?: Delinquentes Verhalten von katholischen und evangelischen Jugendlichen im Landkreis Emsland und in 44 weiteren Regionen Westdeutschlands. In E. Hilgendorf & R. Rengier (Eds.), Festschrift für Wolfgang Heinz zum 70. Geburtstag (1st ed., pp. 222–238). Baden-Baden: Nomos

Pfeiffer, C., Baier D. & Kliem S. (2018): Zur Entwicklung der Gewalt in Deutschland. Schwerpunkte: Jugendliche und Flüchtlinge als Täter und Opfer. 10.13140/RG.2.2.29322.98245.

Pfeiffer, C. & Beckmann, L. (2016): »Weniger Hiebe, mehr Liebe« – der neue Trend elterlicher Erziehung und seine Auswirkungen. In Saimeh, Nahlah (Hrsg.): Abwege und Extreme. Herausforderungen der Forensischen Psychiatrie. S. 197–210.

Pfeiffer, C. & Farren, D. (2019): Ungerechtigkeit fördert Kriminalität. Fairness lohnt sich. Centaur 1, S. 22–25

Pfeiffer, C., Kleimann M., Petersen S. & Schott T. (2005): Migration und Kriminalität. ein Gutachten für den Zuwanderungsrat der Bundesregierung.

Pfeiffer, C. & Thoben, D. F. (2013): Weniger Gewalt zu Hause gegen Frauen. In Centaur 4, S. 12–15

Pfeiffer, C. & Wetzels, P. (1999): Zur Struktur und Entwicklung der Jugendgewalt in Deutschland. Ein Thesenpapier auf Basis aktueller Forschungsberichte. In: Aus Politik und Zeitgeschichte, (1999) 26, S. 3-22

Pfeiffer, C., Windzio, M & Kleimann, M. (2004): Die Medien, das Böse und wir. Zu den Auswirkungen der Mediennutzung auf Kriminalitätswahrnehmung, Strafbedürfnisse und Kriminalpolitik. In Monatsschrift für Kriminologie und Strafrechtsreform 87(6); 415–435

Pinker, S. (2011): Gewalt – eine neue Geschichte der Menschheit

Priester, J.-M. (1999): Das Ende des Züchtigungsrechts: Eine historische, dogmatische und strafrechtstheoretische Untersuchung.

Putnam R. D. (2000): Bowling alone. The collapse and revival of american community.

Regnerus, M.D. (2003): Moral Communities and Adolescent delinwuency: Religious Contexts and Community Social Control. Sociological Quarterly, 44, 523–554

Rehbein, F. & Baier D. (2013): Family, Media and School-Related Risk Factors of Video Game Addiction. A 5-Year Longitudinal Study. In Journal of media psychology 2013; 118–128

Rehbein, F., Kleimann, M., & Mößle, T. (2009): Computerspielabhängigkeit im Kindes- und Jugendalter: Empirische Befunde zu Ursachen, Diagnostik und Komorbiditäten unter besonderer Berücksichtigung spielimmanenter Abhängigkeitsmerkmale. KFN-Forschungsberichte Nr. 108. Hannover: KFN.

Renz-Polster, H. (2019): Erziehung prägt Gesinnung: Wie der weltweite Rechtsruck entstehen konnte – und wie wir ihn aufhalten können. Kösel-Verlag

Roudi, F. & Ashford, L. (1996): Men & Family Planning in Africa. In Population Reference Bureau [PRB], 1996 Jul. [2], 24 p.

Rousseau, J.-J. (1762/1989): Emil oder über die Erziehung (9. Aufl.). Paderborn: UTB Schöningh.

Sack, F. (1968): Neue Perspektiven in der Kriminologie. In Sack, F. & König, R. (Hg.): Kriminalsoziologie, Frankfurt/M. 1968, S. 431–475, Akademische Verlagsgesellschaft, in gekürzter Fassung

Sack, F. (1972): Definition von Kriminalität als politisches Handeln: Der labeling approach. In Kriminologisches Journal, Jg. 4 (1972), H. 1, S. 3-31.

Sareen J, et al. Psychosom Med. 2007. 69:242-248 Physical and mental comorbidity, disability, and suicidal behavior associated with posttraumatic stress disorder in a large community sample.

Schneider, H.J. (1994): Kriminologie der Gewalt. Stuttgart: Wissenschaftliche Verlagsgesellschaft.

Schwarzer, A. (1977): Frauenbewegung im Ghetto. In EMMA 1977, Nr. 7, S. 3

Schwendinger, H., & Schwendinger, J.R. (1983): Rape and inequality. Beverly Hills: SAGE Publications.

Schwindt et al (1990): Ursachen, Prävention und Kontrolle von Gewalt. Analysen und Vorschläge der Unabhängigen Regierungskommission zur Verhinderung und Bekämpfung von Gewalt (Gewaltkommission). Band II

Sessar, K. (1991): Wiedergutmachung oder Strafen? Einstellungen in der Bevölkerung und Justiz. Ein Forschungsbericht. Pfaffenweiler.

Shane, B. (1997): Familienplanung rettet Leben. Hannover: Deutsche Stiftung Weltbevölkerung.

Shapiro F. (2014): The role of eye movement desensitization and reprocessing (EMDR) therapy in medicine: addressing the psychological and physical symptoms stemming from adverse life experiences. Permanente J. 18, 71 – 77. 10.7812/TPP/13-098

Sichtermann, B. (1995): Wer ist wie? Über den Unterschied der Geschlechter. Berlin 1987.

The Alan Guttmacher Institute: Hopes and Realities. New York 1995.

Stadler, L., Bieneck, S. & Pfeiffer, C. (2012): Repräsentativbefragung sexueller Missbrauch 2011. KFN-Forschungsbericht Nr. 118. Hannover: KFN.

Terry, K. J., Leland-Smith, M., Schuth, K., Kelly, J. R., Vollman, B., & Massey, C. (2011): The Causes and Context of Sexual Abuse of Minors by Catholic Priests in the United States, 1950-2010. United States Conference of Catholic Bishops, Washington, DC.

Thiersch, H., Wertheimer, J. & Grunwald, K. (1994):»… Überall in den Köpfen und Fäusten«: auf der Suche nach Ursachen und Konsequenzen von Gewalt. Darmstadt 1994.

Tyler T. (2017): Procedural justice and policing: A rush to judgment? Annual Review of Law and Social Sciences, 13, 2.1 – 2.25

Weiler, G. (1989): Das Matriarchat im Alten Israel. Stuttgart 1989

Wetzels P. (1997): Gewalterfahrungen in der Kindheit. Sexueller Missbrauch, körperliche Misshandlung und deren langfristige Konsequenzen.

Wetzels, P., Enzmann, D., Mecklenburg, E. & Pfeiffer, C. (2001): Jugend und Gewalt: Eine repräsentative Dunkelfeldanalyse in München und acht anderen deutschen Städten. Baden-Baden: Nomos.

Wilmers N., Enssmann D., Schaefer D., Herbers K., Greve W. & Wetzels P. (2002): Jugendliche in Deutschland zur Jahrtausendwende: gefährlich oder gefährdet?

Zähringer U. (2015): Rechtliche und strukturelle Rahmenbedingungen der Jugendhilfe im Kontext innerfamiliärer Tötungsdelikte an Kindern.